세상에서 믿는 자로 산다는 것

흔들리는 세상에서 흔들리지 않는 기준을 붙잡다

세상에서 믿는 자로 산다는 것

이찬수

규장

PART 3

교만을 꺾고
겸손한 자를
세우신다

PART 4

흔들리는
세상에서
흔들림 없는
자로 서라

LIVING AS A BELIEVER IN THE WORLD

PART 1

빼앗긴 땅에서
어떻게 살 것인가?

다니엘서 1장 1-7절

———

1 유다 왕 여호야김이 다스린 지 삼 년이 되는 해에 바벨론 왕 느부갓네살이 예루살렘에 이르러 성을 에워쌌더니 2 주께서 유다 왕 여호야김과 하나님의 전 그릇 얼마를 그의 손에 넘기시매 그가 그것을 가지고 시날 땅 자기 신들의 신전에 가져다가 그 신들의 보물 창고에 두었더라 3 왕이 환관장 아스부나스에게 말하여 이스라엘 자손 중에서 왕족과 귀족 몇 사람 4 곧 흠이 없고 용모가 아름다우며 모든 지혜를 통찰하며 지식에 통달하며 학문에 익숙하여 왕궁에 설 만한 소년을 데려오게 하였고 그들에게 갈대아 사람의 학문과 언어를 가르치게 하였고 5 또 왕이 지정하여 그들에게 왕의 음식과 그가 마시는 포도주에서 날마다 쓸 것을 주어 삼 년을 기르게 하였으니 그 후에 그들은 왕앞에 서게 될 것이더라 6 그들 가운데는 유다 자손 곧 다니엘과 하나냐와 미사엘과 아사랴가 있었더니 7 환관장이 그들의 이름을 고쳐 다니엘은 벨드사살이라 하고 하나냐는 사드락이라 하고 미사엘은 메삭이라 하고 아사랴는 아벳느고라 하였더라

악한 세상에서
그리스도인으로 살기

원래부터 성경 인물 다니엘을 좋아했다. 그래서 다니엘에 관심을 가지고 설교도 여러 번 했다. 그러다 이번에 다니엘이라는 인물을 집중적으로 살펴보고 묵상하면서 이전에 받았던 은혜의 차원을 뛰어넘는 가슴 벅찬 은혜와 깨달음을 얻었다.

다니엘은 어린 나이로 감당하기엔 절망적인 일들을 너무 많이 겪었다. 나라는 망해버렸고, 자기 나라를 망하게 한 원수의 나라 바벨론에 포로로 끌려가는 수모를 겪었다. 그야말로 역사의 수레바퀴에 깔려버렸다고 할 수 있다.

그런데 다니엘은 이런 고통스러운 상황에도 불구하고 흔들리지 않는 중심을 가지고 그 힘든 상황을 헤쳐나간 인물이기도 하다. 그래서 성경의 인물 다니엘을 좋아한다. 아니, 존경한다.

평소 인간 다니엘에 대한 관심도 있었지만, 이번에 다니엘이란 인물과 관련한 말씀을 살펴보기로 한 이유가 또 있다. 그가 포로로 끌려가 경험했던 바벨론이란 나라의 환경이 오늘 우리가 몸담고 살아가는 이 시대와 너무나 닮아 있기 때문이다. 이런 이유 때문에 지금 이 시점에서 바벨론에 끌려갔던 다니엘에 대해 살펴보는 것이 의미 있다는 생각을 했다. 그래서 이 책에서는 다니엘이라는 인물 '개인'에 초점을 맞추어 서술해보려고 한다. 그의 삶을 잘 분석하여 유혹이 많았을 바벨론에서 그가 어떻게 자기 정체성을 잘 지키며 흔들림 없는 인생을 살아낼 수 있었는지를 살펴보려고 한다.

다니엘에 관한 여러 책과 자료를 살펴보는데, 그중에 《바벨론에서 그리스도인으로 살기》란 책이 있었다. 이 짧은 제목 안에 많은 메시지가 함축적으로 담겨 있다. 그 책에 이런 내용이 있다.

지금 우리는 망가질 대로 망가진 세상 속에서 살고 있다. 이 시대의 도덕은 걷잡을 수 없는 속도로 무너져 내리고 있다. 예전에는 창피해서 쉬쉬하던 일을 요즘은 자랑스럽게 떠벌리고 다닌다. 예전에는 상상도 할 수 없던 일이 요즘은 흔한 일이 되어버렸다.

또 이런 내용도 있다.

다니엘서에서 우리가 절대 놓치지 말아야 하는 핵심은, 지독히 불경

건한 문화 한복판에서 다니엘이 어떤 삶의 본을 보여주었느냐 하는 것이다. 그것은 특히 오늘을 사는 우리에게 꼭 필요한 교훈이다.

망가질 대로 망가진 세상에서 살고 있는 우리이기에, 이와 다를 바 없는 시대를 살았던 다니엘이 그 시대를 어떻게 그렇게 잘 헤쳐 나갈 수 있었는지를 살펴보는 것이 유익이 되리라 기대한다.

여호야김이 다스린 지 삼 년 되는 해에 벌어진 슬픈 일
우선, 다니엘서는 참담한 민족적 비극으로 시작하고 있다.

'유다 왕 여호야김'이 다스린 지 삼 년이 되는 해에 바벨론 왕 느부갓 네살이 예루살렘에 이르러 성을 에워쌌더니 단 1:1

여기서 관심을 가져야 하는 표현은 "유다 왕 여호야김이 다스린 지 삼 년이 되는 해에"라는 표현이다. 이 구절의 의미를 살피려면 '유다 왕 여호야김'이 누구인지부터 살펴봐야 하는데, 여호야김은 종교 개혁을 일으켰던 요시야 왕의 아들이다. 열왕기하 23장 25절을 보면, 하나님께서 요시야 왕을 얼마나 귀히 여기셨는지 알 수 있다.

요시야와 같이 마음을 다하며 뜻을 다하며 힘을 다하여 모세의 모든 율법을 따라 여호와께로 돌이킨 왕은 요시야 전에도 없었고 후에도

그와 같은 자가 없었더라 왕하 23:25

중심을 보시는 하나님께서 이런 사람은 전에도 없었고 후에도 없었다고 하실 정도니, 정말 대단한 인물 아닌가?

특히 요시야 왕은 하나님의 말씀을 소중히 대했던 왕으로 유명하다. 열왕기하 22장에 대제사장 힐기야가 여호와의 율법책을 발견하고 그것을 요시야 왕에게 들려주는 장면이 나온다. 그런데 그 율법의 말씀을 들은 요시야 왕의 태도가 놀랍다.

왕이 그 율법책의 말씀을 듣고는, 애통해하며 자기의 옷을 찢었다.

왕하 22:11, 새번역

우리가 말씀 앞에서 이런 반응을 보일 수 있다면 얼마나 좋겠는가? 혼탁한 세상을 살다 보면 넘어지고 쓰러지고 죄짓는 일들이 있을 수 있지만, 그때마다 하나님의 말씀이 우리 귀에 들려지고, 그 들려진 말씀 앞에 이처럼 격렬하게 반응할 수만 있다면 이 세상에서 믿는 자로서 얼마나 아름답게 살아갈 수 있겠는가?

이토록 훌륭한 아버지를 둔 여호야김이었지만, 불행하게도 여호야김은 아버지와는 완전히 다른 악한 길을 걸었던 왕이었다. 단적인 예로, 예레미야서 36장에서 하나님께서는 선지자를 보내시어 말씀을 주시는데, 그 말씀을 받는 여호야김의 태도가 아버지 요시야 왕과 너무나 대조적이다.

여후디가 서너 쪽을 낭독하면 왕이 칼로 그것을 연하여 베어 화로 불
에 던져서 두루마리를 모두 태웠더라 렘 36:23

회개함으로 옷을 찢은 것이 아니라 칼로 하나님의 말씀을 모두
찢고 그것을 화롯불에 던져 다 태워버렸다. 그가 왜 이런 짓을 저질
렀는지 다음 절을 보면 금방 이해가 된다.

왕과 그의 신하들이 이 모든 말을 듣고도 두려워하거나 자기들의 옷
을 찢지 아니하였고 렘 36:24

한마디로 여호야김은 말씀의 영향을 전혀 받지 못했던 왕이었다.
그는 하나님의 말씀보다는 당시 강대국이었던 애굽의 영향력 아래
놓이기를 원했다. 다시 말해 여호야김은 하나님의 말씀보다는 눈에
보이는 환경과 상황에 더 많이 휘둘렸던 인물이라 할 수 있다.

이것이 가슴 아프게 읽혔다. 바로 이 모습이 오늘날 수많은 그리
스도인에게서 볼 수 있는 현실이기 때문이다. 교회는 다니는데, 분
명히 크리스천이라고 말은 하는데, 하나님의 말씀보다는 상황과
힘 있는 사람의 영향을 받으며 살아가는 현실 말이다. 날마다 들려
오는 세상의 소리, 사람, 이념에 영향을 받아 이미 굳어버린 '자기 생

각'을 갖고 있으면서, 자기 생각이 옳다는 것을 나타내기 위해 하나님의 말씀을 끌어들여 이용하는 경우가 얼마나 많은가? 믿는 우리는 이 부분에서 고뇌해야 한다. 말씀 앞에 굳어진 내 생각을 교정받지 못한다면 우리도 여호야김 왕이 겪었던 비극을 되풀이할 수밖에 없다. 이 사실을 두려워해야 한다.

그러니까 다니엘서 1장 1절의 "유다 왕 여호야김이 다스린 지 삼 년이 되는 해에"라는 말씀은 선택받은 이스라엘 백성이 왜 악한 바벨론에 침략을 당하고 나라를 빼앗기는 수모를 겪게 되었는지를 상징적으로 보여주는 말씀이라 할 수 있다. 왕으로부터 백성에 이르기까지, 겉으로는 하나님의 선민이라는 긍지와 자부심으로 똘똘 뭉쳐 있었지만 사실은 하나님 말씀의 영향은 전혀 받지 못하고 오히려 그 말씀을 멸시하던 태도가 나라를 망하는 길로 이끈 원인이 되었다는 것이다.

그러므로 우리는 우리 자신에게 끊임없이 이 질문을 던져야 한다. '나는 누구의 영향력 아래 놓여 있는 인생인가?'

다니엘서를 살피는 내내 말씀 앞에서 이 질문을 던지기 바란다. 당신은 누구의 영향을 받으며 살아가는가? 말씀이 선포될 때 요시야처럼 옷을 찢고 애통해하는가? 혹시 말씀을 무시하여 여호야김 왕처럼 칼로 말씀을 찢고 화롯불에 던져버리고 있지는 않은가?

오늘 우리가 살아가는 시대는 '설교의 홍수' 시대다. 유튜브에만 들어가도 어지러울 정도로 설교가 넘쳐난다. 그러나 말씀을 얼마나 많이 듣느냐가 문제가 아니라 그 말씀 앞에서 어떤 반응을 보이느냐가 더 중요하다면, 오늘 우리 시대는 분명 문제가 많은 시대이다.

이렇듯 다니엘서는 하나님의 말씀에 영향받지 않는 삶의 태도로 인해 벌어진 비극으로 시작되는데, 내가 관심을 갖는 것은 이런 악한 시대를 살았던 다니엘이 적국 바벨론의 포로로 끌려간 비참한 상황에서도 어떻게 흔들림 없는 견고한 모습을 보여줄 수 있었는가 하는 것이다. 이 질문을 염두에 두고 다니엘서 1장을 보다 보니, 거기에는 두 가지 비결이 있었다.

악한 세상을 향해, 자기 정체성 지키기

첫째로, 다니엘이 악한 세상을 향해 보였던 대응은 하나님의 백성으로서의 '자기 정체성'을 지키는 것이다.

바벨론 포로 정책의 가장 큰 목표는 잡아온 포로들을 바벨론 문화로 세뇌시키는 것이었다.

이것과 관련하여 바벨론이 취한 정책은 세 가지였는데, 첫째는 유능한 포로들을 잡아와서 바벨론의 언어와 문학을 가르치는 것이었고, 둘째는 그들에게 과분한 대우, 즉 왕의 음식과 포도주를 먹고 마시게 하는 일종의 유화정책이었다.

곧 흠이 없고 용모가 아름다우며 모든 지혜를 통찰하며 지식에 통달하며 학문에 익숙하여 왕궁에 설 만한 소년을 데려오게 하였고 그들에게 갈대아 사람의 학문과 언어를 가르치게 하였고 또 왕이 지정하여 그들에게 왕의 음식과 그가 마시는 포도주에서 날마다 쓸 것을 주어 삼 년을 기르게 하였으니 그 후에 그들은 왕 앞에 서게 될 것이더라 단 1:4,5

겉으로 보기에는 참으로 과분한 대우 아닌가? 그런데 포로들에게 이런 호의를 베푼 그들의 정책에는 숨은 의도가 있었다. 그들이 행한 세 번째 정책을 보면 그 의도가 드러난다. 바벨론이 시행한 세 번째 포로 정책은 '창씨개명' 즉 이름을 바꾸게 하는 것이었다.

환관장이 그들의 이름을 고쳐 다니엘은 벨드사살이라 하고 하나냐는 사드락이라 하고 미사엘은 메삭이라 하고 아사랴는 아벳느고라 하였더라 단 1:7

왜 이름을 바꾸게 하는가? 그 이름에 담긴 의미 때문이다. '다니엘'은 '하나님은 나의 심판자'란 뜻인데, 바벨론이 바꾼 그의 이름인 '벨드사살'은 '벨이여, 나의 생명을 보호하소서'란 뜻이다. 여기서 '벨'은 바벨론의 주신(主神)인 '마르둑 신'을 말한다.

다니엘의 세 친구의 이름도 마찬가지다. '하나냐'는 '여호와가 은혜를 베푸신다'라는 뜻인데 바벨론이 바꾼 이름 '사드락'은 '아쿠의 명령'이란 뜻으로 '아쿠'는 달의 신을 가리킨다고 한다. '미사엘'은 '누가 하나님인가?'라는 뜻인데, 바벨론식 이름 '메삭'은 '누가 아쿠의 신인가?'라는 뜻이다. '아사랴'는 '여호와께서 도우신다'라는 뜻인데 '아벳느고'는 '느고 혹은 느보의 종'이란 뜻으로, '느보'는 마르둑 신의 아들로 알려져 있다.

바벨론이 바꾸어버린 이름들의 공통점이 무엇인가? 다 바벨론 신의 이름이 들어가 있다는 것이다. 의도가 분명하지 않은가? 포로들에게 과분한 고급 학문을 가르쳐주고, 왕의 음식을 먹게 해주면서 노린 그들의 의도는 딱 하나다. 하나님의 백성으로서의 정체성을 빼앗는 것이다.

세상의 너무나 분명한 의도

나는 하나님 백성으로서의 정체성을 빼앗으려는 바벨론의 정책이 오늘 우리 시대에도 그대로 적용되는 것 같아서 두려움을 느낀다. 청년들과 청소년들 입장에서 이 시대의 문화는 외면할 수 없는 매력으로 다가온다. 그들에게 절대적인 영향을 미치는 스마트폰도 그렇고, 매일 접하게 되는 인터넷과 영화와 각종 영상도 떨치기 어려운 매력이다.

그러나 이렇게 떨치기 어려운 매력으로 다가오는 각종 문화 속에는 하나님의 말씀이 전하는 가치관과는 너무나 다른 메시지가 내포되어 있다. 지금 인터넷이나 스마트폰을 타고 어린 청소년들을 자극하는 상상을 초월하는 음란물이 범람하고 있다는 것을 아는가? 그 음란물들이 아이들을 유혹하며 소리친다.

"누려라. 다 누려라. 본능이 이끄는 대로 마음껏 누려라!"

마치 포로로 잡혀온 다니엘과 같은 젊은이들을 향해 "왕의 음식을 먹고 왕의 포도주를 마셔라! 마음껏 다 누려라! 대신 이름만 바꿔라. 하나님의 자녀라는 정체성만 포기해라!"라고 외치는 것처럼.

창세기 3장 6절에 이런 말씀이 나온다.

여자가 그 나무를 본즉 먹음직도 하고 보암직도 하고 지혜롭게 할 만큼 탐스럽기도 한 나무인지라 여자가 그 열매를 따 먹고 자기와 함께 있는 남편에게도 주매 그도 먹은지라 창 3:6

오늘 우리 시대의 문화가 바로 먹음직도 하고 보암직도 하고 지혜롭게 할 만큼 탐스러운 나무 같지 않은가? 이런 현실이다 보니 신앙교육이 비집고 들어갈 자리가 보이지 않는다. 이것이 우리 아이들을 혼미하게 만드는 세상 문화의 현실이다.

단호한 태도로 거절하라

여기서 드러나는 다니엘의 귀함은 이렇게 문화로 세뇌하려는 바벨론의 정책에 대해 단호한 거절로 대응했다는 것이다. '다니엘'이란 이름을 포기하고 '벨드사살'로 바꾸라는 환관장의 요구에 대한 다니엘의 단호한 태도를 보라.

'나 다니엘이' 중심에 근심하며 내 머리 속의 환상이 나를 번민하게
한지라 단 7:15

'나 다니엘에게' 처음에 나타난 환상 후 … 단 8:1

'나 다니엘이' 이 환상을 보고 그 뜻을 알고자 할 때에 … 단 8:15

반복되는 '나 다니엘'이라는 표현 속에 그의 단호한 결의가 느껴
지지 않는가?
뿐만 아니라 다니엘은 왕의 음식을 거부했다.

다니엘은 뜻을 정하여 왕의 음식과 그가 마시는 포도주로 자기를 더
럽히지 아니하리라 하고 자기를 더럽히지 아니하도록 환관장에게 구
하니 단 1:8

포로로 잡혀 온 주제에 왕이 자기가 먹는 음식과 포도주를 베풀
겠다는데 그것을 거절하다니, 얼마나 무례한 일인가? 게다가 왕의
음식을 먹고 마시는 것을 '자기를 더럽히는 짓'으로까지 표현하고
있으니, 무례를 넘어서서 너무나 무엄한 태도 아닌가? 다니엘은 왜

이런 단호한 표현을 썼을까?

어느 자료에서 이에 대해 두 가지로 해석한 것을 보았다. 하나는 그 당시 왕의 음식과 포도주는 먼저 우상에게 드려진 음식이기 때문에, 다니엘은 그것을 먹으면 자기가 더럽혀진다고 인식했다는 것이다. 그리고 또 하나는 다니엘이 왕의 음식과 포도주를 거절하는 행위 속에는 오직 하나님만을 최고의 자리에 두겠다는 결단이 포함되어 있었다는 것이다. 무슨 말인가 하면, 다니엘의 입장에서 왕이 준 음식을 먹는다는 것은 바벨론 왕을 하나님에 버금가거나 혹은 그 이상의 충성을 바치는 대상으로 받아들이는 타협이라 생각했기에 이런 선포를 했다는 것이다.

결국 바벨론이 포로들에게서 빼앗고자 했던 것은 '하나님 백성으로서의 정체성'이었고, 다니엘은 그것을 단호하게 거부한 것이다. 이것이 다니엘이 악한 세상을 향해 보인 첫 번째 대응의 모습이었다.

혼란한 세상 속에서, 하나님의 주권 인정하기

둘째로, 다니엘이 혼란한 세상 속에서 자신을 지킬 수 있었던 것은, 그가 적국에서도 하나님의 주권을 인정했기 때문이다. 이것이 악한 세상을 향해 다니엘이 보인 두 번째 대응이다.

개인적으로 다니엘서 1장을 묵상하면서 감동하는 것이 하나 있다. 겉으로 보면 다니엘이 느부갓네살 왕의 영향력 아래 있는 것 같다. 다니엘의 목숨과 운명이 권력자 느부갓네살 왕의 손에 달린 상황이다. 그런데 찬찬히 묵상하며 읽어보면 슬쩍슬쩍 끼워 넣은 메시지가 있다.

유다 왕 여호야김이 다스린 지 삼 년이 되는 해에 바벨론 왕 느부갓네살이 예루살렘에 이르러 성을 에워쌌더니 '주께서' 유다 왕 여호야김과 하나님의 전 그릇 얼마를 그의 손에 넘기시매 … 단 1:1,2

사람의 눈으로 보기에는 바벨론의 강력한 권력자 느부갓네살 왕이 자기 나라를 망하게 했고 그 결과 적국에 포로로 끌려온 것처럼 보이지만, 다니엘의 고백에 따르면 실상은 하나님께서 타락한 이스라엘 백성을 징계하심으로 그렇게 되었다는 것이다.

다니엘은 뜻을 정하여 왕의 음식과 그가 마시는 포도주로 자기를 더럽히지 아니하리라 하고 자기를 더럽히지 아니하도록 환관장에게 구하니 '하나님이 다니엘로 하여금' 환관장에게 은혜와 긍휼을 얻게 하신지라 단 1:8,9

여기서도 마찬가지다. 겉으로 보기에게는 다니엘이 운이 좋아서 사람 좋은 환관장을 만나 호의를 받은 것처럼 보이지만, 사실 그 이면에는 하나님의 주권이 있었다는 것이다. 즉 하나님이 환관장의 마음을 흔들어주서서 호의를 받을 수 있었다는 것이다.

17절도 마찬가지다.

'하나님이' 이 네 소년에게 학문을 주시고 모든 서적을 깨닫게 하시고
지혜를 주셨으니 다니엘은 또 모든 환상과 꿈을 깨달아 알더라
단 1:17

여기서 다니엘이 고백하는 것은 무엇인가? 자기들이 그렇게 학문
을 깨닫고 환상과 꿈을 깨달아 알 수 있게 된 것은 그 배후에 하나
님이 계셔서 지혜를 주셨기 때문이라는 것이다. 다니엘은 이 사실을
정확하게 알고 있었다.

마치 장마로 온 세상이 먹구름에 뒤덮여 있을 때, 저 먹구름 너머
로 비취는 딱 한 줄기 빛으로 태양이 사라진 것이 아니라 먹구름 너
머에 여전히 작열하는 태양이 있음을 인식할 수 있는 것처럼, 다니엘
은 세상이 온통 흑암에 싸여 있을지라도 그 너머에 여전히 하나님이
일하고 계심을 알고 있었다. 눈으로 보기에는 적국 바벨론의 포악
한 권력자 느부갓네살의 다스림 아래 있는 것 같지만, 하나님께서
오늘도 여전히 역사를 주관하시고 내 인생을 주관하고 계심을 알고
있었다는 말이다.

이것을 알았던 다니엘이니 적국에 포로로 끌려왔다고 한들 위축
되었겠는가?

하나님의 주권을 인정하면 해석이 달라진다

내가 자주 하는 말이지만, 인생은 해석이다. 만약 우리가 다니엘과 같은 관점으로 우리 인생을 해석하게 된다면 내가 경험하는 모든 것에는 다 의미가 있고, 따라서 삶에서 버릴 것이 하나도 없음을 깨닫게 된다.

내가 이십 대 초반에 미국에 이민 가서 겪었던 고생들이 당시에는 고통이고 부끄러움이고 수치였다. 하지만 은혜를 받고 하나님의 주권을 인정하고 나자 그것을 바라보는 나의 시각이 달라졌다. 힘들었던 그 시절이, 아프고 눈물 나던 그 시간들이 사실은 변장하고 찾아온 하나님의 축복이었음을 깨닫고 감사하게 되었다. 뿐만 아니라 하나님께서 내가 가지고 있는 모든 약점과 모든 연약한 것들을 재료로 사용하셔서 오늘날 이렇게 쓰임 받게 하심을 감사하게 된 것이다.

강영우 박사의 삶도 마찬가지 아닌가? 그는 중학교 때 축구공에 눈을 맞고 실명을 했다. 날 때부터 앞을 못 보는 상태로 태어나는 것도 큰 고통이겠지만, 멀쩡히 잘 보이던 눈이 어느 날 갑자기 안 보이게 되었으니 얼마나 절망적이었겠는가?

어릴 때부터 믿음이 좋았던 강영우 박사는 실명에 이르는 과정에서 2년 동안이나 이렇게 기도했다고 한다.

"하나님, 제 눈을 고쳐주세요. 제 눈 좀 고쳐주세요."

하지만 그 기도는 이루어지지 않았다. 하나님께서는 그의 눈을 고쳐주지 않으셨을 뿐 아니라 약간 남아 있던 시력마저 꺼버리셨다. 어지간한 사람 같으면 하나님을 원망하고 불신하며 자기 인생을 비관하는 길로 갔을 것이다. 하지만 어린 강영우 학생은 그러지 않았다. 본문에 비추어 말하면, 다니엘이 가졌던 하나님의 주권에 대한 확신이 어린 소년에게 있었다.

그래서 그는 중학교 때부터 점자를 배우기 시작해서 점자로 대입 시험을 쳤다. 그 결과 장애인으로서는 우리나라 최초로 연세대학교 교육학과에 입학했을 뿐 아니라, 단과대 전체 수석으로 졸업했다. 그리고 국비 장학생으로 미국으로 유학을 가 나중에는 미국 연방 최고 공직 백악관 국가장애위원회 정책차관보까지 역임하게 되었다. 어느 분의 글을 보니, 그 위치가 우리나라 군대로 치면 별 4개 대장급이라고 한다. 강영우 박사가 쓴 책에 자기 인생을 이렇게 회고한 부분이 있다.

"내가 위기에 섰을 때 하나님이 만일 '예스'로 내 시력을 회복시켜 주셨다면 나는 아마 고작 노동자 정도로 인생을 끝냈을 것이다. 그런데 하나님은 나에게 시력 대신에 꿈을 주셨다."

이 말이 노동자를 깎아내리려고 한 말이겠는가? 포인트가 무엇인가? 완전한 절망 가운데서도 일하시는 하나님, 꿈과 비전으로 다가오신 하나님의 그 은혜가 너무 벅차서 하는 고백 아닌가?

강영우 박사의 이 고백을 보면서 나는 앞에서 인용했던 《바벨론에서 그리스도인으로 살기》의 한 구절이 떠올랐다.

"다니엘은 자신과 국가에 닥친 모든 일을 '하나님의 통치'라는 렌즈로 바라보았다."

강영우 박사 역시 '하나님의 통치'라는 렌즈로 봤기 때문에 실명이라는 비극을 겪을 때도 하나님은 한쪽 문을 닫으실 때 또 다른 한쪽 문을 열어주시는 신실한 분이란 사실을 믿을 수 있었고, 그것을 믿었기 때문에 모든 사람이 존경하는 그 놀라운 자리로 들어갈 수 있었던 것 아닌가?

그 책에 또 이런 내용도 있다.

"자, 이제 자신에게 물어보자. 나의 하나님은 얼마나 크신가? 솔직히 말해보자. 우리는 우리 하나님이 우리의 바벨론보다 작을까봐 두려워할 때가 얼마나 많은가? 대놓고 말하지 않더라도 우리의 감정과 행동으로 그렇게 말할 때가 너무도 많다."

희망은 여전히 말씀하시는 하나님께 있다

그러나 낙심할 필요는 없다. 비록 우리가 지금까지 하나님의 말씀 앞에서 요시야 왕처럼 옷을 찢으며 회개하는 반응을 보이지 못했다 할지라도, 어쩌면 여호야김처럼 말씀을 무시하며 하나님의 말씀보다는 눈에 보이는 현실에 더 영향을 받으며 살아왔다 할지라도 우리의 희망은 어디에 있는가? 여전히 말씀하고 계신 하나님, 여전히 역사 배후에서 일하고 계신 하나님께 우리의 희망이 있다.

여호야김이 비록 강대국 애굽을 더 의지하며 하나님의 말씀은 무시하고 칼로 베고 화롯불에 던지는 악한 짓을 저질렀지만, 이어지는 예레미야서 36장을 보면 이런 말씀이 기록되어 있다.

> 왕이 두루마리와 바룩이 예레미야의 입을 통해 기록한 말씀을 불사른 후에 여호와의 말씀이 예레미야에게 임하니라 이르시되 너는 다시 다른 두루마리를 가지고 유다의 여호야김 왕이 불사른 첫 두루마리의 모든 말을 기록하고 렘 36:27,28

나는 이것이 너무나 감동적이다. 여전히 말씀하시는 하나님, 우리가 돌이키기만 하면 불태워버린 그 말씀을 다시 기록하게 하시고 다시 들려주기 원하시는 하나님, 그 하나님의 신실하심이 우리의 희망이 되는 줄 믿는다. 다니엘은 이 사실을 정확하게 알고 있었던 것이다.

우리는 다시 시작해야 한다. 바벨론 같은 이 세상에서 위축되어 자기 정체성을 잃어버린 채 비굴하게 숨어 있는 모습에서 이제 일어나야 한다. 하나님의 주권은 보지 못하고 먹구름만 보면서 비관하던 비겁한 자리를 떨쳐버려야 한다.

하나님께서는 지금이라도 돌이키기만 하면 언제든 새롭게 시작하도록 도우신다. "너는 다시 다른 두루마리를 가지고 유다의 여호야김 왕이 불사른 첫 두루마리의 모든 말을 기록하라"라고 하시는 하나님이 우리의 하나님이시다. 환경을 이기는 힘은 하나님의 말씀에 있다. 그 말씀으로 돌아가 이제 다시 시작하자.

본문의 다니엘의 모습을 보면서 그의 영적 깊이를 배우자. 우리 내면의 비굴하고, 우울하고, 패배감에 시달리며 늘 안 된다고 생각하는 그 모든 것들을 단번에 몰아내시는 성령의 역사와 능력을 우리가 다 경험하게 되기를 바란다.

다니엘서 1장 1-7절

———

¹ 유다 왕 여호야김이 다스린 지 삼 년이 되는 해에 바벨론 왕 느부갓네살이 예루살렘에 이르러 성을 에워쌌더니 ² 주께서 유다 왕 여호야김과 하나님의 전 그릇 얼마를 그의 손에 넘기시매 그가 그것을 가지고 시날 땅 자기 신들의 신전에 가져다가 그 신들의 보물 창고에 두었더라 ³ 왕이 환관장 아스부나스에게 말하여 이스라엘 자손 중에서 왕족과 귀족 몇 사람 ⁴ 곧 흠이 없고 용모가 아름다우며 모든 지혜를 통찰하며 지식에 통달하며 학문에 익숙하여 왕궁에 설 만한 소년을 데려오게 하였고 그들에게 갈대아 사람의 학문과 언어를 가르치게 하였고 ⁵ 또 왕이 지정하여 그들에게 왕의 음식과 그가 마시는 포도주에서 날마다 쓸 것을 주어 삼 년을 기르게 하였으니 그 후에 그들은 왕 앞에 서게 될 것이더라 ⁶ 그들 가운데는 유다 자손 곧 다니엘과 하나냐와 미사엘과 아사랴가 있었더니 ⁷ 환관장이 그들의 이름을 고쳐 다니엘은 벨드사살이라 하고 하나냐는 사드락이라 하고 미사엘은 메삭이라 하고 아사랴는 아벳느고라 하였더라

빼앗긴 들에도
봄은 오는가

이상화 시인의 〈빼앗긴 들에도 봄은 오는가〉라는 유명한 시가 있다. 이 시는 일제강점기인 1926년에 발표됐는데, 나라를 빼앗기고 온 나라가 암울했던 상황에서 쓰인 시이다. 이 시에 대한 자료를 찾아보니, 나라를 빼앗긴 지 벌써 십수 년이 지나 해방에 대한 기대감은 점점 사라지고 이대로 일본의 식민지로 정착되는 것은 아닌가 싶은 절망감이 깊이 드리워지던 현실을 담아낸 시라고 한다.

"지금은 남의 땅 – 빼앗긴 들에도 봄은 오는가?"라는 질문으로 시작하여 "그러나 지금은 – 들을 빼앗겨 봄조차 빼앗기겠네"라는 자조로 끝나는 이 시는 '조국 상실'이라는 절망적인 상황 인식을 아픈 가슴으로 읽어야 하는 동시에 또 다른 한편으로는 빼앗긴 나라를 반드시 되찾고야 말겠다는 강렬한 의지를 되새기며 읽어야 한다는 설명이 눈에 들어왔다.

내가 이 시를 읽게 된 것은, 우리 교회의 어느 권사님이 일제강점기였던 1933년도를 배경으로 독립운동가들의 활약을 그린 영화 〈암살〉을 본 후에 내게 메일을 보내주셨기 때문이다.

저는 〈암살〉이라는 영화를 보고 그 영화가 마치 하나님의 나라를 빼앗기고 영적 식민지 시대를 살아가는 이 시대 성도의 모습을 그린 것 같아서 큰 도전을 받았습니다. 그래서 싸우고 죽이는 영화를 싫어함에도 불구하고 두 눈을 부릅뜨고 보았습니다. 이후에 소장용 VOD를 사서 몇 번을 더 보면서 '이 땅을 살아가는 성도의 모습은 어때야 할까? 나는 어떻게 살아야 하나?' 참 많은 생각을 했습니다.
〈빼앗긴 들에도 봄은 오는가〉라는 시처럼 빼앗긴 하나님의 나라에도 귀한 말씀의 금으로 영적 독립군과 의용군들을 모아주시고 훈련해주시니 참 감사합니다. 저는 어쩌면 나이, 건강 등을 핑계 대며 이제 민방위가 되었는지 모르지만, 다시 힘을 낼 거예요. 제가 어디에서 무엇을 하든 저도 빼앗긴 하나님나라에 봄이 오도록, 작고 소박하지만 계속하고 있을 거예요.

권사님의 진솔한 편지가 내 마음에 감동이 되었다. 그래서 편지에 인용된 〈빼앗긴 들에도 봄은 오는가〉라는 시와 그 시에 대한 해설을 찾아보게 되었는데, 시의 의미를 설명하는 어느 글에서 마치 우리가 지금 살펴보고 있는 다니엘서 1장의 상황을 해설해놓은 것처럼 느껴지는 대목을 발견했다.

지금은 남에게 강제로 국토를 빼앗겼지만, 언젠가는 국토를 회복시킬 봄은 찾아온다는 식으로 '실의와 희망'을 교차시키고 있는 것이다. 빼앗긴 국토에 대한 상실감에서 빚어진 영탄과 국토를 회복해야 한다는 강한 의지력을 형상화한 것으로, 가락이 힘차고 거센 격정을 느끼게 하는 작품이다.

빼앗긴 국토에 대한 상실감으로 빚어진 한탄과 동시에 국토를 회복해야 한다는 강한 의지력이 교차되는 것이 이 시가 품고 있는 정서라고 한다면, 다니엘서 1장을 읽는 우리의 마음이 이래야 한다는 생각이 들었다. 한편으로는 부끄러운 한국교회의 현실에 대한 정확한 상황 인식과 함께 참담한 마음으로 회개의 자리로 나아가야 하며, 또 다른 한편으로는 그렇게 낙심만 하고 있을 것이 아니라 회복에 대한 강한 의지와 희망을 가지고 다니엘서를 읽어야 한다는 것이다. 그래서 이번 장에서는 이 두 가지 축을 가지고 살펴보려고 한다.

먼저 생각해볼 것은 뼈아픈 현실 인식, 즉 우리의 죄악에 대한 자각과 회개에 대한 부분이다. 나는 본문의 무능하고 부패했던 여호야김 왕과 타락했던 이스라엘 백성들, 특히 그때의 기성세대들이 저지른 죄악이 두 가지라고 생각하는데, 이 죄는 오늘날 우리 시대의 예수 믿는 성도들이 저지르는 죄악과 일치한다. 그 두 가지 죄악이 무엇인가?

하나님을 패배한 신으로 만든 죄

첫 번째 죄악은, 하나님을 패배한 신처럼 초라하게 만든 죄다.

주께서 유다 왕 여호야김과 하나님의 전 그릇 얼마를 그의 손에 넘기시매 그가 그것을 가지고 시날 땅 자기 신들의 신전에 가져다가 그 신들의 보물 창고에 두었더라 단 1:2

이스라엘을 침략한 바벨론은 하나님의 성전의 기물 일부를 빼앗아 가서 자기들의 신전 창고에 보관했다. 이것이 무엇을 의미하는지 아는가? 이와 비슷한 이야기가 삼손 이야기를 다룬 사사기 16장에도 나온다. 알다시피 삼손은 하나님의 놀라운 은사와 사명을 받았음에도 불구하고 들릴라라는 이방 여자에게 넘어가 결국은 블레셋 사람들에게 붙잡혀 두 눈을 뽑히고 맷돌을 돌리는 비참한 신세로 전락했다. 그런데 그렇게 삼손을 붙잡아 묶어놓고 맷돌을 돌리게 한 사건을 두고 블레셋 사람들이 해석한 내용이 흥미롭다.

블레셋 사람의 방백들이 이르되 우리의 신이 우리 원수 삼손을 우리 손에 넘겨주었다 하고 다 모여 그들의 신 다곤에게 큰 제사를 드리고 즐거워하고 백성들도 삼손을 보았으므로 이르되 우리의 땅을 망쳐 놓고 우리의 많은 사람을 죽인 원수를 우리의 신이 우리 손에 넘겨주었다 하고 자기들의 신을 찬양하며 삿 16:23,24

여기서 '우리의 신이 삼손을 우리 손에 넘겨주었다'라는 표현과 '그래서 자기들의 신을 찬양한다'는 표현이 두 번이나 반복되고 있다. 이런 표현 속에 담긴 고대 전쟁의 의미를 알아야 하는데, 그 당시 전쟁은 신들 간의 대리전쟁이라는 생각이 강했기 때문에 전쟁에서 승리하면 패배한 정복지의 신을 가지고 와서 그 무능함을 조롱했다.

따라서 지금 본문에서 이스라엘을 정복한 바벨론이 여호와 하나님의 기물 일부를 빼앗아 자기들의 신전 창고에 처박아두는 것은, '무기력한 여호와, 힘도 못 쓰는 여호와'라고 하면서 하나님을 조롱하는 것이다.

내가 왜 여호와 하나님을 조롱당하는 패배한 신처럼 여기게 만든 죄가 본문의 이스라엘 백성들이나 오늘 우리 시대 성도들의 공통적인 죄라고 했는지 알겠는가? 가슴 아프게도 오늘날 한국교회에서 일어나고 있는 일들이 바로 이것이기 때문이다.

작년에 어느 시사 프로그램을 보다가 마음이 무너져버린 적이 있었다. 경기도의 어느 교회의 목사가 대환란을 피하려면 남태평양의 피지섬으로 가야 한다고 성도들을 미혹하여 무려 400명이나 되는 사람들이 그 말을 믿고 따라가는 일이 있었다. 그 사건을 고발하는 프로그램이었는데, 예배 장면을 몰래 찍어서 제보한 영상을 보니, 예배 중에 목사라는 사람이 엄청나게 격분한 목소리로 성도를 불러내더니 뺨을 때리고 머리채를 휘어잡아 바닥에 내팽개치고 심지어 불려나온 여 성도의 머리카락을 가위로 막 자르는 장면이 나왔다. 거기다 한술 더 떠서 한다는 소리가 성경에도 타작마당이 나오지 않느냐고, 귀신을 쫓고 영혼을 맑게 한다며 '타작마당'이란 이름으로 부모와 자식 간에 서로의 뺨을 때리게 하거나 집단폭행을 가하는 것이다. 그 교회 목사나 성도들은 계속 이것이 성경에 근거를 둔 행위라고 항변하는데, 이것을 보는 수많은 사람이 '기독교가 이렇게 저질이었나? 하나님이 저런 분이었나?'라고 할 것을 생각하니 부끄럽고 참담해서 견딜 수가 없었다.

시사 프로그램을 보다 보면 이런 식의 병든 교회나 타락한 목회자에 대한 고발이 끊이지 않고 있다. 이런 현실이 바로 하나님을 패배한 신처럼 초라하게 만드는 우리의 죄악 아닌가?

회복을 위한 대안

이런 면에서 나는 사도행전 2장에 나오는 한 대목이 눈물 나게 부럽다.

믿는 사람이 다 함께 있어 모든 물건을 서로 통용하고 또 재산과 소
유를 팔아 각 사람의 필요를 따라 나눠주며 날마다 마음을 같이하
여 성전에 모이기를 힘쓰고 집에서 떡을 떼며 기쁨과 순전한 마음으
로 음식을 먹고 하나님을 찬미하며 또 '온 백성에게 칭송을 받으니'
주께서 구원받는 사람을 날마다 더하게 하시니라 행 2:44-47

온 백성에게 칭송을 받는 교회라니, 정말 부럽지 않은가? 현대 교
회가 초대교회의 이 아름다운 모습을 복원할 때, 실추된 한국교회
와 하나님의 이미지가 회복되리라 믿는다.

그런가 하면 하나님을 패배한 신으로 전락시킨 기성세대와 달리
적국에 포로로 끌려간 어린 다니엘을 보라.

왕이 대답하여 다니엘에게 이르되 너희 하나님은 참으로 모든 신들의
신이시요 모든 왕의 주재시로다 네가 능히 이 은밀한 것을 나타내었
으니 네 하나님은 또 은밀한 것을 나타내시는 이시로다 단 2:47

분명히 하나님을 조롱하기 위해 하나님의 성물을 창고에 던져넣
었던 느부갓네살인데, 그의 생각이 바뀌었다. 왜 이렇게 생각이 바
뀌었는가 하면, 느부갓네살 왕이 이상한 꿈 때문에 번민과 불면증
이 밀려와 너무 힘든데 다니엘이 그 고통을 풀어주었기 때문이다.
바벨론의 대단한 마술사와 주술사와 점쟁이와 점성가, 그 누구도

풀지 못했던 문제를 다니엘이 풀어주면서 뭐라고 고백하는가?

"왕이여, 내가 똑똑해서 이것을 푸는 것이 아닙니다. 내가 믿는 여호와 하나님이 이것을 알도록 가르쳐주셨습니다. 이 지혜는 하나님에게서 나오는 것입니다."

다니엘이 계속 이 고백을 반복하며 강조하자 느부갓네살 왕의 생각이 바뀐 것이다.

'우리가 전투에서 이겼다고 만만하게 봤는데, 여호와 하나님이란 신이 만만히 볼 신이 아니네!'

여기에 우리의 대안이 있다고 생각한다. 우리는 한편으로는 사도행전 2장에서 보여주는 교회 공동체의 아름다움을 회복해야 한다. 교회 공동체의 아름다움이 회복된다는 것은 상식이 회복된다는 것이다. 어려운 이웃을 위해서는 십시일반으로 도와주고, 병든 사람을 위해서는 마음을 모아 위로해주고, 장애를 가진 이웃이 있다면 배려하고 양보해주는 것 같은 일들이다.

그러나 동시에 이것만 있어서는 안 된다. 다니엘처럼 하나님이 주시는 영적인 은혜를 많이 경험해야 한다.

다니엘서 5장을 보면 바벨론의 마지막 왕인 벨사살 왕도 다니엘을 칭찬하는 대목이 나온다.

내가 네게 대하여 들은즉 '네 안에는 신들의 영이 있으므로' 네가 명철과 총명과 비상한 지혜가 있다 하도다 단 5:14

다니엘이 인정받은 것이 무엇인가?

"네가 명철과 총명과 비상한 지혜가 있다 하도다."

그리고 그 비결에 대해 벨사살 왕이 뭐라고 말하는가?

"네 안에는 신들의 영이 있으므로…."

목사인 내 입장에서 얘기해보자면, 목회자가 남다른 재주나 재능은 갖추지 못했다 하더라도 "저 목사님 안에는 성령님이 계셔"라고 인정받을 수만 있다면 그것으로 충분한 것 아닌가?

오늘날 하나님이 조롱당하는 시대를 벗어나기 위해서는 상식이 통하는 교회로 교회의 아름다움을 회복해야 하고, 또 한편으로는 다니엘처럼 하나님의 지혜로 혼란한 세상에 대안을 제시해주어야 한다. 그래서 "저 사람 안에는 성령이 있다, 저들이 믿는 하나님이 저들을 지혜롭게 하셨다"라고 인정받는 것이 우리 모두의 기도제목이 되어야 할 것이다.

이처럼 이스라엘 백성이나 오늘날 예수 믿는 우리나 하나님을 패배한 신처럼 초라하게 만든 것이 우리가 저지른 가장 큰 죄악 중의 하나임을 기억해야 한다.

젊은이들을 세상의 포로로 잡혀가게 만든 죄

당시 이스라엘이 저지른 두 번째 죄악은, 젊은이들을 세상에 포로로 잡혀가게 만든 것이다. 다니엘서 1장 3,4절의 상황을 보라.

왕이 환관장 아스부나스에게 말하여 이스라엘 자손 중에서 왕족과
귀족 몇 사람 곧 흠이 없고 용모가 아름다우며 모든 지혜를 통찰하
며 지식에 통달하며 학문에 익숙하여 왕궁에 설 만한 소년을 데려오
게 하였고 단 1:3,4

유능하고 똑똑한 아이들이 다 잡혀갔다. 가슴 아픈 일 아닌가?
그들이 포로로 끌려가 겪었을 수모를 생각하다 보니, 시편 137편이
떠올랐다.

우리가 바벨론의 여러 강변 거기에 앉아서 시온을 기억하며 울었도
다 … 이는 우리를 사로잡은 자가 거기서 우리에게 노래를 청하며 우
리를 황폐하게 한 자가 기쁨을 청하고 자기들을 위하여 시온의 노래
중 하나를 노래하라 함이로다 시 137:1,3

요즘 우리로 치면, 예수 잘 믿는 청소년이 술자리에 끌려가 술잔
을 기울이는 사람들 틈바구니에서 "야, 너 교회에서 배운 노래 한번
불러봐. 그 하나님 노래 있잖아?" 하는 수모를 당하는 것과 비슷
한 상황이다.
"바벨론의 여러 강변 거기에 앉아서 시온을 기억하며 울었도다."
이 한 문장 안에 그들의 슬픔이 고스란히 담겨 있는 것 같아서,
더 마음이 아팠다.

유능하고 똑똑한 아이들을 이런 비참한 포로로 끌려가게 만든 자들이 누구인가? 타락한 기성세대들이다. 지도자 여호야김 왕을 비롯하여 타락하고 변질되어 무기력한 자리에 빠져버린 기성세대들 때문에 죄 없는 젊은이들이 포로로 끌려가 수모를 당하는 자리에 빠져버렸다.

문제는, 오늘 우리 시대에도 이런 가슴 아픈 역사가 계속되고 있다는 사실이다. 오늘날 젊은이들이 교회를 떠나고 있다는 말을 많이 한다. 그리고 크리스천 학생들이 캠퍼스에서 자기가 예수 믿는다는 사실을 철저하게 숨긴다는 말도 종종 듣는다. 젊은 크리스천들 입장에서 교회 다니는 것이 창피한 세상이 되어버린 것이다. 부끄럽고 가슴 아픈 현실이다.

어쩌다 이렇게 되었나? 누가 교회를 이렇게 부끄러운 공동체로 전락시켜버렸나? 교회에 다니면서도, 예수님을 믿으면서도 세상 가치관에 절어 살아가고 있는 우리 기성세대 크리스천들 때문 아닌가? 이런 차원에서 우리가 회개의 자리로 나아가야 한다.

악한 바벨론의 특징

여기서 한 가지 살펴봐야 할 것이 있다. 현실적으로 우리 아이들이 내몰리고 있는 영적 바벨론의 특징이 무엇인가?

우선 '일등주의'를 꼽을 수 있다. 포로로 잡아가도 똑똑한 아이들 위주로 잡아갔다. 오늘날 우리도 여기에 놀아나고 있는 것은 아닌지 잘 생각해봐야 한다. 타락한 세상의 특징이라는 잘못된 '일등주의'가 교회 안에까지 스며들고 있지는 않은가? 그리고 그 과정에서 필연적으로 따라오는 '탐욕'이 교회 안에 자리 잡고 있지는 않은가? 그리스도인들이 탐심에서 자유롭기는커녕 오히려 더 욕심 많고 더 탐욕적이라는 비아냥을 듣게 된 현실을 부끄러워해야 한다.

영적 바벨론의 또 다른 특징은 '성적인 타락'을 들 수 있다. 최근 뉴스에 심심치 않게 등장하는 청소년들의 끔찍한 성적 일탈을 한번 보라. 언젠가는 신문에 이런 제목의 기사가 났다.

"여고생에게 술 먹이고 성폭행 방치 사망… 10대 2명 영장."

우리 교회 십 대 청소년들을 보면 아직 애다. 교회 복도에서 만나는 청소년들을 보면 어린아이처럼 귀엽고 사랑스러워서 머리를 쓰다듬어주게 된다. 그 귀엽고 사랑스러워야 할 어린 청소년들의 머리에서 어떻게 또래 여학생에게 술을 먹여서 성폭행해야겠다는 생각이 나올 수 있느냐 말이다. 청소년들이 가지고 있는 스마트폰, 인터넷에서 너무나 쉽게 접할 수 있는 음란 동영상이 그들로 하여금 성적 충동을 억제할 수 없게 만든 흉기가 된 것은 아닐까? 그렇다면 어린 청소년들이 쉽게 접할 수 있는 그 음란 동영상은 누가 만드는 것인가? 돈만 된다면 그것이 악영향을 끼치든 말든 그런 자극적인 동영상으로 도배하는, 이런 썩어빠진 바벨론 사회가 그런 아이들을 양산한 것은 아닌가?

한번은 예배 중에 우리 교회 중고등부 학생들이 특송을 하는데,

천사 같은 얼굴로 찬양하며 춤을 추는 모습을 보니 너무나 사랑스럽고 아름다워 눈물이 났다. 나는 교회에서 마주치는 청소년들을 보면 늘 이런 감동이 찾아온다. 그러나 한편으로는 마음이 아프다. 이 순수한 아이들이 세상에 나가서 겪어야 할 그 끔찍한 유혹들을 생각하니 마음이 너무 아프다.

우리는 우리가 범한 이 두 가지 죄, 즉 여호와 하나님을 패배한 신처럼 초라하게 만들어버린 죄와 우리의 귀한 젊은이들을 세상에 포로로 잡혀가게 만들고 우리가 모범을 보이지 못한 죄를 회개해야 한다. 이것이 우리가 진짜 회개해야 할 문제이다.

회복에 대한 꿈을 꾸라

그런데 이렇게 암담한 현실만 생각하면 〈빼앗긴 들에도 봄은 오는가〉의 한쪽 면만 보는 것이다. 도저히 해방될 것 같지 않은 절망을 안고 그 시를 지은 것 같지만 동시에 빼앗긴 들을 반드시 되찾고야 말겠다는 굳은 결의가 그 시에 담긴 것처럼, 우리도 다니엘서를 묵상할 때 이것을 회복해야 한다. 현실을 보며 낙심만 할 것이 아니라 회복에 대한 꿈을 꾸어야 한다.

'우리가 지금은 이렇게 부끄러운 자리에 서게 되었지만, 회복은 가능하다! 하나님나라가 반드시 회복될 것을 믿는다!'

이런 생각을 하다가 불쑥 떠오른 말씀이 있었다.

여호와의 말씀이니라 너희를 향한 나의 생각을 내가 아나니 평안이
요 재앙이 아니니라 너희에게 미래와 희망을 주는 것이니라 렘 29:11

영화 〈암살〉이나 〈빼앗긴 들에도 봄은 오는가〉라는 시에 나오는
독립군을 움직이게 만드는 에너지는 무엇이었는가? 나라를 되찾겠
다는 의지력, 그 일에 헌신하리라는 희생정신이 그들의 동력이었다
면, 다니엘이나 우리의 동력은 조금 다르다. 우리의 동력은 내 안에
서 솟구치는 숭고한 희생정신이나 의지력이 아니라 이 말씀의 하나
님, 그리고 그분이 주신 약속이다.
"너희를 향한 나의 생각은 … 평안이요 … 너희에게 미래와 희망
을 주는 것이니라."
하나님의 이 마음이 다니엘서에 가득 담겨 있지 않은가? 포로로
끌려간 그 자리에서도 여전히 일하시는 하나님, 그리고 그 하나님
의 신실하심이 우리의 동력인 것이다.
앞에서 언급했던 삼손의 이야기도 마찬가지다. 여자의 유혹에 넘
어가 눈 뽑히고 묶여서 맷돌을 돌리는 비참한 신세로 전락한 삼손
이었지만, 그 상황에서도 일하시는 하나님이 계셨다.

삼손이 여호와께 부르짖어 이르되 주 여호와여 구하옵나니 나를 생
각하옵소서 하나님이여 구하옵나니 '이번만 나를 강하게 하사' 나의
두 눈을 뺀 블레셋 사람에게 원수를 단번에 갚게 하옵소서 하고 삼

손이 집을 버틴 두 기둥 가운데 하나는 왼손으로 하나는 오른손으로 껴 의지하고 삼손이 이르되 블레셋 사람과 함께 죽기를 원하노라 하고 힘을 다하여 몸을 굽히매 그 집이 곧 무너져 그 안에 있는 모든 방백들과 온 백성에게 덮이니 삼손이 죽을 때에 죽인 자가 살았을 때에 죽인 자보다 더욱 많았더라 삿 16:28-30

두 눈 뽑히고 맷돌 돌리는 그 비참한 실패의 현장에서도 여전히 일하심으로 자신에게 주어진 사명을 결국 감당하게 하신 하나님, 바로 그 하나님이 우리의 희망 아닌가?

제레미 테일러는 "도우시는 분이 전능자임을 기억한다면 사람은 결코 절망할 수 없다"라고 했고, 앤드류 머레이는 "철저히 절망하고 오로지 주님 안에 있는 소망을 발견하는 순간 구원이 시작된다"라고 했다. 톨스토이는 이 모든 명언을 한마디로 요약한 것 같은 명언을 남겼다.

"인간의 절망은 하나님의 기회이고, 인간의 끝은 하나님의 시작이다."

〈빼앗긴 들에도 봄은 오는가〉의 시인은 나라 잃은 설움으로만 이 시를 노래하기를 원치 않았다. 회복을 향한 꿈을 가지고 이 시를 보기 원했다. 그리고 그 꿈은 하나님으로부터 나오는 것이다. 인간이 저지른 죄악으로 절망의 구덩이에 빠져 울고 있는 그 자리에서도 여전히 일하시는 하나님이 우리의 소망이 되신다.

다니엘서 1장 8-16절

———

⁸ 다니엘은 뜻을 정하여 왕의 음식과 그가 마시는 포도주로 자기를 더럽히지 아니하리라 하고 자기를 더럽히지 아니하도록 환관장에게 구하니 ⁹ 하나님이 다니엘로 하여금 환관장에게 은혜와 긍휼을 얻게 하신지라 ¹⁰ 환관장이 다니엘에게 이르되 내가 내 주 왕을 두려워하노라 그가 너희 먹을 것과 너희 마실 것을 지정하셨거늘 너희의 얼굴이 초췌하여 같은 또래의 소년들만 못한 것을 그가 보게 할 것이 무엇이냐 그렇게 되면 너희 때문에 내 머리가 왕 앞에서 위태롭게 되리라 하니라 ¹¹ 환관장이 다니엘과 하나냐와 미사엘과 아사랴를 감독하게 한 자에게 다니엘이 말하되 ¹² 청하오니 당신의 종들을 열흘 동안 시험하여 채식을 주어 먹게 하고 물을 주어 마시게 한 후에 ¹³ 당신 앞에서 우리의 얼굴과 왕의 음식을 먹는 소년들의 얼굴을 비교하여 보아서 당신이 보는 대로 종들에게 행하소서 하매 ¹⁴ 그가 그들의 말을 따라 열흘 동안 시험하더니 ¹⁵ 열흘 후에 그들의 얼굴이 더욱 아름답고 살이 더욱 윤택하여 왕의 음식을 먹는 다른 소년들보다 더 좋아 보인지라 ¹⁶ 그리하여 감독하는 자가 그들에게 지정된 음식과 마실 포도주를 제하고 채식을 주니라

죽기 살기로
도전하라

앞에서도 강조했지만, 우리가 살아가는 이 시대는 다니엘이 바벨론에 끌려가 이름을 빼앗기고, 정체성을 공격받고, 세뇌당해야 했던 그 가슴 아픈 상황과 매우 흡사하다. 이런 혼란스러운 세상에서 크리스천으로서의 정체성을 지키며 살아가는 것이 얼마나 힘든지는 바르게 믿어보려고 애써본 사람은 다 알 것이다. 왕의 진미와 포도주로 상징되는 달콤한 유혹이 너무 많다. 그뿐만 아니라 이름을 강제로 바꾸게 함으로써 하나님 대신 자기들이 섬기는 우상을 떠올리게 했던 것 같은 세뇌교육이 지금도 무섭게 가해지고 있다.

이렇게 영적으로 신앙을 유지하기가 너무 힘든 세상인데, 또 한 가지 무서운 공격이 있다. 끊임없이 우리를 낙심시키고 좌절시켜 낮은 자존감의 자리로 몰고 가려는 현실의 공격이다.

얼마 전에 통계청이 발표한 자료를 읽다가 마음이 아팠던 적이 있다. 우리나라에서 자살하는 사람이 하루 평균 37명이나 된다는 것이다. 이것은 OECD 국가 중에서 1위인데, 그것도 2위와 격차가 많이 벌어지는 1위라는 것이다. 더 가슴 아픈 것은 사십 대 이상 기성세대의 사망 원인 1위는 암인데, 십 대부터 삼십 대까지 젊은 세대의 사망 원인 1위가 자살이라는 것이다. 정말 가슴 아픈 이야기 아닌가?

이 지표를 보면서 우리나라가 청소년들과 청년들에게 참 힘든 나라라는 생각이 들었다. 입시에 시달리는 중고등학생 시절부터 아이들을 얼마나 혹독하게 괴롭히는가? 그야말로 어린 십 대 청소년부터 노년에 이르기까지 낙심과 좌절과 우울함으로 내몰리는 것이 가슴 아픈 오늘의 현실임을 절감했다.

이런 것을 보면 우리나라의 출산율이 세계 최저라는 문제가 우연히 생긴 문제가 아닌 것 같다. 자기들부터 살기가 너무나 어렵고 힘든데 아기를 낳고 키울 마음의 여유가 생기지 않는 것은 당연한 결과 아니겠는가?

"10년간 80조 원 썼는데… 출산율 또다시 역대 최저."

어느 신문의 머리기사였는데, 1년 뒤에 더 심각한 머리기사를 봤다.

"지난해 우리나라 출생아 수가 1년 전보다 4만 명 넘게 감소했다."

1년 전에도 출산율 자체가 역대 최저 기록이었는데, 1년 만에 그 역대 최저에서 또 4만 명이 넘게 감소했다니, 이것은 심각한 정도가 아니라 이 나라의 장래가 흔들릴 정도로 두려운 문제이다.

이런 현상들 모두가 힘든 세상살이를 반영하는 결과들이기에 마음이 아픈 것이다. 언젠가 본 신문 머리기사는 이런 힘든 현실을 한마디로 요약하는 것 같았다.

"신도림역에만 치킨집 790개, 각자도생 한국 사회의 그늘."

이 머리기사를 보는데 숨이 턱 막혔다. 기사를 읽으면서도 믿어지지 않았다. 신도림역 주변이라고 하는 한정된 장소에 치킨집이 무려 790개가 있다는 것은 무엇을 말하는가? 그런 환경에서 생존해내는 것 자체가 기적 아닌가? 내가 다니엘이란 인물을 집중적으로 살펴봐야겠다고 결심한 이유가 바로 여기에 있다.

오늘 우리가 사는 이 세상은 영적으로는 크리스천으로서의 정체성을 지키며 사는 것을 집요하게 방해하는 무서운 공격의 시대이고, 또 다른 한편으로는 끊임없이 사람들을 좌절시키고 낙심시켜서 자기 스스로를 초라한 인생으로 몰고 가는 무서운 경쟁이 펼쳐지는 시대이다. 이런 현실을 사는 우리이기에, 다니엘이 어린 나이에 바벨론에 포로로 끌려간 비참한 상황에서 그 어려운 현실을 어떻게 극복해낼 수 있었는지를 살펴보고 거기서 영적인 교훈을 얻자는 것이다.

그런 의미에서 이 장에서는 유혹이 많은 이 시대를 살아가는 우리가 다니엘에게 배워야 할 선언적인 두 가지를 살펴보려고 한다.

유혹에 맞서 죽기 살기로 도전하라

첫째, 유혹의 시대에 우리는 도전해야 한다. 현실에 주저앉지 말고 도전하자는 것이다. 도전하되, 죽기 살기로 도전하자는 것이다.

다니엘이 자기는 왕의 음식과 포도주로 자신을 더럽히지 않겠다고 선포하자 그 이야기를 듣는 환관장의 반응이 굉장히 심각하다.

환관장이 다니엘에게 이르되 내가 내 주 왕을 두려워하노라 그가 너희 먹을 것과 너희 마실 것을 지정하셨거늘 너희의 얼굴이 초췌하여 같은 또래의 소년들만 못한 것을 그가 보게 할 것이 무엇이냐 그렇게 되면 너희 때문에 내 머리가 왕 앞에서 위태롭게 되리라 하니라 단 1:10

다니엘을 관리하는 환관장의 목숨이 위태로울 정도라면 감히 왕에게 도전한 당사자 다니엘은 아예 목숨을 내놓은 것 아닌가?

다니엘의 무모한 도전은 6장에서도 계속되는 것을 볼 수 있다. 왕이 아닌 다른 대상에게 무엇을 구하거나 경배하면 사자 굴에 집어 던지겠다는 조서가 선포되었는데, 다니엘이 보인 행동을 보라.

다니엘이 이 조서에 왕의 도장이 찍힌 것을 알고도 자기 집에 돌아가서는 윗방에 올라가 '예루살렘으로 향한 창문을 열고' 전에 하던 대로 하루 세 번씩 무릎을 꿇고 기도하며 그의 하나님께 감사하였더라 단 6:10

하나님을 향한 기도를 금한 조서를 보고서도 창문을 열어젖히고 평소와 다름없이 기도하는 다니엘의 모습은 무엇을 의미하는가? 다니엘은 죽기를 각오하고 도전했다는 것이다.

이런 도전의 모습은 다니엘의 세 친구인 사드락과 메삭과 아벳느고에게서도 볼 수 있다. 다니엘서 3장에서 느부갓네살 왕이 자기가 만든 금 신상에 절하지 않으면 타는 풀무불 가운데 던져 넣겠다는 위협을 가하는데, 세 친구가 보인 반응은 어땠는가?

> 왕이여 우리가 섬기는 하나님이 계시다면 우리를 맹렬히 타는 풀무불 가운데에서 능히 건져내시겠고 왕의 손에서도 건져내시리이다
>
> 단 3:17

정말 대단한 믿음 아닌가? 그런데 더 중요한 것은 바로 이어지는 다음 고백이다.

> '그렇게 하지 아니하실지라도' 왕이여 우리가 왕의 신들을 섬기지도 아니하고 왕이 세우신 금 신상에게 절하지도 아니할 줄을 아옵소서
>
> 단 3:18

오늘날 우리의 문제점이 바로 여기서 발견된다. 우리는 18절은 빼버리고 17절만 가지고 도전하려고 한다.

'우리가 도전하면 하나님이 도와주신다. 무조건 건져주신다. 우리는 위기에서 빠져나올 수 있다.'

하지만 다니엘과 그의 세 친구들의 도전은 그렇지 않았다. 그들은 '그렇게 하지 아니하실지라도' 도전했다.

이런 측면에서 나는 우리가 자주 듣는 신앙 간증에 아쉬움을 많이 느낀다. 왜 결과가 좋은 것만 간증하는가? 주일에 가게 문 닫았더니 토요일에 매상이 두 배로 올랐다는 간증만 나오면 안 된다. 그런 간증도 하나님의 일하심을 찬양하는 귀한 간증이지만, 간증이 전부 그런 식이라면 곤란하다. 하나님이 토요일 매상을 두 배로 올려주시기 때문에 주일에 가게 문 닫기로 한 것은 '흥정'이다. 토요일에 매상을 두 배로 올리기 위해서가 아니라, 주일을 주일로 선포하기 위한 당위성 때문에 하는 것이다.

마찬가지로 '그리 아니하실지라도'를 쏙 빼버리고 이길 것 같은 도전만 하려니 도전할 게 없는 것이다. 내가 우리 교회 청년들에게 자주 촉구하는 것도 바로 이 부분이다.

"너희들은 왜 다윗의 물맷돌 이야기를 '성공'에만 맞추려 하느냐? 다윗이 물맷돌 던져서 골리앗을 이긴 게 포인트가 아니다. 다윗이 골리앗에게 도전을 선포한 것은 그렇게 하면 하나님이 반드시 이기게 해주실 것이기 때문이 아니라 그래야만 하는 당위성 때문이었다. 그렇게 도전하다가 죽는 한이 있어도 도전해야 하기 때문에 도전한 것이다."

지금 현실을 보라. 다윗처럼 골리앗에게 덤볐다가는 물맷돌로 골리앗을 이기기는커녕 골리앗에게 밟혀 죽는 경우가 훨씬 많다. 그러나 그럼에도 불구하고 '그렇게 하지 아니하실지라도' 도전해야 하기 때문에 죽기 살기로 도전하는 것이 필요하다는 것이다. 앞으로 우리의 간증 가운데, 도전하기만 하면 물맷돌로 골리앗을 물리칠 수 있기 때문에 도전한 것이 아니라 '그렇게 하지 아니하실지라도'의 믿음을 가지고 도전했노라는 고백이 더 많아지면 좋겠다.

위기 속에서 주님의 주 되심을 선포하라

에스더의 도전도 마찬가지다. 하만의 유대민족 말살정책으로 자기 민족이 전멸당할 위기에 처하자 에스더가 뭐라고 선포하는가?

당신은 가서 수산에 있는 유다인을 다 모으고 나를 위하여 금식하되 밤낮 삼 일을 먹지도 말고 마시지도 마소서 나도 나의 시녀와 더불어 이렇게 금식한 후에 규례를 어기고 왕에게 나아가리니 '죽으면 죽으리이다' 하니라 에 4:16

"내가 왕에게 나아가면 하나님이 나를 반드시 살려주실 것이다"가 아니었다. "죽으면 죽으리이다!"란 고백이었다. 가냘픈 여성의 이 담대한 선포와 도전이 위기를 만난 이스라엘 민족을 구해내는 원동력이 되었다.

마태복음 14장의 베드로도 마찬가지다. 예수님의 제자들이 배를 타고 건너가다가 풍랑을 만나 고난에 빠져 있는데, 밤 사경에 제자들을 구해주시려고 예수님이 나타나셨다. 그때 다른 제자들은 바다 위로 걸어오신 주님을 보고 "유령이다!"라고 외치며 놀라 부들부들 떨고 있는데, 베드로가 얼마나 멋진 선포를 하는가?

베드로가 대답하여 이르되 주여 만일 주님이시거든 나를 명하사 물 위로 오라 하소서 하니 마 14:28

이것이 왜 귀한 고백인가? 그의 고백 안에는 죽을 뻔했다가 살아난 것에 감사하는 차원이 아니라 풍랑으로 인해 겪게 된 고난과 아픔을 오히려 예수 그리스도께서 이 땅에 오신 하나님의 아들이심을 경험할 수 있는 도전의 도구로 삼는 차원에서의 간구가 담겨 있기에, 이 고백이 귀한 것이다.

우리도 베드로처럼 "하나님, 제가 겪고 있는 이 풍랑과 고난이 오히려 하나님의 능력이 나타나고 드러나는 기적의 도구가 되게 해주세요"라고 선포하는 도전 정신을 회복해야 한다.

작은 성취감을 누려라

여기서 한 가지 기억해야 할 것이 있다. 이런 큰 용기를 얻기 위해서는 삶 속에서의 작은 도전이 필요하다는 것이다. 이십 대가 된 우리 집 세 자녀들에게 가끔 해주는 이야기가 있다.

"너희에게는 작은 성취감이 필요하다. 한 번에 열 계단씩 뛰어넘으려는 도전보다는 아주 작은 성취감을 누릴 수 있는 도전을 계속 시도해라. 예를 들면, 스마트폰 사용을 하루에 30분만 줄이겠다든가 혹은 일주일에 한나절은 스마트폰을 쓰지 않겠다고 결심하는 것이다. 이런 작은 시도를 통해서 얻는 성취감을 경험하는 것이 중요하다."

이것은 신앙생활에서도 마찬가지이다. 신앙생활에서 이런 작은 성취감을 맛보는 것이 얼마나 중요한지 모른다. 하루아침에 "믿음의 거장이 되어라. 위대한 에스더가 되어라. 풍랑 중에도 도전한 베드로가 되어라"라고 한다면 누가 가능하겠는가? 한꺼번에 열 계단 오르려고 하면 가랑이만 찢어진다. 그러니 이제 작은 도전부터 시작하여 작은 성취감을 누리는 것이 중요하다는 것이다.

이 점에서 나는 늘 하나님께 감사한다. 삶 속에서 이런 작은 성취감을 많이 누리게 해주셨기 때문이다. 예를 들면 이런 식이다. 나는 목을 많이 쓰는 입장이다 보니 늘 성대결절의 위험에 노출되어 있다. 실제로 병원의 도움을 받아야 할 만큼 위기를 겪은 적도 여러 번 있다. 작년 특별새벽부흥회 때도 마찬가지였다.

몇 달 전부터 성대에 문제가 생겨 고단위의 스테로이드와 항생제 등을 먹으며 겨우겨우 버티고 있었는데, 특새를 2주 앞둔 주일 예배 설교를 하는 도중에 목이 아예 가버렸다. 소리가 나지 않을 정도였다. 위기감을 느낀 나는 병원에 가서 성대 내시경 검사를 받으며 상태를 살폈다. 그랬더니 암담한 결과가 나왔다. 목 상태가 생각보다 심각해서 수술해야 할지도 모르니 추가 검사를 하라는 것이다.

추가 검사 비용을 수납하고 병원 로비에 앉아 있는데, 마음이 무겁고 복잡했다. 성대 수술을 하면 최소 두 달 정도는 설교를 할 수 없다.

'당장 2주 앞으로 다가온 특새는 어떻게 하고, 새생명축제는 어떻게 하나? 특새를 11월로 옮겨야 하나?'

이런저런 생각이 어지럽게 들면서 마음이 정리가 안 됐다. 그런데 아무리 생각해도 특새를 미룰 수는 없었다. 이미 특새 때 선포할 말씀을 여름부터 살피고 묵상하고 준비하고 있었는데, 그 은혜가 너무 충만해서 성도들에게 빨리 전하고 싶은 마음이 간절했기 때문이다. 마치 산모가 아기를 낳으면 아기에게 먹일 젖이 도는 것처럼 성도들에게 전하고 싶은 메시지와 은혜가 내 안에 충만하게 돌아서 한시라도 빨리 전하고 싶은데, 11월로 미루게 되면 식은 음식을 내놓는 것같이 느껴졌다. 그렇게 생각하니 '도저히 특새는 취소할 수 없다. 강행하겠다'는 마음의 결단이 섰다.

이런 결심이 서고 나니, 수술해야 한다는 결과가 나와도 안 할 건데 검사는 왜 하나 싶어서 이미 수납한 검사비를 환불받고 집으로 돌아와버렸다. 그리고 성대를 회복하기 위한 이런저런 노력을 많이 기울였다. 그 과정에서 발성치료를 돕는 선생님을 만나 강도 높은 훈련을 하기도 했다. 그러면서 마음으로 다짐했다.

'성대 때문에 위축되지 않겠다!'

이런 과정을 거치며 시작된 작년 특새였는데, 성대 내시경 검사 결과나 의사의 우려를 불식시키는 놀라운 기적이 일어났다. 평소와 다름없는 맑은 목소리로 설교할 수 있게 된 것이다. 이것이 작년에 내가 경험한 '작은 성취감'이다.

죽은 나사로가 살아나고, 홍해가 갈라지는 것만이 기적이 아니다. 이런 어마어마한 기적은 아니라 하더라도 일상 속의 작은 도전과 더불어 그로 인한 작은 성취감을 많이 경험하는 은혜가 있기를 바란다. 그렇게 누적된 성취감이 우리의 믿음을 더 굳건하게 하고 자라게 할 줄 믿는다.

유혹에 시대에 맞서서 결단하라

둘째, 유혹의 시대인 오늘날 우리가 해야 할 것이 또 하나 있는데 '결단하라'는 것이다.

다니엘은 '뜻을 정하여' 왕의 음식과 그가 마시는 포도주로 자기를 더럽히지 아니하리라 하고 … 단 1:8

여기서 '뜻을 정하여'가 바로 결단한다는 것이다. 이 부분을 새번역 성경은 이렇게 번역했다.

"다니엘은 왕이 내린 음식과 포도주로 자기를 더럽히지 않겠다고 마음을 먹고."

내가 병원 로비에 앉아서 '성대결절과 상관없이 특새를 미루지 않겠다, 설교를 안 하면 안 했지 목 상태 때문에 기어들어가는 소리로 설교하지 않겠다'고 결심한 것도 뜻을 정하고 '마음을 먹은 것'이다.

최근에 도전이 되는 경구 하나를 보았다.

"포기한 자보다 더 비열한 자는 시작도 하지 않는 자이다."

또 최근 화제가 되었던 책 중에 《하마터면 열심히 살 뻔했다》라는 재미있는 제목의 책이 있는데, 그 책에서 내 눈길이 머무는 문장 하나를 발견했다.

"내가 이 나이에 정말 부끄러워해야 할 것은 내 나이에 걸맞은 것들을 소유하지 못한 게 아니라, 나만의 가치나 방향을 가지지 못하고 살아왔다는 사실이다."

다 갖추고 성공한 것처럼 허세를 부리고 다니는데 들여다보니 자기만의 방향이 없고 가치 기준이 없는 것, 이것이 부끄러운 일이라는 것이다. 다니엘의 귀한 점이 이것 아닌가? 다니엘은 그 어린 나이에 자기만의 뚜렷한 가치와 방향이 있었다. 누가 뭐라고 해도 흔들리지 않는 자기만의 뚜렷한 가치관과 방향을 세운 것, 이것이 우리가 다니엘에게서 배워야 하는 모습이다. 다니엘처럼 결단하고 그것을 선포하는 우리가 되기를 바란다.

결단과 선포의 힘

나도 다니엘처럼 뜻을 정하는 결단과 선포가 참으로 능력이 있다는 사실을 경험한 일이 있다. 체중을 6킬로그램 정도 뺀 것이다. 요요현상도 그다지 일어나지 않고 있다.

내가 살을 빼게 된 계기는 오랜만에 점심을 같이 먹게 된 후배가 근래에 다이어트에 성공해서 20킬로그램을 뺐다는 얘기를 듣고 도전을 받은 것이다. '나도 다이어트를 하겠다'라고 마음먹고 그날 점심 때 뷔페에 가서 배가 터지도록 먹었다. 마지막 만찬이라고 생각하고. 그리고 저녁에 집에 가자마자 옷도 안 갈아입고 아내에게 큰 소리로 선포했다.

"나, 살 빼기로 했다. 오늘부터 탄수화물을 먹지 않겠다."

그러고는 집에 있는 과자와 초콜릿, 그리고 여러 간식거리를 쓰레기봉투에 다 버렸다. 사실 그때 나는 탄수화물 중독이었다. 저녁을 배불리 먹고도 과자 한 봉지를 안 먹으면 저녁 내내 허전하고 힘들었다. 그래서 저녁 먹고 아이들에게 "너 가서 과자 한 봉지만 사 와라. 과자 사 오면 용돈 줄게"라고 하면서 귀찮게 했다. 그랬던 나였는데, 그날 다이어트에 성공한 후배를 보고 도전받아 결심하고는 바로 선포한 것이다.

아내를 향해 선포했지만, 사실 나 자신을 향해 선포한 것이다. 그러면서 안 버려도 되는데 일부러 오버액션으로 과자를 포함한 간식거리들을 봉지째 다 버린 것이다. 조금 아깝긴 했지만 그만큼 '나는 오늘 이후로 탄수화물이나 당 종류는 끊을 것이다'라는 굳은 결심을 표현한 것이다.

그렇게 딱 선포했는데, 그것이 진짜 능력이란 것을 경험했다. 탄수화물 중독 증세를 보이던 나였는데, 그날로부터 먹고 싶은 마음이 사라지는 것이다. 그래서 다음 날부터 딱 끊을 수 있었다. 결단과 그 결단을 선포하는 것에 이렇게까지 큰 힘이 있는 줄 몰랐다.

신앙도 마찬가지다. 여호수아의 담대한 결단을 보라.

> 만일 여호와를 섬기는 것이 너희에게 좋지 않게 보이거든 너희 조상들이 강 저쪽에서 섬기던 신들이든지 또는 너희가 거주하는 땅에 있는 아모리 족속의 신들이든지 너희가 섬길 자를 오늘 택하라 오직 나와 내 집은 여호와를 섬기겠노라 수 24:15

여호수아에게 이런 결단의 선포가 있었기에 우상들이 가득한 가나안 땅에서 맞닥뜨렸던 수많은 유혹 속에서도 흔들림 없이 살아갈 수 있었던 것 아닌가? 우리도 여호수아의 선포를 함께 선포해보면 좋겠다.

"오직 나와 내 집은 여호와를 섬기겠노라!"

이 선포가 우리 삶 속에 작은 성취감을 주는 능력이 될 줄 믿는다.

탈무드에 이런 말이 있다.

"세상에는 너무 지나치게 쓰면 안 되는 것이 세 가지 있다. 첫째가 빵의 이스트, 둘째가 소금, 셋째가 망설임이다."

더 이상 망설이지 말고 지금 바로 결단하고 도전하라.

하나님의 주권을 신뢰할 때 도전할 수 있다

우리가 이렇게 "오직 나와 내 집은 여호와를 섬기겠노라"라고 선포하면서 해야 할 것이 하나 더 있다. 그것은 하나님의 주권을 인정하고 그 하나님을 향한 절대 신뢰를 회복하는 것이다.

다니엘서 1장 1절의 "유다 왕 여호야김이 다스린 지 삼 년이 되는 해에 바벨론 왕 느부갓네살이 예루살렘에 이르러 성을 에워쌌더니"란 말씀은 일어난 사건을 풀어 쓴 객관적 서술이다. 그런데 인생에는 두 종류가 있다. 하나는 1절만 있는 인생, 다시 말해 팩트만 보는 인생이 있다. 그러나 1절에만 머물지 않고 2절로 연결되는 인생이 있다. 다니엘이 바로 그런 사람이었다.

'주께서' 유다 왕 여호야김과 하나님의 전 그릇 얼마를 그의 손에 넘기시매 … 단 1:2

다니엘은 하나님의 주권을 믿었기에 두려움이 없을 수 있었다. 눈으로 보기에는 여호와 하나님이 패배한 것 같다. 그러나 눈에 보이는 1절에만 머물지 않고 그 끔찍한 실패 이면에 여전히 일하고 계시는 하나님이 계심을 믿고 그분의 주권을 믿는 사람에게서 도전할 수 있는 담대함이 나온다.

앞에서 언급했던 〈암살〉이라는 영화의 마지막에 인상적인 장면이 나온다. 그 영화에 이정재 씨가 맡았던 염석진이란 인물이 나오는 데, 그는 청년 시절부터 독립운동을 해왔던 사람이다. 그런데 불행하게도 염석진은 중간에 변절하고 자기 동료들을 배신했다. 앞에서는 독립운동가인 것처럼 활동하면서 뒤로는 일본에 독립운동가의 작전과 명단을 넘기는 일본의 밀정 노릇을 한 것이다.

결국, 한때는 동지였던 독립운동가의 총에 죽음을 맞게 된 그에게 영화의 여주인공인 전지현 씨가 맡았던 독립운동가 안옥윤이 묻는다.

"왜 동료들을 팔았나?"

한때는 나라를 위해 함께 목숨을 걸고 독립운동을 했던 사이였으니, 그를 죽이면서도 얼마나 마음이 힘들었겠는가? 그래서 원망하듯 질문한 것이다. 그 질문에 대한 염석진의 대사가 정말 인상적이었다.

"몰랐으니까, 해방될지 몰랐으니까. 알면 그랬겠나?"

희망이라고는 눈 씻고 찾아봐도 없던 상황에서 독립운동을 했던 그들이 이 나라의 독립을 간절히 바라고 기다렸던 것처럼, 너무나 악한 바벨론 같은 이 시대에 신앙생활 하는 우리는, 마라나타, 이 땅에 다시 오실 예수 그리스도를 꿈꾸고 기다리며 살아가고 있는 것 아닌가? 그러다 마음을 지키지 못하면 변절하고, 무너지고, 타락하고 마는 비극을 맞게 된다. 우주의 종말이 오든 개인의 종말이 오든 언젠가 반드시 맞게 되는 종말인데, 우리의 마지막 날 이것이 우리의 절규가 되지 않기를 바란다.

"종말이 이렇게 빨리 올 줄 몰랐지. 알았으면 그랬겠나?"

이런 부끄러운 고백으로 끝내는 인생이 되지 않으려면 지금부터라도 다니엘처럼 도전하고, 뜻을 정하여 결단해야 한다. 그리고 눈에 보이는 것에 연연하는 것이 아니라 하나님나라를 꿈꿔야 한다. 주님이 다스릴 그 나라가 반드시 온다는 것을 굳게 믿는 그 소망이 우리를 변절시키지 않는 능력이 될 줄 믿는다.

내가 주를 의뢰하고 적군을 향해 달리며 내 하나님을 의지하고 담을 뛰어넘나이다 시 18:29

우리가 하나님의 주권을 믿음으로 도전하고 결단하여 적군을 향해 달리면 담을 뛰어넘을 수 있다. 지금 이 시간부터 다시 선포하고 도전하자. 그래서 우리의 삶에 이런저런 모양으로 드리워진 우리 인생의 담을 껑충 뛰어넘는 작은 도전과 작은 성취감을 맛보고 누리는 우리 모두가 되길 바란다.

다니엘서 1장 17-21절

---

17 하나님이 이 네 소년에게 학문을 주시고 모든 서적을 깨닫게 하시고 지혜를 주셨
으니 다니엘은 또 모든 환상과 꿈을 깨달아 알더라 18 왕이 말한 대로 그들을 불러들
일 기한이 찼으므로 환관장이 그들을 느부갓네살 앞으로 데리고 가니 19 왕이 그들과
말하여 보매 무리 중에 다니엘과 하나냐와 미사엘과 아사랴와 같은 자가 없으므로 그
들을 왕 앞에 서게 하고 20 왕이 그들에게 모든 일을 묻는 중에 그 지혜와 총명이 온
나라 박수와 술객보다 십 배나 나은 줄을 아니라 21 다니엘은 고레스 왕 원년까지 있
으니라

04 CHAPTER

도전하는 자에게
주시는 축복

 몇 년 전에 우리 교회의 교역자 몇 명이 순장
반(소그룹 리더) 훈련 시간에 특송을 했다. 처
음 듣는 찬양이었는데, 찬양을 듣는 중간중
간 마음이 울컥했던 기억이 난다. 그래서 나중에 그 찬양의 가사를
검색해서 컴퓨터에 옮겨놓고 가끔 들여다보곤 했다.

참 아름다운 곳이라 주님의 세계는

정말로 내가 나 같고 솔직할 수 있는 곳

조금이라도 내 의라 말할 수 없는 이곳

이곳은 바로 주님의 세계라

세상은 항상 말하네 그 길이 아니라고

곱디고운 길이 있는데 왜 힘들게 사냐고

단순한 선택조차 내게 버겁기만 한 곳

그래도 나는 주님만 따르리

참 아름다워라 주님의 세계는

저 솔로몬의 옷보다 더 고운 백합

주 찬송하는 듯 저 맑은 새소리

내 아버지의 지으신 그 솜씨 깊도다

더 깊도다

더 깊도다

나는 계속 걸어갑니다 수없이 넘어져도

사람들의 방향과는 조금 다르다 해도

내가 가는 길이 주가 가르쳐준 길이니

이곳은 바로 이곳은 바로

이곳은 바로 주님의 세계라

_ 하나님의 세계, 홍이삭 작사, KOMCA 승인필

가사 중에서 특히 나의 눈길을 머물게 하는 대목이 있었다.

"세상은 항상 말하네 그 길이 아니라고. 곱디고운 길이 있는데 왜 힘들게 사냐고."

바벨론 같은 이 세상에서 그리스도인으로 살아갈 때 가장 먼저 맞닥뜨리게 되는 세상의 반응이 바로 이것이다.

"세상을 왜 그렇게 어렵게 사니? 조금만 타협하고 눈 한 번만 질끈 감으면 편한 길로 갈 수 있는데 왜 그렇게 복잡하게 사니?"

그리스도인으로서 제대로 살기 원하는 사람이라면 이런 비아냥은 거의 당연히 듣는 소리다. 그런데 그다음 가사를 보면 이렇게 고백하고 있다.

"나는 계속 걸어갑니다. 수없이 넘어져도 사람들의 방향과는 조금 다르다 해도 내가 가는 길이 주가 가르쳐준 길이니."

계속 그 길을 걸어가겠다는 이 고백이 내 마음을 울컥하게 했다. 나만 해도 지난 세월을 돌아보면 이십 대 때는 갈등도 많았고, 하나님께 반항하며 대든 적도 많았다. 왜 넓은 길을 주시지 않느냐고 항변도 해보았지만, 그래도 꾸역꾸역 이 길을 걸어가고 있지 않은가? 길을 가다가 조금 넓은 길에 혹해서 곁길로 샜다가도 정신 차리면 또 제자리로 돌아와 다시 이 길을 걷는다.

은밀한 기쁨을 누리라

그런데 한 가지 하고 싶은 말은, 그렇게 우격다짐으로라도 그 좁은 길을 걸어야 하지만, 그렇게 걸어서는 그 길을 걷는 마음에 기쁨이 없다. 또 오래 걸을 수도 없다. 그렇기 때문에 내가 이 찬양 가사에서 정말 마음이 뭉클했던 부분은 바로 이 부분이다.

참 아름다워라 주님의 세계는 저 솔로몬의 옷보다 더 고운 백합
주 찬송하는 듯 저 맑은 새소리 내 아버지의 지으신 그 솜씨 깊도다

우리가 이 기쁨을 맛봐야 한다. 세상 사람들은 우리를 비웃으며 왜 그런 힘든 길을 가느냐고 비아냥거리지만, 그럼에도 우리가 계속 그 길을 걸을 수 있는 이유가 바로 이것이기 때문이다.

신앙생활을 경험하지 못한 세상 사람들은 좁은 길을 걷는 그리스도인들을 향해 "너는 절제해야 하는 것이 많아서 마음대로 즐기지도 못하고, 원하는 대로 할 수 있는 게 없는데 무슨 재미로 사니?"라고 하지만, 우리에게는 우리만 아는 기쁨, 주님과 깊은 동산을 함께 거닐며 교제할 때 주시는 그 기쁨이 있지 않은가? 그래서 "주 찬송하는 듯 저 맑은 새소리 내 아버지의 지으신 그 솜씨 깊도다"라고 찬양할 수 있는 것 아닌가?

옛 어른들이 많이 부르던 찬송가 중에 이런 찬송이 있다.

저 장미꽃 위에 이슬 아직 맺혀 있는 그때에
귀에 은은히 소리 들리니 주 음성 분명하다

주님 나와 동행을 하면서 나를 친구 삼으셨네
우리 서로 받은 그 기쁨은 알 사람이 없도다

이 기쁨은 정말 누려보지 않고는 알 사람이 없다. 이 기쁨을 누려야 세상 사람들이 비웃는 그 좁은 길로 갈 수 있는 것이다. 이제 이런 맥락에서 다니엘서 1장 17-21절 본문을 풀어가 보려고 한다.

도전장을 던진 다니엘에게 부어진 기쁨

앞에서 살펴본 것처럼 다니엘은 바벨론의 세뇌교육에 순응하는 대신에 도전장을 던졌다.

"나는 왕의 음식과 그가 마시는 포도주로 나를 더럽히지 않겠다."

이런 도전장을 접한 환관장은 깜짝 놀라며 "너희 때문에 내 머리가 왕 앞에서 위태롭게 되리라"라고 하며 두려움을 표한다. 그러자 다니엘이 환관장에게 흥미로운 제안 하나를 한다.

청하오니 당신의 종들을 열흘 동안 시험하여 채식을 주어 먹게 하고 물을 주어 마시게 한 후에 당신 앞에서 우리의 얼굴과 왕의 음식을 먹는 소년들의 얼굴을 비교하여 보아서 당신이 보는 대로 종들에게 행하소서 단 1:12,13

다니엘의 제안이 합리적이라고 생각한 환관장이 그의 제안을 수용했다. 그래서 환관장이 "그들의 말을 따라 열흘 동안 시험하더니" 어떻게 되었는가?

열흘 후에 그들의 얼굴이 더욱 아름답고 살이 더욱 윤택하여 왕의 음식을 먹는 다른 소년들보다 더 좋아 보인지라 단 1:15

어떻게 이런 결과가 가능했을까? 그리고 다니엘은 어떻게 이런 결과가 나오리라는 것을 확신했을까? 이런 질문을 가지고 상상해보니 채식을 하며 하나님의 은혜를 구하는 다니엘의 모습이 떠오르는 듯했다.

"하나님, 제가 비록 기름지고 영양가 있는 음식은 먹지 못하고 채소로 연명하지만, 여기에 하나님의 특별한 은혜가 부어져서 기름진 음식을 먹는 다른 소년들에 뒤지지 않는 결과를 주시기 원합니다."

그 결과 다니엘과 친구들은 얼굴이 더 아름답고 살이 더 윤택해져 왕의 진미를 먹은 다른 소년들보다 더 좋아졌다. 결단하여 악한 세상을 향해 도전하자 다니엘과 세 친구들에게 하나님은 승리를 허락하셨다.

이처럼 다니엘이 악한 세상에 도전장을 던지자 하나님께서는 그를 승리하게 하셨을 뿐 아니라 그 과정과 그 이후에도 계속 은혜를 부어주셨다. 어떤 은혜를 허락하셨는지 두 가지로 정리해보자. 다니엘은 하나님이 도전하는 자에게 주시는 외적인 축복과 내적인 축복을 누렸다.

외적인 축복 - 호의와 동정을 받게 하신다

첫째로, 하나님이 악한 세상에 도전하는 자에게 주시는 외적인 축복은 '주변 사람의 도움'을 받도록 해주시는 것이다.

본문의 흐름을 다시 살펴보자. 8절에서 다니엘은 뜻을 정하여 왕의 음식과 포도주로 자기를 더럽히지 않겠다고 결심하고 환관장에게 요청했다. 다니엘이 그렇게 결단하자 9절에서 "하나님이 다니엘로 하여금 환관장에게 은혜와 긍휼을 얻게" 하셨다. 이 부분을 새번역 성경으로 보면 이렇게 표현되어 있다.

"하나님은 다니엘이 환관장에게서 호의와 동정을 받도록 해주셨다."

나는 이 대목을 굉장히 중요하게 생각한다. 세상살이는 대인관계이고, 대인관계의 성공을 위해서는 나를 향한 상대방의 '호의와 동정'이 필수적이기 때문이다.

분당우리교회 담임목사로서 내가 누린 가장 큰 축복도 바로 이것이다. 부족하고 실수 많은 나를 성도들이 '호의와 동정'으로 용납해주었기 때문에 오늘도 이 자리를 지킬 수 있다고 생각한다. 가정도 마찬가지다. 허물 많은 나를 '호의와 동정'으로 용납해주는 고마운 아내 덕에 우리 가정이 유지되고 있다.

자기 형제들에 의해 애굽의 노예로 팔려간 구약의 인물 요셉도 마찬가지다. 요셉은 애굽에서 만난 주인의 사랑을 많이 받았는데, 성경을 자세히 보면 그 배후에 하나님의 개입하심이 있었음을 알 수 있다.

요셉이 그의 주인에게 은혜를 입어 섬기매 그가 요셉을 가정 총무로 삼고 자기의 소유를 다 그의 손에 위탁하니 창 39:4

여기 나오는 '요셉이 그의 주인에게 은혜를 입어 섬기매'라는 구절 바로 앞에 이런 말씀이 있다.

그의 주인이 여호와께서 그와 함께하심을 보며 또 여호와께서 그의 범사에 형통하게 하심을 보았더라 창 39:3

3절 말씀을 보면 요셉과 그의 주인 사이에 하나님의 개입하심이 있었음을 알 수 있다. 하나님의 개입하심으로 요셉이 그의 주인에게 은혜를 입을 수 있었던 것이다. 이런 면에서 우리는 하나님께 기도해야 한다.

"하나님, 제가 뜻을 정하여 결단하고 달려갈 때, 하나님께서 저에게 만남의 축복을 허락하여주시길 구합니다. 저를 대하는 친구, 선배, 직장 상사가 제게 은혜와 긍휼의 마음으로, 호의와 동정으로 대할 수 있도록 하나님이 복 주시기를 기도합니다."

자녀나 배우자를 위해 기도할 때도 이 부분을 위해서 기도해야 한다.

지난 시간을 되돌아보면, 분당우리교회 개척 이전에도 나는 '만남의 축복'을 많이 누렸던 것 같다. 신학교에 다니던 시절에 주일학교 교육전도사로 첫 사역을 시작했는데, 그때 만났던 교사들을 잊을 수 없다. 실수 많고 부족한 나를 교사들이 똘똘 뭉쳐서 호의와 동정심으로 바라보며 도와주고 싶어 했다.

그때 달동네에서 자취를 했는데, 서른 살 넘은 총각 전도사가 혼자 산다고 '저 전도사가 밥은 제대로 먹고 다니나' 싶은 마음에 이름도 안 밝히고 반찬통을 놓고 가기도 하고, 친형제 이상으로 사랑을 베풀어주신 분들이 많았다.

그 이후에 옥한흠 목사님을 만나 그 분에게 받았던 호의와 동정도 말로 다 할 수 없고, 중등부와 고등부를 오가며 섬겼던 10년간의 청소년 사역 시절도 마찬가지다.

이렇듯 우리가 하나님 앞에서 뜻을 정하면, 하나님이 환관장과 같은 주변 사람들에게 호의와 동정을 받을 수 있도록 은혜 주시는 줄 믿는다. 이것이 하나님께서 뜻을 정하는 사람에게 외적으로 베푸시는 첫 번째 축복, 즉 만남의 축복이다.

내적인 축복 - 지식과 지혜와 통찰력을 주신다

둘째로, 하나님이 악한 세상을 향해 뜻을 정하여 도전하는 자에게 주시는 내적인 축복은 '우리에게 필요한 지식과 지혜와 통찰력'을 주신다는 것이다.

> 하나님이 이 네 소년에게 학문을 주시고 모든 서적을 깨닫게 하시고 지혜를 주셨으니 다니엘은 또 모든 환상과 꿈을 깨달아 알더라
>
> 단 1:17

다니엘과 그의 세 친구가 뜻을 정하자 하나님께서는 그들이 모든 사람에게 뒤지지 않도록 '학문'을 주시고 '모든 서적'을 깨닫게 하시고 '지혜'를 주셨다.

지식을 주심

먼저 '학문'에 대해 살펴보자. 여기 나오는 '학문'을 원어로 보면 '지식'이란 뜻인데, 김회권 교수가 쓴 《하나님 나라 신학으로 읽는 다니엘서》란 책에 보면 이런 내용이 있다.

지식은 여호와를 경외하는 자에게 주시는 하나님의 일반 은총이다. 그것은 인격적인 하나님이 이 세계를 창조하실 때 정해두신 법칙과 원리를 통달하고 해박하게 이해하는 능력이다. 지식은 인격적인 창조주 하나님에 대한 친밀한 앎을 통해, 곧 하나님을 경외하고 예배하는 삶을 통해 받아 누릴 수 있는 하나님의 선물이다. 하나님은 경건하고 의로운 네 소년에게 하나님이 지으시고 운행하시는 이 역사와 세계에 대한 깊은 통찰력을 주셨던 것이다.

인격적인 창조주 하나님에 대한 친밀한 앎, 그분을 경외하는 삶을 통해 얻는 통찰력이 바로 지식이란 것이다.

우리의 지식이 왜 자꾸 단절되는지 아는가? 지식은 인격적인 창조주 하나님에 의해서, 그분을 경외하고 예배하는 삶을 통해서 하나님이 지으시고 운행하시는 역사와 세계에 대한 통찰력을 가지고 얻어지는 것인데, 하나님은 빼버리고 지식의 파편들만 모으고 있으니 지식이 깊어지지 않고 자꾸 단절되는 것이다.

나는 예수님을 믿는 우리가, 특히 청년들이 세상에 대하여 뜻을 정하고 도전할 때 하나님이 주시는 통찰력과 지식과 학문이 깊어지는 은혜를 누리기를 간절히 바란다.

모든 서적을 깨닫게 하시고 지혜를 주심

하나님께서는 또 다니엘과 세 친구들에게 '모든 서적'을 깨닫게 하셨는데, 이는 책에 대한 통찰력을 말하는 것 아닌가? 이것이 중요하다.

다니엘이 어린 나이에 바벨론에 포로로 끌려가 아픔과 불이익도 많이 당했지만, 그 가운데서 그가 누린 혜택도 있었다. 가장 큰 혜택은 아마도 바벨론의 고급 학문과 서적들을 접하게 된 것이었을 것이다.

예수님을 믿는 우리가 지식을 얻기 위해서는 하나님께 기도함으로 꿰뚫어지는 은혜도 필요하지만, 우리 스스로 책을 읽고 공부해야 한다. '통찰력'은 책을 통해 얻어진다. 성경이 다니엘에게 하나님이 주신 축복을 기록하면서 왜 "모든 서적을 깨닫게 하시고"라는 구체적인 표현을 사용했겠는가? 우리가 세상과 하나님을 알아가는 지식을 얻기 위해서는 통찰력이 필요한데, 그 통찰력의 많은 부분이 책을 통해 얻어지기 때문이다.

책을 읽어야 한다. 스마트폰을 내려놓고 책을 읽어야 한다. 특히 성경책을 읽어야 한다. 사도 바울은 디모데후서 3장에서 이렇게 권면한다.

또 어려서부터 성경을 알았나니 성경은 능히 너로 하여금 그리스도 예수 안에 있는 믿음으로 말미암아 구원에 이르는 지혜가 있게 하느니라 딤후 3:15

그러면서 더 구체적으로 성경에 대해 이렇게 말한다.

모든 성경은 하나님의 감동으로 된 것으로 교훈과 책망과 바르게 함과 의로 교육하기에 유익하니 딤후 3:16

오늘부터 우리 손에 스마트폰 대신 책이 들리길 바란다. 특별히 성경책이 들리길 바란다.

또한 하나님을 알아가는 데 도움을 주는 경건 서적을 읽어야 한다. 세상은 온통 음란과 폭력과 쾌락이 가득한 책과 영화로 가득한데, 우리는 경건 서적을 많이 읽어야 한다. 그럴 뿐만 아니라 자기가 몸담고 있는 학업이나 직무에 필요한 전공서적을 읽고 지식을 쌓아야 한다. 우리가 다니엘처럼 세상을 분별할 통찰력을 얻으려면 책을 읽어야 한다는 말이다. 책에 대한 통찰력을 얻어야 올바른 행위를 할 수 있는 이성적 힘을 얻게 된다.

그다음에 나오는 '지혜'도 마찬가지다. 지혜는 분별력 있는 이성적 삶의 모습을 묘사하는 단어이다. 우리가 하나님 앞에 뜻을 정하여 도전할 때 하나님께서는 지혜를 주신다.

주체는 하나님이시다

그런데 여기서 가장 중요한 것은 이것이다. 17절을 다시 보자.

하나님이 이 네 소년에게 학문을 주시고 모든 서적을 깨닫게 하시고 지혜를 주셨으니 다니엘은 또 모든 환상과 꿈을 깨달아 알더라

단 1:17

네 소년에게 학문을 주시고, 서적을 깨닫게 하시고, 지혜를 주신 분이 하나님이시란 것이다. 주어가 '하나님'이다. 이들이 지식과 모든 서적을 깨달을 수 있는 통찰력과 지혜를 얻게 된 것은 바벨론에서 받은 교육 때문이 아니라 하나님께서 그 모든 것을 허락하셨기 때문에 가능했다는 것이다. 이런 의미에서 주체는 하나님이시다.

하나님은 여전히 일하신다

이 부분을 묵상하다가 내가 발견한 중요한 포인트가 하나 있다.

지금 하나님이 네 소년에게 이런 놀라운 역사를 허락하신 때가 어떤 상황인가? "유다 왕 여호야김이 다스린 지 삼 년이 되는 해에 바벨론 왕 느부갓네살이 예루살렘에 이르러 성을 에워쌌던" 때였다. 하나님이 침묵하시던 때였고, 선민 이스라엘 백성들이 무너지던 상황이었다. 하나님이 일하지 않으시는 것처럼 보이던 때였다. 그래서 결국 나라는 망했지만, 그런 상황에서도 하나님은 다니엘과 세 친구들을 향해서는 여전히 일하고 계셨다. 이것이 내가 발견한 가슴 떨리는 교훈이다.

오늘날 우리나라의 상황이 다니엘서 1장 1절의 이스라엘의 상황과 비슷하다. 침묵하고 계신 하나님, 무기력한 교회, 주일마다 곳곳에 모여 예배는 드리고 있지만 그 현장에서 바로 역사하시는 역동적인 성령의 일하심은 잘 보이지 않는 가슴 아픈 시대이다. 아무리 기도를 해도 하나님이 응답하지 않으시는 것 같다.

그런데 놀랍게도 '나는 이 악한 시대에 순응하며 살지 않겠다'라고 뜻을 정하고 도전한 다니엘과 그 친구들에게는 하나님이 여전히 일하고 계셨다. 그 하나님께서 지금도 하나님을 향해 뜻을 정하고 악한 세상을 향해 도전하는 자들을 위해서는 일하고 계심을 믿는다. 중요한 것은 어두운 시대라는 낙심된 환경에 비관하지 말고 하나님을 신뢰하며 살아가는 것이다. 하나님의 일하심을 삶 속에서 끊임없이 경험하기를 나는 정말 간절히 바라고 있다.

외적으로, 내적으로 놀라운 은혜를 받은 다니엘과 세 친구가 부러운가? 그러면 우리도 결단하면 된다. 도전하면 된다. 그리고 그 과정에서 하나님이 어떻게 일하시는지를 맛보면 된다. 그 하나님의 놀랍고 섬세한 능력과 은혜를 경험하면 된다. 일상 속에서 경험하는 작은 성취감을 계속해서 경험하며 나아가야 한다.

세계적인 복음 전도자 빌리 그래함 목사가 어느 날 기도하고 나오는데, 어느 기자가 시비를 걸듯 물었다고 한다.

"하나님이 계신지 어떻게 알 수 있습니까? 당신은 그것을 어떻게 증명할 수 있습니까?"

우리도 이런 비아냥 섞인 질문을 종종 받지 않는가? 빌리 그래함 목사는 이 질문에 정색하고는 이렇게 답했다고 한다.

"증명하다니요? 저는 지금 막 그분을 만나고 오는데요."

당신은 이렇게 대답할 수 있는가? 다니엘을 부러워만 할 것이 아니라 다니엘이 만났던 그 하나님, 침묵하시던 그 시대 속에서도 다니엘을 향해서는 여전히 말씀하시며 인도하신 그 하나님을 당신도 경험하기를 바란다. 찬양을 통해, 말씀을 통해, 기도를 통해 그 신실하신 하나님을 맛보고 경험하는 은혜가 우리 모두에게 있기를 바란다.

LIVING AS A BELIEVER IN THE WORLD

PART 2

나의 도움은,
오직 하늘의 하나님

다니엘서 2장 1-19절

---

1 느부갓네살이 다스린 지 이 년이 되는 해에 느부갓네살이 꿈을 꾸고 그로 말미암아 마음이 번민하여 잠을 이루지 못한지라 **2** 왕이 그의 꿈을 자기에게 알려주도록 박수와 술객과 점쟁이와 갈대아 술사를 부르라 말하매 그들이 들어가서 왕의 앞에 선지라 … **11** 왕께서 물으신 것은 어려운 일이라 육체와 함께 살지 아니하는 신들 외에는 왕 앞에 그것을 보일 자가 없나이다 한지라 **12** 왕이 이로 말미암아 진노하고 통분하여 바벨론의 모든 지혜자들을 다 죽이라 명령하니라 **13** 왕의 명령이 내리매 지혜자들은 죽게 되었고 다니엘과 그의 친구들도 죽이려고 찾았더라 **14** 그때에 왕의 근위대장 아리옥이 바벨론 지혜자들을 죽이러 나가매 다니엘이 명철하고 슬기로운 말로 **15** 왕의 근위대장 아리옥에게 물어 이르되 왕의 명령이 어찌 그리 급하냐 하니 아리옥이 그 일을 다니엘에게 알리매 **16** 다니엘이 들어가서 왕께 구하기를 시간을 주시면 왕에게 그 해석을 알려 드리리이다 하니라 **17** 이에 다니엘이 자기 집으로 돌아가서 그 친구 하나냐와 미사엘과 아사랴에게 그 일을 알리고 **18** 하늘에 계신 하나님이 이 은밀한 일에 대하여 불쌍히 여기사 다니엘과 친구들이 바벨론의 다른 지혜자들과 함께 죽임을 당하지 않게 하시기를 그들로 하여금 구하게 하니라 **19** 이에 이 은밀한 것이 밤에 환상으로 다니엘에게 나타나 보이매 다니엘이 하늘에 계신 하나님을 찬송하니라

05 CHAPTER

문제 앞에 선
세 사람

 다니엘서 2장에서 느부갓네살 왕이 꿈을 꾸는데, 그 꿈 때문에 왕의 마음에 번뇌가 찾아왔다. 그래서 술사 등 당대 지혜자라는 사람들을 다 불러 모아서 자기가 꾼 꿈을 해몽하라고 했다. 그런데 문제는 자기가 꾼 꿈의 내용을 잊어버린 것이다. 자기가 꾼 꿈의 내용도 알려주지 않은 채 그 꿈의 내용과 해석을 해내라고 하니, 이런 억지가 어디 있는가? 이런 말도 안 되는 억지 때문에 많은 지혜자가 죽게 되었고, 다니엘과 세 친구도 위험에 처하게 되었다. 이것이 다니엘서 2장 전반부에서 그려지고 있다.

이런 내용을 다루고 있는 다니엘서 2장을 보다가 흥미로운 포인트를 하나 발견했다. 본문에 문제를 만나는 세 부류의 사람이 등장하고 있다는 것이다. 한 부류는 번뇌하는 최고 권력자 느부갓네살 왕이고, 또 한 부류는 그런 왕의 억지 때문에 죽임당하는 지혜자들이며, 마지막 한 부류는 역시 죽을 위기에 처한 다니엘과 그의 친구들이다. 이 세 부류의 사람들은 모두 고통과 문제에 직면했다. 이것이 이들의 공통점이다. 누구에게나 문제가 있다는 것이다. 그러나 그들의 결정적인 차이는 무엇인가? 이제 그 부분에 대해 집중적으로 살펴보자.

인간에게는 나름의 고통이 다 있다. 고통 없는 인생은 없다. 누군가는 이것을 '고통 총량 불변의 법칙'이라고 빗대어 표현했다. 고통이 있다는 것은 어느 인생이나 마찬가지인데, 차이점은 그 고통을 어떻게 풀어내느냐 하는 것이다.

첫 번째 부류, 권력자인 느부갓네살

본문에 이 문제와 관련해 등장하는 첫 번째 부류의 인물은 당대 최고의 권력을 가진 바벨론의 느부갓네살 왕이다.

느부갓네살이 다스린 지 이 년이 되는 해에 느부갓네살이 꿈을 꾸고 그로 말미암아 마음이 번민하여 잠을 이루지 못한지라 단 2:1

당시 느부갓네살 왕은 인간이 가질 수 있는 최대의 권력을 가진 자였다. 말 한마디로 사람을 죽이기도 하고 살리기도 할 정도로 대단한 권력을 가지고 있던 그였다. 그러나 그렇게 대단한 권력을 가졌어도 그가 가진 그 대단한 권력이 자기가 꾼 꿈 때문에 찾아온 번뇌와 갈등을 해결해주지는 못하더라는 것이다.

그렇게 번민하여 잠을 이루지 못하는 느부갓네살 왕의 모습이 무엇을 말하는가? 나는 그렇게 엄청난 권력을 갖추고 호령하던 느부갓네살 왕이 자기 내면의 번뇌와 고뇌는 다스리지 못하고 괴로워하는 모습을 보면서 인터넷에 떠도는 글 하나가 생각났다.

돈으로 침대는 살 수 있으나, 잠은 살 수 없다.
돈으로 책은 살 수 있으나, 지성은 살 수 없다.
돈으로 음식은 살 수 있으나, 식욕은 살 수 없다.
돈으로 화려한 옷은 살 수 있으나, 아름다움은 살 수 없다.
돈으로 집은 살 수 있으나, 행복한 가정은 살 수 없다.
돈으로 약은 살 수 있으나, 건강은 살 수 없다.
돈으로 유흥은 즐길 수 있으나, 행복은 살 수 없다.

돈 대신에 권력을 넣어 읽어도 내용은 달라지지 않는다. 느부갓네살 왕의 번뇌를 보면서 무엇을 배워야 하는가? 시편 127편에 보면 "여호와께서 그의 사랑하시는 자에게는 잠을 주시는도다"라는 말씀이 나오는데, 돈이나 권력으로 비싼 침대는 구입할 수 있어도 그것이 잠을 가져다주지는 못한다. 잠은 오직 여호와 하나님이 주시는 선물이기 때문이다. 이런 면에서 나는 항상 이 말씀을 기억하며 선포하려고 한다.

> 내가 두려워하는 날에는 내가 주를 의지하리이다 내가 하나님을 의
> 지하고 그 말씀을 찬송하올지라 내가 하나님을 의지하였은즉 두려
> 워하지 아니하리니 혈육을 가진 사람이 내게 어찌하리이까 시 56:3,4

느부갓네살 왕이 가졌던 권력을 부러워하는 인생이 아니라 "내가
두려워하는 날에는 내가 주를 의지하리이다"라고 하는 해법을 가진
인생을 추구하기를 바란다.

느부갓네살 왕을 보면서 우리는 우리의 내면을 점검해야 하는데,
그 내면에 하나님이 없는 인생에게 나타나는 두 가지 증상이 있다.
하나는, 겉은 화려하지만 사실은 그 내면에 늘 불안과 공포가 자리
잡고 있다는 것이다. 그리고 또 하나는, 자기 내면의 문제를 늘 타
인에게 책임 전가하는 못된 속성이 있다는 것이다. 자기가 꾼 꿈의
내용도 알려주지 않고 해몽하라고 하면서, 해몽을 못한다고 사람
을 죽이는 느부갓네살 왕의 모습이 전형적인 책임 전가 아닌가?

우리는 겉만 화려하고 그 내면은 불안과 공포로 꽉 차 있어서 끊
임없이 그 책임을 누군가에게 전가하는 느부갓네살을 부러워할 것
이 아니라 우리 내면이 하나님으로 꽉 차 있음으로 여유 있는 모습
을 추구해야 한다. 혹시 자기도 모르게 두려워지고 조급해지면서
책임을 전가하는 증상이 나타나면 이 말씀을 의지해야 한다.

"내가 두려워하는 날에는 내가 주를 의지하리이다"(시 56:3).

두 번째 부류, 지혜자인 술사들

두 번째 부류는 술사들이다. 술사들은 왕이 꿈 내용도 알려주지 않으면서 그 꿈을 해몽하라는 억지를 부릴 때 아주 합리적인 말을 한다.

> 왕께서 물으신 것은 어려운 일이라 육체와 함께 살지 아니하는 신들 외에는 왕 앞에 그것을 보일 자가 없나이다 한지라 단 2:11

적어도 본문에 나오는 술사들은 자기들의 한계를 알고 있었으며, 그 한계를 극복하기 위해서는 절대자의 도움이 필요함을 알았다. 이처럼 정확한 지식을 갖고 있던 그들이었지만, 그러나 정작 술사들에게는 이런 위기에 의지해야 할 '절대자'가 없었다. 그들이 가진 지식은 자기를 구원할 수 없는 공허한 지식이었다. 이것이 술사들이 가진 비극이다.

'어느 사공과 선비의 대화'라는 글을 본 적이 있다. 한 선비가 강을 건너다 사공에게 물었다.

"자네 글을 지을 줄 아는가?"

사공이 대답했다.

"모릅니다."

그러자 선비가 또 물었다.

"그럼 글을 읽을 줄은 아는가?"

사공은 "모릅니다"라고 대답했고, 선비는 안타깝다는 듯이 혀를 차며 말했다.

"원 세상에, 목숨만 붙어 있을 뿐이로군."

그런데 그때 배가 암초에 부딪혀 가라앉게 되었다. 이번엔 사공이 선비에게 물었다.

"선비님, 헤엄치실 줄 아십니까?"

"아니, 난 헤엄칠 줄 모르네."

선비의 대답에 사공은 이렇게 말했다고 한다.

"그럼 선비님은 죽은 목숨이나 마찬가지입니다."

사공이 글도 모른 채 배만 젓는다고 무식하다며 비웃었던 선비의 미련함이 무엇인가? 정작 물에 빠져 생사가 오가는 중대한 순간에는 그 대단한 지식이 자기를 구해내지 못하더라는 것이다. 이것이 하나님 없는 지식의 공허함이다. 그러니 느부갓네살 왕과 술사들의 공통점이 무엇인가? 자기들이 가진 권력이나 지식이 자기들의 근원적인 문제를 해결해주지 못한다는 것이다.

세 번째 부류, 다니엘

세 번째 부류는 다니엘이다. 일단, 앞서 살펴본 왕과 술사들과 다니엘의 공통점은 무엇인가? 왕이나 술사들과 마찬가지로 다니엘도 문제를 피해 갈 수는 없었다는 점이다.

> 왕의 명령이 내리매 지혜자들은 죽게 되었고 다니엘과 그의 친구들도
> 죽이려고 찾았더라 단 2:13

아무리 예수님을 잘 믿어도 문제는 찾아온다. 위기는 피할 수 없다. 이것이 인생이다. 다니엘에게도 느부갓네살 왕이나 술사들과 마찬가지로 문제가 찾아왔다. 그런데 다니엘에게는 그들에게 없었던 두 가지가 있었다. 이 두 가지를 갖췄기 때문에 다니엘은 자기 인생에 닥친 문제를 잘 넘길 수 있었다. 다니엘이 가졌던 그 두 가지가 무엇인가?

위기의 때에 의지할 하나님이 계셨다
첫째로, 다니엘에게는 위기를 만났을 때 의지할 수 있는 하나님이 계셨고, 그는 그 사실을 잘 인식하고 있었다.

> 하늘에 계신 하나님이 이 은밀한 일에 대하여 불쌍히 여기사 …
> 단 2:18

앞에서 말한 것처럼, 우리가 뜻을 정하면 하나님은 주변 사람에게 우리를 불쌍히 여기는 마음을 주셔서 은혜를 입게 하신다. 그런

데 하나님이 위기를 만난 다니엘을 위해 주변에 있던 환관장에게 그를 불쌍히 여기는 마음을 주셨다는 것은 무엇을 전제로 하는가? 하나님이 다니엘을 불쌍히 보고 계시다는 것이다.

어려움이 찾아오는 것은 모든 인생의 공통점이지만, 우리가 어려움을 당할 때 그런 나를 불쌍하게 보시는 하나님이 계시다는 사실을 떠올리는 것이 얼마나 중요한 포인트인지 모른다.

《구멍 난 복음을 기워라》라는 제목의 책이 있다. 제목이 참 재미있지 않은가? 복음에 구멍이 났단다. 이 책에 보면, 예수님을 '주님'이 아니라 '구세주'로 소개하는 데에만 초점이 맞춰져 있는 것을 문제로 지적하는 부분이 나온다.

예수님을 구세주로 이해하고 믿는 것이 왜 문제라는 말인가? 그 이유는 두 단어가 가지는 신학적 의미의 차이점 때문이다. '구세주'라는 말의 의미는 '이 세상의 죄인들을 구원해주시는 주'라고 한다면, '주님'이라는 말은 '예수님이 하나님이시며 내 인생의 주인'이라는 의미를 담고 있기 때문이다.

이 책에서 저자가 강조하는 것은, '구세주'로서의 예수님만 강조하면 주님께 죄 사함 받고 죽어서 천국에 간다는 확신과 보장으로 안도감을 가질 수는 있지만, 그분이 현실의 내 삶을 통치하고 다스리시는 하나님이시며 주인이시라는 개념이 희미하다는 것이다.

《구멍 난 복음을 기워라》의 화법대로 말한다면, 오늘날 구멍 난 복음을 입고 다니는 사람이 너무 많다. 예수님을 분명 내 인생의 구세주로 믿고 있지만, 구세주 되시는 그분이 내 인생의 주인이 되어서 내 인생 항해의 키를 잡고 계시다는 것을 모르고 그 배의 키를 자신이 쥐고 있기 때문에 문제를 만나면 혼자서 끙끙대는 것 아닌가?

자녀교육만 해도 그렇다. 자녀들을 키우면서 잘해보려고 하다가 덧나서 마음 아팠던 적이 한두 번인가? 내 인생의 키를 주님이 쥐고 계신 것같이 자녀교육의 키 역시 주님이 쥐고 계시다는 사실을 조금 더 일찍 알았더라면 얼마나 좋았겠는가?

느부갓네살이나 술사와 달랐던 다니엘의 진짜 지식은 바로 이 사실을 알았던 것이다.

특새가 진행되던 어느 날 새벽에 갑자기 찬양 한 곡이 떠오르면서 마음이 격동되었다.

전능하신 나의 주 하나님은 능치 못하실 일 전혀 없네
우리의 모든 간구도 우리의 모든 생각도
우리의 모든 꿈과 모든 소망도
신실하신 나의 주 하나님은 우리의 모든 괴로움 바꿀 수 있네
불가능한 일 행하시고 죽은 자를 일으키시니
그를 이길 자 아무도 없네

이것을 정말 믿는가? 내 인생의 키를 쥐고 계신 구세주 되시는 주님이 우리의 모든 간구와 우리의 모든 생각과 모든 꿈과 모든 소망을 가능하게 하시며, 심지어 우리의 모든 괴로움을 바꿀 수 있는 신실하신 하나님이시란 것을 믿는가? 이 능력의 주님이 우리의 '구세주'가 되실 뿐만 아니라 위기를 만날 때 우리를 건져주실 우리의 '주님'이 되심을 기억해야 한다. 이 사실을 믿는 자만이 이렇게 노래할 수 있다.

주의 말씀 의지하여 깊은 곳에 그물 던져
오늘 그가 놀라운 일을 이루시는 것 보라
주의 말씀 의지하여 믿음으로 그물 던져
믿는 자에겐 능치 못함 없네

대단한 권력자였던 느부갓네살 왕도, 뛰어난 지식을 가지고 있었던 당대 지혜자 술사들도 헤쳐나갈 수 없었던 문제를 다니엘이 헤쳐나갈 수 있었던 것은 그가 가지고 있었던 바로 이 지식 때문이었다. 그리고 그 주님께 도움을 구했기 때문이다.

우리도 그 주님께 도움을 구해야 한다.

"내가 두려워하는 날에는 내가 주를 의지하리이다."

문제를 함께 풀어갈 친구들이 있었다

둘째로, 문제를 만난 다니엘에게 느부갓네살 왕이나 술사들에게
는 없었던 결정적인 것이 하나 더 있었는데, 그것은 다니엘에게는
문제를 함께 풀어갈 친구들이 있었다는 것이다.

다니엘은 위기에 봉착하자 어떤 지혜를 발휘하여 대응했는가?

다니엘이 들어가서 왕께 구하기를 '시간을 주시면' 왕에게 그 해석을
알려 드리리이다 하니라 단 2:16

이 말씀이 얼마나 놀라운 말씀인지 모른다. 여기 나오는 '시간을
주시면'이란 표현은 다니엘이 자신의 한계를 분명히 알고 있었다는
뜻이고, 또 이 문제를 해결할 수 있는 능력이 자기에게서 나오는 것
이 아님을 정확히 알고 있었다는 뜻이다. 자기에게 꿈 해몽을 할 능
력이 있다고 생각했으면 '제가 바로 해몽을 해드릴게요'라고 했겠
지, '시간을 달라'고 요청했겠는가?

이처럼 문제 해결의 열쇠는 하나님이 갖고 계심을 알고 있던 다니
엘이었는데, 중요한 것은 그다음이다. 시간을 달라고 요청하여 시
간을 확보한 다니엘이 한 일이 무엇인가?

이에 다니엘이 자기 집으로 돌아가서 그 친구 하나냐와 미사엘과 아
사랴에게 그 일을 알리고 단 2:17

다니엘은 자기 집으로 돌아가 이 문제를 친구들에게 알렸다. 그 이유가 무엇일까? 이 문제에 동참하여 함께 기도해달라는 뜻이었다. 느부갓네살 왕이나 술사와 마찬가지로 똑같은 문제를 만났지만 다니엘의 결정적인 차이는, 다니엘에게는 의지할 하나님이 계셨을 뿐 아니라 동역자가 있었다는 것이다.

출애굽기 17장 8,9절에 이런 말씀이 있다.

그때에 아말렉이 와서 이스라엘과 르비딤에서 싸우니라 모세가 여호수아에게 이르되 우리를 위하여 사람들을 택하여 나가서 아말렉과 싸우라 내일 내가 하나님의 지팡이를 손에 잡고 산꼭대기에 서리라
출 17:8,9

무서운 아말렉과 같은 적들이 우리를 죽이려고 달려들 때, 우리에게는 우리를 위해 손을 들고 기도해줄 모세와 같은 존재가 있는가? 또 모세가 여호수아를 위해 손 들고 기도하고 있는데 인간의 연약함 때문에 그 손이 점점 내려올 때 아론과 훌처럼 그 연약한 육신을 탓하지 않고 그 팔을 함께 들어주며 동참해줄 동역자가 우리에게 있는가? 다니엘에게는 문제 앞에서 함께 기도함으로 동역해주는 세 친구가 있었다. 바벨론에 포로로 끌려온 비참한 상황 중에도 함께 울고, 웃으며 마음을 나눌 수 있는 친구들이 있었던 것이다.

앞에서 언급했던 에스더 역시 마찬가지다. 자기 민족이 말살당할

위기에 처하자 "죽으면 죽으리이다"라는 큰 결단을 내렸는데, 그 과정에서 어떤 일이 있었는가?

> 당신은 가서 수산에 있는 유다인을 다 모으고 나를 위하여 금식하되 밤낮 삼 일을 먹지도 말고 마시지도 마소서 나도 나의 시녀와 더불어 이렇게 금식한 후에 규례를 어기고 왕에게 나아가리니 죽으면 죽으리이다 하니라 에 4:16

에스더에게도 위기의 순간에 '나를 위하여 금식 기도해달라'고 부탁할 수 있는 모르드개가 있었다. 이것을 보면서, 위기의 순간에 함께할 동역자가 있다는 것이 얼마나 감사한 일인지 모른다는 생각을 했다. 예수 믿는 우리가 누릴 수 있는 강력한 특권 중 하나는 우리 삶에 어려움이 찾아올 때 그 문제를 함께 풀어갈 동역자가 있다는 사실이다. 혼자 할 수 있는 일은 많지 않다. 그렇기 때문에 우리에게도 다니엘과 함께했던 세 친구와 같은 동역자가 필요하다.

하나님께서 우리 인생의 주인이 되시고 우리 삶을 돌보시는 분이심을 믿는다면, 그 하나님께서 우리 주변에 좋은 동역자들을 보내주셨다는 사실도 함께 믿어야 한다. 위기를 만날 때 다니엘처럼 하나님께서 허락하신 그 믿음의 동역자에게 기도를 부탁하며 함께 위기를 헤쳐나가는 지혜로운 인생이 되기를 바란다.

다니엘서 2장 14-19절

———

¹⁴ 그때에 왕의 근위대장 아리옥이 바벨론 지혜자들을 죽이러 나가매 다니엘이 명철하고 슬기로운 말로 ¹⁵ 왕의 근위대장 아리옥에게 물어 이르되 왕의 명령이 어찌 그리 급하냐 하니 아리옥이 그 일을 다니엘에게 알리매 ¹⁶ 다니엘이 들어가서 왕께 구하기를 시간을 주시면 왕에게 그 해석을 알려 드리리이다 하니라 ¹⁷ 이에 다니엘이 자기 집으로 돌아가서 그 친구 하나냐와 미사엘과 아사랴에게 그 일을 알리고 ¹⁸ 하늘에 계신 하나님이 이 은밀한 일에 대하여 불쌍히 여기사 다니엘과 친구들이 바벨론의 다른 지혜자들과 함께 죽임을 당하지 않게 하시기를 그들로 하여금 구하게 하니라 ¹⁹ 이에 이 은밀한 것이 밤에 환상으로 다니엘에게 나타나 보이매 다니엘이 하늘에 계신 하나님을 찬송하니라

그래서
기도해

 중고등부 사역만 하다가 갑자기 교회를 개척하게 됐을 때 내 안에 막막하고 두려운 마음이 많았다. 그래서 선배 목사님들을 찾아가 자문을 구하며 이런 질문을 드렸다.

"목회에서 가장 중요한 것이 무엇입니까? 제가 개척을 앞두고 있는데 무엇을 준비하면 되겠습니까?"

많은 분들이 대답해주셨는데, 답이 다 달랐다.

"설교에 목숨을 걸어야 한다. 목회는 설교다."

"관계가 중요하다. 대인관계를 잘 맺어서 사람들의 마음을 헤아려주어야 한다."

"목회는 상담이다."

"목회는 인격이다. 인격이 제일 중요하다."

저마다 다른 여러 이야기를 듣다 보니 오히려 더 헷갈리기 시작했다.

'목회의 진짜 본질은 무엇일까? 목회에서 제일 중요한 것은 무엇일까?'

바울의 목회 우선순위

이런 생각에 골몰하며 목회의 방향을 어디에 두어야 할지 헤매고 있을 때, 성경 한 구절을 발견했다. 디모데전서 2장 1절 말씀이다.

> 그러므로 내가 첫째로 권하노니 모든 사람을 위하여 간구와 기도와 도고와 감사를 하되 딤전 2:1

디모데전서는 목회서신서이다. 바울이 에베소교회를 디모데에게 물려주고 젊은 후계자 디모데에게 어떻게 목회를 해야 하는지 권면을 담은 서신이 디모데서이다.

옥한흠 목사님이 나에게 교회를 개척하라고 명하실 때 나는 사십 대 초반의 젊은 나이였다. 나이만 어린 것이 아니라 어른 목회 경험도 전무했으니, 옥 목사님이 보시기에 내게 부족한 것이 얼마나 많았겠는가? 그래서 개척 초기에는 이런저런 조언을 많이 해주셨는데, 아마도 디모데전서를 기록하던 당시, 디모데를 향한 바울의 마음이 그러하지 않았을까 싶다.

디모데전서 1장은 인사말에 해당되고 2장부터 본격적으로 목회에 대한 권면이 시작되는데, 그 2장이 바로 내가 봤던 이 말씀으로 시작되고 있는 것이다.

"그러므로 내가 첫째로 권하노니 모든 사람을 위하여 간구와 기도와 도고와 감사를 하되."

여기서 '첫째로 권한다'는 것은 무슨 뜻인가? 우선순위에 있어서 가장 중요하게 생각한다는 것 아닌가? 어떤 목사님은 목회에 있어서 설교가 가장 중요하다고 하고, 또 다른 분은 대인관계가 중요하다고 하고, 또 다른 분은 인격이 중요하다고 하는데, 사도 바울은 무엇이 가장 중요하다고 말하고 있는가?

여기서 "간구와 기도와 도고와 감사를 하되"라고 했는데 이것은 사실 하나를 가리킨다. 네 가지 단어가 다 '기도'를 각각 다르게 표현한 것이기 때문이다. 이 부분에 대한 주석을 살펴보니 이런 설명이 있었다.

'간구'는 긴박한 상황에 놓인 개인이나 회중이 하나님께 호소하는 것에 초점을 둔 기도이고, '기도'는 우리가 아는 일반적인 기도를 통칭하는 표현이고, '도고'는 중보기도를 가리키며, '감사'는 말 그대로 하나님의 은혜에 감사로 드리는 기도라는 것이다.

이처럼 간구, 기도, 도고, 감사란 네 단어가 다 기도와 관계된 단어인데, 바울이 이것을 "첫째로 권하노니"라고 말하고 있다는 것은, 바울이 생각하기에 목회에 있어서 가장 중요한 것이 기도라는 것이다. 기도 중에서도 '모든 사람을 위하여'라는 중보적인 기도를 중요하게 생각했다. 이것이 나에게 굉장히 의미 있게 각인되었다.

놀라운 역사의 통로, 기도

개척 초기에 초보 목사로는 감당하기 어려운 힘든 일들이 참 많았다. 그러다 보니 마음에 두려움도 많고, 심란할 때도 많았다. 청소년 사역을 오래 했으니 중고등학생 아이들과는 두세 시간이라도 재미있게 보낼 자신이 있었는데, 여간해서는 자기 속내를 보여주지 않는 어른들을 대하는 것이 너무 어려웠다. 게다가 우리 교회 같은 경우 갑자기 많은 성도가 여기저기서 모여들었기 때문에 초기에는 서로의 생각이 달라 의견 대립이나 다툼이 벌어지는 경우도 종종 있었다. 내가 감당하기 어려운 일들이 자꾸 터지니 점점 더 위축되고 마음이 힘들었다.

그러던 어느 날, 그때도 교회 안에 어떤 문제가 있어서 마음이 복잡할 때였는데, 그날 새벽이 또렷이 기억난다. 새벽 예배 참석 직후에 당시 가끔 직원 예배를 인도해주던 인근 병원에서 설교하기로 약속이 되어 있어서 걸어서 이동하고 있었다. 그런데 그때 갑작스런 성령님의 일하심을 만났다.

성령님은 우리가 성령의 임재를 갈망하는 중에 임하실 때도 있지만, 때로는 내가 구하지 않아도 나의 연약함을 보시고 긍휼히 여겨주심으로 강렬한 임재로 역사하실 때가 있다. 그날이 바로 그런

날이었던 것 같다. 목회가 너무 버겁고 근심과 두려움으로 이러지도 저러지도 못하고 있는 내 모습을 성령께서 불쌍히 여겨주셨던 것 같다.

그때 만났던 전혀 예기치 못했던 성령의 강력한 일하심이 어땠는지 표현하기란 너무 어려운데, 마치 햇빛이 비치면 안개가 한순간에 싹 물러가듯이 걱정 근심으로 두려운 마음이 한순간에 물러가고 순식간에 기쁨이 회복되기 시작했다. 형언할 수 없는 기쁨이 솟으면서 내 입술에서는 찬양이 흘러나오기 시작했다. '찬양하라 내 영혼아'와 '문들아 머리 들어라'라는 찬양이었다.

그때 성령님이 내 마음에 주신 메시지가 있었다. 당시의 메모를 찾아보니 이런 메시지였다.

'그들이 입술에 재갈 물리는 것을 몰라서 못 하겠느냐? 알지만 능력이 없어서 못 하는 것 아니겠느냐?'

이것이 우렛소리처럼 들려왔다. 그때 깨달은 것이 입술을 지키는 것도 영적인 능력이요, 이웃을 사랑하고 품는 것도 능력이요, 나와 기질이 다른 사람을 품을 수 있는 것도 능력이라는 사실이었다. 영적인 능력이 없으면 사랑하고 싶어도 할 수 없다. 그때까지 성도들에게 왜 그렇게 못하느냐고 다그치고 책망만 했지, 이런 약함을 뛰어넘는 능력을 얻도록 도와주지 못했다는 것이 깨달아지며 하나님께 이런 기도를 드렸다.

"하나님, 오늘 이후로 분당우리교회는 영적인 능력을 공급해주는 교회가 되겠습니다. 기도하는 교회가 되겠습니다."

그렇게 시작된 것이 장장 60일간 이어졌던 첫 번째 특별새벽부흥회였다.

지금도 그렇지만 그때는 기도의 역사가 정말 많았다. 가정이 회복되고, 병이 떠나가고, 마음의 기쁨이 회복되는 일들이 너무나 아름답게 펼쳐졌다. 특새 마지막 날, 남편의 외도로 이미 이혼한 부부가 특새 때 은혜를 받고 재언약식을 했던 일은 지금도 잊히지 않는다. 성도들이 함께 모여 은혜를 구하며 눈물로 기도했던 현장에서 하나님이 부어주신 은혜와 역사들을 생각하면 지금도 가슴이 벅차오른다.

지금 마음속에 근심과 염려로 꽉 차 있어서 두려운 사람이 있는가? 예기치 못한 순간에 내게 임해주셨던 그 성령께서 지금 이 순간, 당신에게도 임하실 줄 믿는다. 이 모든 놀라운 역사들이 가능한 통로는 기도이다. 이 사실을 꼭 기억해야 한다.

절박한 위기의 순간에 "기도하자"

이런 맥락으로 본문을 살펴보자. 앞에서 살펴봤듯이 다니엘에게 위기가 찾아왔다.

왕의 명령이 내리매 지혜자들은 죽게 되었고 다니엘과 그의 친구들도 죽이려고 찾았더라 단 2:13

이런 위기가 닥치자 다니엘은 "시간을 주시면 왕에게 그 해석을 알려 드리리이다"라고 제안하고, 자기 집으로 돌아가 친구 하나냐와 미사엘과 아사랴에게 그 일을 알렸다. 앞에서도 언급했지만, 친구들에게 중보기도를 부탁하기 위함이었다.

다니엘서 1장에서 보면 당시 다니엘은 채소만 먹던 열흘간의 테스트를 거쳐 왕의 신임을 받던 상황이었다.

> 왕이 그들에게 모든 일을 묻는 중에 그 지혜와 총명이 온 나라 박수와 술객보다 십 배나 나은 줄을 아니라 단 1:20

또 이 말씀으로 볼 때, 다니엘은 다른 사람들보다 머리가 열 배는 더 잘 돌아가는 똑똑한 사람이었다. 그러니 다니엘의 입장에서는 자신의 총명한 머리를 믿고 얼마든지 인간적인 방법이나 방도를 구해볼 수 있었을 텐데, 그는 그러지 않았다.

솔직히 우리도 머리가 얼마나 잘 돌아가는가? 무슨 일을 만나면 그 상황을 모면하기 위해 순간적으로 머리 돌아가는 소리가 들리는 것 같을 때도 있다. 그런데 이런 우리보다 열 배는 더 똑똑한 다니엘이 왕의 억지스러운 명령 앞에서 머리 굴려가며 위기를 모면하기 위한 답을 찾는 것이 아니라, 모든 것을 뒤로하고 친구들에게 가서 기도하자고 권면했다.

이미 살펴본 대로, 다니엘이 왕의 요구 앞에서 시간을 달라고 요청한 것 자체가 믿음의 행위다. 문제 해결의 열쇠가 자신이 아니라 주님께 있음을 알았기 때문에 주님께 답을 구할 시간을 요청한 것이다. 자기 힘으로 해결할 수 있는 것처럼 달려들다가 해결은커녕 오히려 문제만 더 일으키고 덧낼 때가 얼마나 많은가? 우리가 회복해야 할 것이 바로 다니엘의 이 태도이다.

평소 성격 급하던 베드로가 물 위를 걸어오시는 예수님을 보고 "나를 명하사 물 위로 오라 하소서"(마 14:28)라고 요청한 것은 자기의 급한 성격을 뛰어넘는 신앙고백이었다. 평소 같으면 "주님이다!" 하고는 일단 뛰어내린 다음에 생각했을 텐데, 그 순간 주님께 요청한 것은 일종의 주님의 뜻을 구하는 기도를 드린 것이다.

우리가 바벨론 같은 악한 세상에서, 세상 사람들과는 다른 부류로 살기 위한 첫 번째 관문이 이것이다. 무엇이든 바로 결정하고, 바로 판단하고, 머리 잘 돌아간다고 제멋대로 결정하던 태도를 내려놓고 시간을 벌어야 한다. 다시 말해, 기도를 통해 하나님의 뜻을 구할 시간을 확보해야 한다는 것이다.

나는 목회를 하면서 이것의 중요성을 자주 느낀다. 나는 매일 모든 활동을 시작하기 전인 고요한 새벽에 하나님과 함께하는 시간이 얼마나 중요한지를 많이 경험한다. 내가 바벨론 같은 이 혼미한 세상을 살아갈 수 있는 것은, 하루 일과를 시작하기 전에 하나님과 독대하는 그 시간을 통해 하나님의 지혜를 충전 받기 때문이다.

우리에게는 "잠깐만요, 기다려주세요"라는 말이 필요하다. 그리고 하나님과 독대하는 자리로 나아가 하나님께 지혜를 구하는 시간을 가져야 한다. 그래야 우리가 바벨론에서 믿는 자로 살아갈 수 있다.

다니엘의 바아와 느부갓네살의 바아
한 가지 더 짚고 넘어가야 할 포인트가 있다. 18절을 다시 보자.

> 하늘에 계신 하나님이 이 은밀한 일에 대하여 불쌍히 여기사 다니엘과 친구들이 바벨론의 다른 지혜자들과 함께 죽임을 당하지 않게 하시기를 그들로 하여금 구하게 하니라 단 2:18

여기 나오는 '구하게 하다'는 히브리어로 '바아'라는 동사인데, '찾다, 간청하다, 구하다'라는 의미를 가지고 있다. 그런데 흥미롭게도 2장 13절에도 같은 단어가 사용되었다.

> 왕의 명령이 내리매 지혜자들은 죽게 되었고 다니엘과 그의 친구들도 죽이려고 찾았더라 단 2:13

여기 나오는 '찾았더라' 역시 '바아'이다. 지금 대조되는 두 모습에서 동일하게 '바아'가 사용되었는데, 하나는 다니엘의 행동에서, 또 하나는 느부갓네살 왕의 행동에서 볼 수 있다.

느부갓네살의 '바아'는 어떤 의미의 '바아'인가? 앞에서 우리는 그 내면에 하나님이 없는 인생에 찾아오는 두 가지 증상을 살펴봤다. 하나는 겉모습은 화려하지만 사실은 그 내면에 늘 불안과 공포와 두려움이 자리 잡고 있는 것이고, 또 하나는 그런 자기 내면의 문제를 타인에게 책임 전가하려는 습성이 그것이다.

느부갓네살 왕이 자기가 꾼 꿈으로 인해 생긴 내면의 불안을 술사들에게로 책임을 돌려 그들을 죽이는 어이없는 상황이 벌어지는데, 그 과정에서 사용된 단어가 '바아'이다. 그러니까 느부갓네살 왕의 '바아'는 눈에 보이는 현상에만 집착하고, 눈에 보이는 것만 추구하는 차원에서의 '바아'이다.

여기에 반해 다니엘이 추구했던 '바아'는 보이는 세상 너머에 계신 하나님을 찾는 차원에서의 '바아'이다. 다시 말해 다니엘은 눈에 보이는 현실과 현상에 집중하기보다는 그것을 운행하시는 하나님을 바라보았고, 그런 차원에서 기도는 절망적인 현실 앞에 무너지지 않게 하는 도구였다는 것이다.

당신은 어느 '바아'를 추구하는 사람인가? 느부갓네살의 '바아'인가, 아니면 다니엘의 '바아'인가? 느부갓네살처럼 남 탓만 하며 내 불안과 문제의 책임을 전가할 누군가를 찾아 헤매고 있는가? 아니면 다니엘처럼 문제 해결의 열쇠는 하나님께 있음을 인식하고 그 하나님을 찾아 기도하는 삶을 살고 있는가? 우리는 다니엘의 '바아'를 회복해야 한다.

기도를 통해 다니엘의 바아로 나아가라

사실 죄성을 가진 인간은 내면에 가득한 불안과 두려움의 근원적인 문제를 해결하려 하지 않고 누군가에게 덮어씌우고 그 책임을 돌리는 데 익숙하다. 그런 식의 문제 해결에 익숙한 우리가 다니엘의 '바아'로 체질 개선이 일어나는 통로가 바로 '기도'다.

이런 의미에서 예수님이 보여주신 기도의 모범을 살펴보자. 예수님은 공생애 내내 기도의 모범을 보여주셨는데, 몇 가지 사례만 들어보자.

먼저 예수님은 공생애를 금식기도로 시작하셨다.

그때에 예수께서 성령에게 이끌리어 마귀에게 시험을 받으러 광야로 가사 사십 일을 밤낮으로 금식하신 후에 주리신지라 마 4:1,2

또 열두 제자를 택하시기 전에는 밤을 지새우며 기도하셨다.

이때에 예수께서 기도하시러 산으로 가사 밤이 새도록 하나님께 기도하시고 밝으매 그 제자들을 부르사 그중에서 열둘을 택하여 사도라 칭하셨으니 눅 6:12,13

예수님이 죽은 나사로를 살리시는 과정에서도 기도가 있었다.

돌을 옮겨 놓으니 예수께서 눈을 들어 우러러 보시고 이르시되 아버지여 내 말을 들으신 것을 감사하나이다 항상 내 말을 들으시는 줄을 내가 알았나이다 그러나 이 말씀 하옵는 것은 둘러선 무리를 위함이니 곧 아버지께서 나를 보내신 것을 그들로 믿게 하려 함이니이다 요 11:41,42

또 예수님의 마지막 사역인 십자가를 지시기 전에는 겟세마네 동산에서 땀방울이 핏방울같이 되기까지 기도하셨다.

그들을 떠나 돌 던질 만큼 가서 무릎을 꿇고 기도하여 이르시되 아버지여 만일 아버지의 뜻이거든 이 잔을 내게서 옮기시옵소서 그러나 내 원대로 마시옵고 아버지의 원대로 되기를 원하나이다 눅 22:41,42

예수님이 우리에게 보여주고 싶으셨던 기도의 모범이 무엇인가?
"어떤 일이든, 그 일을 하기 전에 기도하라. 중요한 일을 행하는 과정에서 기도하라. 기도 없이는 아무것도 하지 마라. 기도 없이는 결단하지 마라. 기도 없이는 행동하지 마라!"
바로 이것이다. 동시에 그 모든 기도 안에 담긴 가장 근원적인 포인트는 바로 십자가를 지시기 전에 겟세마네에서 올렸던 기도에 담겨 있다고 생각한다.
"그러나 내 원대로 마시옵고 아버지의 원대로 되기를 원하나이다.”

바로 이것이 느부갓네살의 바아를 벗고 다니엘의 바아로 덧입는 인생의 모습이다.

결국 느부갓네살과 다른 방식으로 산다는 것은, 자기 힘으로 해결하려는 시도를 내려놓고 하나님을 의지하며 묻는 것이며, 그 통로가 바로 기도인 것이다. 바벨론에 항거하는 것도 좋고, 죽기 살기로 도전하는 것도 중요하지만 그 모든 것이 주님의 인도하심으로 되는 것임을 기억해야 한다. 그리고 그것을 기도라는 도구로 나타내야 한다는 사실을 기억하자.

그래서 엄마는 기도해

나는 결혼 주례를 설 때면 신랑 신부에게 부모님께 드리는 편지를 써오도록 꼭 숙제를 내준다. 그동안 그렇게 받아본 수많은 편지 중에서 내 마음에 오래 머무는 편지가 하나 있다. 어느 예비 신부의 편지였는데, 바로 이 대목 때문이었다.

엄마! 2011년 제가 뉴욕에서 아침 일찍 전화했던 날 기억하세요? 혼자 지내며 그 누구와도 마음을 온전히 나눌 수 없어 엄마한테 물었습니다.
“엄마는 너무 힘들 때 아빠한테도, 우리한테도, 할머니한테도 말할 수 없을 때는 어떻게 해요?”

그랬더니 엄마가 울면서 하시는 말씀이 "그래서 엄마는 기도해, 인경아"였어요. 엄마! 저는 그날 엄마의 말씀으로 인해 하나님을 더욱 믿고 엄마의 신앙을 더욱 본받고 싶어졌어요.

아마도 신부 될 자매가 미국에서 유학 생활을 했던 것 같다. 어린 나이에 부모님과 떨어져 낯선 땅에서 혼자 지내려니 힘든 순간이 얼마나 많았겠는가? 그래서 답답한 마음으로 엄마에게 물었던 것 같다.

"엄마는 너무 힘들 때 아빠한테도, 우리한테도, 할머니한테도 말할 수 없을 때 어떻게 해요?"

딸의 이 질문에 엄마가 울면서 해주었다던 대답, "그래서 엄마는 기도해"라는 말이 내 마음에 깊이 박혔다.

바벨론에서 느부갓네살 왕의 방식에 익숙해져 불안하고 두려운 마음을 늘 누군가에게로 책임 전가하고, 생각할 겨를도 없이 내 경험과 지식에 의지하여 내 멋대로 바로바로 일을 처리해왔던 우리이지만, 이제 느부갓네살 왕의 방식을 벗고 다니엘의 '바아'를 회복하여 우리 자녀들에게 보여주어야 하는 모범이 바로 이것 아닌가?

"그래서 엄마는 기도해."

"그래서 아빠는 기도해."

이것이 힘든 세상을 살아가는 우리 자녀들에게 전수해줘야 할 가장 중요한 가르침이라 믿는다.

이제 우리도 바벨론과 같은 험한 세상에서, 느부갓네살 왕의 '바아'를 버리고 다니엘처럼 하나님 앞에 답을 구하는 다니엘의 '바아'를 회복하여 하나님께 기도로 나아가는 삶을 회복하게 되기를 바란다.

다니엘서 2장 16-18절

———

16 다니엘이 들어가서 왕께 구하기를 시간을 주시면 왕에게 그 해석을 알려 드리리이다 하니라 17 이에 다니엘이 자기 집으로 돌아가서 그 친구 하나냐와 미사엘과 아사랴에게 그 일을 알리고 18 하늘에 계신 하나님이 이 은밀한 일에 대하여 불쌍히 여기사 다니엘과 친구들이 바벨론의 다른 지혜자들과 함께 죽임을 당하지 않게 하시기를 그들로 하여금 구하게 하니라

하나님과
주거니 받거니

 앞 장에서 우리는 문제를 만난 느부갓네살 왕과 다니엘이 각각 그 문제를 어떻게 풀어갔는지를 살펴보면서 '찾다, 구하다'라는 뜻의 '바아'라는 같은 단어를 사용했지만, 그 문제 해결 방식은 전혀 상반됨을 살펴보았다.

느부갓네살 왕은 근심과 번뇌가 찾아오자 자기 내면에 도사리고 있는 고뇌의 문제를 타인에게 전가하기 위해 그 대상을 찾아 죽이기 위한 차원에서 '바아'했고, 반면 다니엘은 문제 앞에서 그 문제를 해결해주실 하나님을 찾는 차원에서의 '바아'의 모습을 보여주었다.

이것이 왜 중요한가 하면, 우리가 느부갓네살의 '바아'가 아닌 다니엘의 '바아'로 나아갈 때 두 가지 좋은 열매를 얻을 수 있기 때문이다. 어떤 열매를 얻을 수 있는지 살펴보자.

문제를 해결해주시는 하나님을 경험한다

첫째로, 그 문제를 해결해주시는 하나님을 경험하게 된다.

'이에' 다니엘이 자기 집으로 돌아가서 그 친구 하나냐와 미사엘과 아사랴에게 그 일을 알리고 하늘에 계신 하나님이 이 은밀한 일에 대하여 불쌍히 여기사 다니엘과 친구들이 바벨론의 다른 지혜자들과 함께 죽임을 당하지 않게 하시기를 그들로 하여금 '구하게 하니라'
단 2:17,18

위기를 만난 다니엘이 왕께 구하여 말미를 얻은 후에 자기 친구 하나냐와 미사엘과 아사랴와 함께 하나님께 도움을 구했다(바아). 그러자 무슨 일이 일어났는가?

'이에' 이 은밀한 것이 밤에 환상으로 다니엘에게 나타나 보이매 다니엘이 하늘에 계신 하나님을 찬송하니라 단 2:19

'이에'로 시작하여 '구하게 하니라', 즉 '바아'로 끝나는 17,18절이 지나서 19절은 어떻게 이어지는가? 17절과 동일하게 '이에'라는 단어로 시작하여 다니엘의 '이에'에 '이에'로 반응하시는 하나님의 모습을 볼 수 있다. 이 부분을 새번역 성경으로 보면 이렇게 번역되어 있다.

"바로 그날 밤에 다니엘은 환상을 보고, 그 비밀을 밝히 알게 되었다. 다니엘은 하늘의 하나님을 찬송하였다."

다니엘이 '이에' 하나님을 찾자 '바로 그날 밤에' 응답해주시는 하나님을 경험하게 된 것이다.

우리는 이런 경험을 하며 살아가고 있는가? 내가 최근에 겪었던 성대결절과 특별새벽부흥회의 문제도 나에게 있어서는 '이에' 하나님께 나아갔더니 하나님께서 '이에' 응답해주신 경험이었다. 특새를 진행하는 내내 목 상태가 점점 더 좋아졌다. 심지어 먹던 약을 끊어도 될 정도였다.

이런 신비로운 은혜를 경험하는 것이 신앙생활의 묘미 아니겠는가? 이런 은혜를 경험하기 위해서는 나를 괴롭히는 문제를 가지고 하나님 앞으로 나아가야 한다. 그래야 다니엘의 '이에'에 '이에'로 반응하시는 하나님을 경험할 수 있다.

하나님과 소통하는 기쁨을 맛보게 된다

둘째로, 문제에 직면했을 때 우리가 하나님을 찾는 차원에서의 '바아'로 나아가면 하나님과 소통하는 '소통의 기쁨'을 맛보게 된다. 이것이 참 중요하다.

다니엘이 문제를 가지고 하나님 앞에 나아가 '이에' 간구하자 하나님께서는 바로 그날 밤에 '이에'의 응답을 주셨다. 그렇게 '이에'의 간구에 '이에'로 응답하신 하나님에 대해 다니엘은 또 어떻게 반응하는가?

"… 다니엘이 하늘에 계신 하나님을 찬송하니라"(단 2:19).

이 장면이 그려지는가? 다니엘이 '이에'로 간구했더니 하나님이 '이에'로 응답하시고, 하나님이 '이에'로 응답하시자 다니엘은 또 감사와 찬송으로 반응하는 모습이다. 이 부분을 묵상하는데 이 한마디가 떠올랐다.

"하나님과 다니엘의 주거니 받거니!"

우리의 신앙생활 가운데 다니엘처럼 하나님과 '주거니 받거니'가 일어난다면 무엇을 더 바라겠는가? 신앙생활은 결국 하나님과의 소통의 문제이다. 이것이 안 될 때 영적 침체와 비극이 일어난다.

사울과 다윗의 결정적 차이

하나님과의 소통이 안 되어서 비극을 경험했던 대표적인 인물이 구약의 사울 왕이다. 사무엘상 28장 5,6절을 보라.

사울이 블레셋 사람들의 군대를 보고 두려워서 그의 마음이 크게 떨린지라 사울이 여호와께 묻자오되 여호와께서 꿈으로도, 우림으로도, 선지자로도 그에게 대답하지 아니하시므로 삼상 28:5,6

위기를 만난 사울 왕이 두려움을 가지고 하나님께 물었지만 응답이 없었다. 하나님께서 침묵하시게 된 데는 많은 이유가 있었지만, 그 문제를 풀어나가는 사울 왕의 잘못된 해법에서 결정적인 이유를 발견할 수 있다. 그의 잘못된 해법을 보라.

> 사울이 그의 신하들에게 이르되 나를 위하여 신접한 여인을 찾으라 내가 그리로 가서 그에게 물으리라 하니 그의 신하들이 그에게 이르되 보소서 엔돌에 신접한 여인이 있나이다 삼상 28:7

사울이 왜 하나님과 소통이 안 되었는지, 왜 하나님께 물어도 응답이 없었는지 답이 나오지 않는가? 하나님의 응답이 없고 하나님과 소통이 이루어지지 않으면 죽기를 각오하고 40일 금식을 해서라도 하나님께 나아가 매달려서 소통을 이루어내야 하는데, 사울은 그렇게 하지 않았다. 대신에 그는 잡신의 영향을 받는 신접한 여인을 찾아갔다. 간혹 점집에 예수 믿는 집사님들이 그렇게 많이 온다는 농담 반 진담 반 얘기를 듣는데, 이것이 딱 사무엘상 28장의 사울 왕이 보여주는 현상 아닌가? 오죽 답답하면 점집을 찾았겠나 싶지만 그러면 안 된다. 답답할 때 신접한 여인을 찾은 것이 결국 사울 왕을 망하게 했다는 사실을 잊으면 안 된다.

이렇게 하나님과 소통에 문제가 생겨서 어려움을 겪다가 결국 망해버린 사울과 극명하게 대조되는 인물이 다윗이다.

다윗과 그의 사람들이 사흘 만에 시글락에 이른 때에 아말렉 사람들이 이미 네겝과 시글락을 침노하였는데 그들이 시글락을 쳐서 불사르고 거기에 있는 젊거나 늙은 여인들은 한 사람도 죽이지 아니하고 다 사로잡아 끌고 자기 길을 갔더라 다윗과 그의 사람들이 성읍에 이르러 본즉 성읍이 불탔고 자기들의 아내와 자녀들이 사로잡혔는지라 다윗과 그와 함께한 백성이 울 기력이 없도록 소리를 높여 울었더라 (다윗의 두 아내 이스르엘 여인 아히노암과 갈멜 사람 나발의 아내였던 아비가일도 사로잡혔더라) 삼상 30:1-5

지금 어떤 상황인가 하면, 다윗과 그의 사람들이 거주하던 시글락에 너무나 절망적인 일이 닥쳤다. 다윗과 남자들이 마을을 비운 사이에 아말렉 사람들이 쳐들어와 마을을 불사르고 여자들을 다 잡아간 것이다. 그런데 사람들이 참 야박하다. 지금 다윗도 절망적인 고통에 빠져 있는데, 그에 대고 뭐라고 하는가?

백성들이 자녀들 때문에 마음이 슬퍼서 다윗을 돌로 치자 하니
삼상 30:6

이것이 인간이다. 자신의 고통에 대해 타인에게 책임을 전가하며, 자신들과 똑같은 고통을 겪고 있는 다윗을 돌로 쳐 죽이자고 하는 이 모습이 느부갓네살과 같은 우리 인간의 모습이다. 바로 이런 상황에서 다윗이 어떻게 하는지 보라.

… 다윗이 크게 다급하였으나 그의 하나님 여호와를 힘입고 용기를 얻었더라 삼상 30:6

무슨 뜻인가? 위기의 때에 하나님과 소통이 이루어지고 있었다는 것이다. 다음 절도 보자.

다윗이 아히멜렉의 아들 제사장 아비아달에게 이르되 원하건대 에봇을 내게로 가져오라 아비아달이 에봇을 다윗에게로 가져가매 다윗이 여호와께 묻자와 이르되 내가 이 군대를 추격하면 따라잡겠나이까 하니 여호와께서 그에게 대답하시되 그를 쫓아가라 네가 반드시 따라잡고 도로 찾으리라 삼상 30:7,8

이 부분을 하나님과의 소통의 차원에서 읽어보라. 문제를 만난 다윗이 사울과 확연히 달랐던 점은 딱 이것 하나다. 인생에 위기와 두려움이 닥칠 때 하나님과의 소통이 이루어지지 않고 접신한 여인을 찾았던 사울과 달리 다윗에게는 "여호와께 묻자와 이르되 … 여호와께서 그에게 대답하시되"라고 하는 하나님과의 소통이 있었다.
문제를 만날 때 당신의 모습은 사울의 모습에 가까운가? 아니면 다윗의 모습에 가까운가? 인생의 위기를 만났을 때 여호와 하나님께 물었던 다윗과 같은 태도와 그에 대해 하나님의 응답을 받는 하나님과의 소통이 우리 삶에서도 항상 이루어지기를 바란다.

하나님과 소통하는 사람의 특징

이제 조금 더 구체적으로, 다니엘처럼 하나님과의 소통이 원활한 사람에게서 나타나는 특징에 대해 살펴보려고 하는데, 하나님의 일하심에 대한 다니엘의 반응 두 가지가 두드러진다.

하나님께는, 찬양을 올려드린다

첫째로, 하나님께는 찬양을 올려드리는 것이다.

이에 이 은밀한 것이 밤에 환상으로 다니엘에게 나타나 보이매 다니엘이 하늘에 계신 하나님을 찬송하니라 단 2:19

하나님과의 소통에서 중요한 것이 찬양이다. '이 모든 일은 내가 잘나서 이루어진 것이 아니라 하나님의 은혜로 된 것입니다'라는 고백과 함께 그 공로를 하나님께 돌려드리고 감사를 표현하는 것이다. 20절에서도 다니엘은 하나님께 영광을 올려드린다.

다니엘이 말하여 이르되 영원부터 영원까지 하나님의 이름을 찬송할 것은 지혜와 능력이 그에게 있음이로다 단 2:20

다니엘과 같은 이런 반응이 쉬울 것 같지만 그렇지 않다. 누가복음 17장에 보면 예수님께 고침 받은 열 명의 나병 환자 이야기가 나오는데, 그 장면을 보고 내가 만든 용어가 하나 있다. '10대 1 법칙' 이다. 예수님은 열 명의 나병 환자를 고쳐주셨는데, 그 큰 은혜를 입고도 주님 앞에 돌아와 감사를 표하고 영광을 돌린 사람은 딱 한 명밖에 없었다. 그래서 '10대 1 법칙'이란 것이다.

이런 모습에 얼마나 서운하셨는지, 예수님은 감사를 표현하러 돌아온 한 사람에게 이렇게 말씀하셨다.

예수께서 대답하여 이르시되 열 사람이 다 깨끗함을 받지 아니하였느냐 그 아홉은 어디 있느냐 눅 17:17

예수님의 섭섭함이 느껴지지 않는가? 이 말씀에 묻은 예수님의 서운함이 우리 마음에 들리기 시작할 때라야 철든 신앙인이라 할 수 있을 것이다. 우리도 이렇지 않은가? 정말 많은 사람이 "주시옵소서! 해결해주시옵소서!" 부르짖지만, 눈앞의 문제가 해결되면 입 딱 씻고 "이번에 운이 좋았어, 그 사람이 도와주어서 정말 다행이야"라고 돌아서지 않는가? 우리의 이런 모습에 주님이 섭섭해하고 계시다는 것을 성령께서 깨우쳐주시는 은혜가 있기 바란다.

이런 서운함은 우리의 대인관계 속에서도 종종 일어난다. 유난히 마음을 주었던 사람이 받을 것 다 받고 하루아침에 태도가 싹 바뀔 때면 쓸쓸한 마음이 들 때가 있지 않은가?

아이들을 키우면서도 이런 경험을 할 때가 많다. 애써서 마음을 다해준 날 오히려 원망이 돌아온다. 쉬운 예로, 어린이날에 주차하기도 힘든 놀이동산에 가서 머리에 반짝반짝 불 들어오는 머리띠도 씌워주고, 밥도 사 먹이고, 간식도 사주면서 하루 종일 놀아준 끝에는 어김없이 아이들에게 원망을 듣는다.

"더 놀고 싶은데 왜 벌써 가는 거야? 아빠 미워! 엄마는 풍선도 안 사주고, 인형도 안 사주고, 솜사탕도 안 사주고. 엄마 미워!"

열심히 고생하며 잘해준 날 원망을 더 많이 듣는다. 그냥 "아빠 피곤하다. 집에서 텔레비전이나 보며 놀아라" 하면서 뒹굴거리다가 짜장면이랑 탕수육이나 시켜줬으면 원망은커녕 "아빠 최고! 엄마 고맙습니다"를 외쳤을 것이다. 이런 철없는 어린아이의 모습이 죄성을 가진 우리 인간의 모습이다. 그러니 당신 안에 하나님에 대한 원망이 많아지고 있는가? 그렇다면 이렇게 생각하면 거의 틀림 없다.

'하나님이 주신 것이 참 많구나.'

이렇게 어리석은 것이 인간의 모습인데, 다니엘은 그러지 않았다는 것이다. 다니엘서 6장을 보자.

다니엘이 이 조서에 왕의 도장이 찍힌 것을 알고도 자기 집에 돌아가서는 윗방에 올라가 예루살렘으로 향한 창문을 열고 전에 하던 대로 하루 세 번씩 무릎을 꿇고 기도하며 '그의 하나님께 감사하였더라'

단 6:10

지금 다니엘을 시기하는 무리가 다니엘을 해하기 위해 왕에게 아첨하여 왕이 아닌 다른 신에게나 사람에게 기도하거나 경배하면 사자 굴에 던져 넣는다는 조서에 도장이 찍힌 상황이다. 이런 상황에서 창문을 열고 기도했다는 것도 놀라운데, 다니엘이 어떻게 기도하고 있는가?

"하나님께 감사하였더라."

언젠가 우리 교회의 인터넷 게시판에 한 성도가 이 내용을 토대로 이런 글을 올린 적이 있다.

조서에 왕의 도장이 찍힌 줄 알면서도 그는 무슨 감사를 했을까? 예루살렘으로 향한 창문을 열고 그는 무슨 감사를 했을까? 하루 세 번씩 무릎을 꿇고 그는 무슨 감사를 했을까? 총리들과 고관들이 고발할 근거를 찾고 있을 때 그는 무슨 감사를 했을까? 사자 굴이 존재하는 두려운 시대에 그는 무슨 감사를 했을까?

이런 질문을 열거해놓고, 그에 대해 이렇게 자문자답했다.

그는 아마도 뜻을 세워 자기를 더럽히지 않았음을, 채식만으로도 아름답고 윤택한 얼굴 주심을, 호의와 동정을 베푸는 환관장 만나게 하심을, 학문과 지혜를 주시고 서적을 깨닫게 하심을, 환상과 꿈 해석 능력 주심을, 모든 주권이 하나님께 있음을 감사하지 않았을까?

그 어려운 상황에서 다니엘이 하나님께 드린 감사는 과거에 주신 은혜에 대한 감사였을 것이라는 추측이 마음에 와닿았다.

아직 문제 해결도 안 되었는데 뭘 저렇게 감사하나 싶겠지만, 문제에 직면했을 때 문제를 풀 수 있는 열쇠 중에 하나가 과거에 주셨던 감사거리를 떠올리는 것이다. '이 문제가 해결되면 감사하자' 하는 것은 이미 한 걸음 늦은 것이다. 근심하게 하는 문제가 찾아왔을 때, 과거에 이와 유사한 일이 있었을 때 해결해주시고 은혜 주셨던 것에 대한 감사를 회복하고, 그렇게 감사함으로 하나님께 나아가면 그것이 능력이 된다. 다니엘이 실제로 어떤 감사의 고백을 올렸는지는 본인만 아는 문제겠지만, 한 가지 확실한 것은 감사는 감사의 선순환을 가져온다는 사실이다.

나는 하나님과 우리가 '주거니 받거니' 하는 사이면 좋겠다. 우리가 '이에'로 주님께 나아갈 때 주님이 '이에'로 응답해주시고, 또 주님이 그렇게 '이에'로 응답해주실 때 다니엘처럼 감사와 찬양으로 주님 앞에 나아가는 선순환이 일어난다면 내 삶이 얼마나 기쁨으로 충만하겠는가?

그리고 우리가 살아가다 해결하기 어려운 힘든 일이 찾아올 때 예전에 응답해주신 하나님의 은혜를 기억하며 미리 감사로 나아갈 수 있다면 '하나님과의 주거니 받거니'가 이루어지는 인생이 될 줄 믿는다. 이것이 하나님의 일하심 앞에서 다니엘이 보인 첫 번째 반응이다.

사람들에게는, 하나님의 일하심을 선포한다

다니엘이 하나님의 일하심 앞에서 보인 두 번째 반응은, 사람들을 향해서는 하나님이 하신 일을 선포하는 것이다. 내가 다니엘서를 깊이 묵상하며 배운 놀라운 사실 하나가 바로 이것이다.

다니엘은 느부갓네살 왕에게 본격적으로 꿈을 해석해주기 전에 이런 고백을 한다.

> 다니엘이 왕 앞에 대답하여 이르되 왕이 물으신 바 은밀한 것은 지혜자나 술객이나 박수나 점쟁이가 능히 왕께 보일 수 없으되 오직 은밀한 것을 나타내실 이는 하늘에 계신 하나님이시라 그가 느부갓네살 왕에게 후일에 될 일을 알게 하셨나이다 왕의 꿈 곧 왕이 침상에서 머리 속으로 받은 환상은 이러하니이다 왕이여 왕이 침상에서 장래 일을 생각하실 때에 은밀한 것을 나타내시는 이가 장래 일을 왕에게 알게 하셨사오며 내게 이 은밀한 것을 나타내심은 내 지혜가 모든 사람보다 낫기 때문이 아니라 오직 그 해석을 왕에게 알려서 왕이 마음으로 생각하던 것을 왕에게 알려주려 하심이니이다 단 2:27-30

이렇게 이야기하고 31절부터 본격적으로 느부갓네살 왕이 꾼 꿈의 내용과 풀이가 시작된다. 한번 생각해보자. 지금 꿈풀이를 앞두고 다니엘의 마음이 얼마나 급하겠는가? 그 놀라운 비밀을 알게 되었으니 신발도 벗기 전에 "왕이여, 왕이여! 제가 알아냈습니다. 왕이 꾼 꿈과 그 해석을 알아냈습니다" 하고 외치며 줄줄 이야기할 것 같은데, 다니엘은 자기가 깨달은 꿈의 해석을 전하기 전에 이 일을 허락하신 분이 하나님이시라는 것을 27절부터 30절에 이르기까지 길게 반복해서 선포하고 있는 것이다. 다니엘의 이런 모습이 놀랍고 감동적이지 않은가?

여기서 우리가 배워야 할 것이 있다. 우리가 하나님을 향한 감사함을 회복해야 하지만, 그것 이상으로 중요한 것이 사람들을 대면할 때 그 사실을 입술로 선포해야 한다는 것이다. 믿는 사람들 사이에서는 내가 받은 은혜를 나타내는 것을 '간증'이라고 하고, 믿지 않는 사람을 향해 그 사실을 선포하는 것은 '전도'라고 하는데, 우리에게는 하나님을 향한 감사뿐만 아니라 사람들을 향한 간증과 전도 이 두 가지가 있어야 한다.

하나님 앞에서 이 균형을 회복하길 바란다. 예배를 드릴 때, 묵상의 자리로 나아갈 때는 늘 하나님께 감사와 영광을 올려드리고, 사람들을 대면할 때는 이 모든 일이 하나님의 은혜이며 하나님이 일하신 결과라고 선포하는 일이 함께 있어야 한다. 다니엘은 그 시선이 늘 하나님에게 머물러 있었다. 그랬기에 기승전 하나님나라, 기승전 하나님께 영광, 기승전 하나님의 일하심 선포가 자동으로 나올 수 있었던 것이다.

내가 한 일이 아닙니다!

성경에 이런 대표적 인물이 한 사람 더 있다. 사도 바울이다.

> 그러나 내가 나 된 것은 하나님의 은혜로 된 것이니 내게 주신 그의
> 은혜가 헛되지 아니하여 내가 모든 사도보다 더 많이 수고하였으나
> 내가 한 것이 아니요 오직 나와 함께하신 하나님의 은혜로라
>
> 고전 15:10

사도행전 14장에 보면 바울과 바나바가 전도하다가 나면서부터 걷지 못하는 장애를 가진 한 사람을 고쳐주었는데, 사람들이 너무 놀라서 이런 반응을 보였다.

> 무리가 바울이 한 일을 보고 루가오니아 방언으로 소리 질러 이르되
> 신들이 사람의 형상으로 우리 가운데 내려오셨다 하여 바나바는 제
> 우스라 하고 바울은 그중에 말하는 자이므로 헤르메스라 하더라
>
> 행 14:11,12

하나님의 이름으로 병을 고쳐주었더니, 병을 고쳐주신 하나님은 보지 못하고 사람만 대단하다고 추켜세우는 상황이 벌어진 것이다. 그런데 중요한 것은 이런 상황에 대한 바울과 바나바의 반응이다. 사람들이 "신이 사람의 형상으로 왔다! 바나바는 제우스다! 바

울은 헤르메스다!"라고 하면서 그들을 추앙하자 바울과 바나바가 어떤 반응을 보이는가?

> 두 사도 바나바와 바울이 듣고 옷을 찢고 무리 가운데 뛰어 들어가서 소리 질러 이르되 여러분이여 어찌하여 이러한 일을 하느냐 우리도 여러분과 같은 성정을 가진 사람이라 여러분에게 복음을 전하는 것은 이런 헛된 일을 버리고 천지와 바다와 그 가운데 만물을 지으시고 살아 계신 하나님께로 돌아오게 함이라 행 14:14,15

나는 이 구절을 보면서 '바나바와 바울이 너무 오버하는 것 아닌가? 사람들이 뭘 몰라서 신으로 떠받들면 그냥 아니다 가르쳐주면 되지 옷까지 찢을 필요가 있을까?'라고 생각했던 적이 있다. 그런데 이 말씀을 깊이 묵상하면서 깨달은 진리가 있다.

'누가 나를 과하게 칭찬해주면 이렇게 오버해야 하는 것이구나!'

그 뒤에 계신 하나님은 보지 못하고 인간을 칭찬하며 떠받드는 것을 방치하면 교만이 찾아오고, 그 교만을 방치하면 이단의 괴수가 될 위험이 있다는 사실을 잊지 말아야 한다. 바울과 바나바가 우리에게 전하는 중요한 메시지가 이것이다.

사실 이런 칭찬에 대처하는 나만의 방식이 있다. 누가 나를 칭찬하면 속으로 '멍멍' 하고 해석하는 것이다. 상대방이 헛소리를 한다는 뜻이 아니라, 그 말들이 나에게 아무 의미 없는 말이라는 뜻이다. '저 사람이 나를 칭찬하는 것은 저 사람의 인격이 훌륭하기 때문이다. 그러니 저 사람이 나에게 던지는 칭찬을 액면 그대로 받으면 안 된다'라고 생각하는 것이 내가 말하는 '멍멍'의 의미이다.

우리 기억하자. 영광을 받으실 분은 오직 하나님 한 분뿐이시다. 이 사실을 망각하는 것에서부터 문제가 발생한다.

바벨론 같은 세상을 살아가면서 문제를 만날 때 우리는 다니엘과 같은 방식으로 풀어가고 있는지 돌아봐야 한다. 문제를 가지고 하나님 앞에 나아가 하나님께 구하고, 하나님께서 응답하시고, 그 하나님을 찬양하는 '하나님과의 주거니 받거니'가 이루어지고 있는지 돌아보자. 그뿐만 아니라 하나님께서 허락하신 은혜에 대해서 하나님께는 영광을 올려드리고 사람들을 향해서는 그 사실을 선포하고 있는지 돌아보자.

하나님께 나아갈 때 문제 해결이라는 응답뿐만 아니라 하나님과 소통하는 기쁨을 누리게 되기를 바란다. 그리고 그에 대해 하나님께 영광 돌리고 사람들에게 선포함으로 느부갓네살 왕이 하나님을 인정하게 된 것처럼 세상에 하나님의 이름이 높아지게 되기를 기도한다. 이것을 꿈꾸고 바라며 날마다 기도의 자리로 나아가는 우리 모두가 되기를 바란다.

다니엘서 2장 31-45절

---

³¹ 왕이여 왕이 한 큰 신상을 보셨나이다 그 신상이 왕의 앞에 섰는데 크고 광채가 매우 찬란하며 그 모양이 심히 두려우니 ³² 그 우상의 머리는 순금이 요 가슴과 두 팔은 은이요 배와 넓적다리는 놋이요 ³³ 그 종아리는 쇠요 그 발은 얼마는 쇠요 얼마는 진흙이었나이다 ³⁴ 또 왕이 보신즉 손대지 아니한 돌이 나와서 신상의 쇠와 진흙의 발을 쳐서 부서뜨리매 ³⁵ 그때에 쇠와 진흙 과 놋과 은과 금이 다 부서져 여름 타작마당의 겨같이 되어 바람에 불려 간 곳이 없었고 우상을 친 돌은 태산을 이루어 온 세계에 가득하였나이다 … ⁴⁵ 손대지 아니한 돌이 산에서 나와서 쇠와 놋과 진흙과 은과 금을 부서뜨린 것 을 왕께서 보신 것은 크신 하나님이 장래 일을 왕께 알게 하신 것이라 이 꿈 은 참되고 이 해석은 확실하니이다 하니

그 나라는
반드시 온다

 우리는 앞에서 최고 권력자 느부갓네살 왕
이 꿈 때문에 번뇌하고, 그 과정에서 꿈풀이
를 못 하는 바벨론의 점성가들과 마술사들이
죽임을 당하는 사건이 벌어진 것에 대해 살펴보았는데, 본문에서는
그런 상황에서 다니엘이 하나님의 은혜로 느부갓네살 왕이 꾼 꿈의
내용을 이야기하고 그 꿈을 풀이해주는 내용이 다뤄지고 있다.

다니엘의 설명에 따르면, 느부갓네살 왕이 꾼 꿈에 거대한 신상이
등장한다. 그 신상의 머리는 순금으로 되어 있고, 가슴과 팔은 은,
그리고 배와 넓적다리는 놋쇠, 무릎 아래는 쇠로 되어 있으며, 발은
진흙과 쇠가 섞여 있는 아주 희귀한 모양을 하고 있었다. 그런데 갑
자기 돌 하나가 날아와서 그 거대한 신상을 부숴버리고는 그 돌이
온 세상을 가득 채웠다.

다니엘은 이런 꿈의 내용을 설명한 후에 그 꿈을 풀이해주는데, 금으로 된 신상의 머리는 느부갓네살 왕을 상징하고, 나머지 부분은 앞으로 등장하게 될 나라들이라고 해석해주었다.

사실 본문에 나오는 다니엘의 꿈풀이에 대해서는 지금까지도 학자들의 의견이 여러 갈래로 나뉘어 분분하다. 어느 해석이 정확한지는 하나님만 아실 것이다. 하지만 학자들의 깊은 연구가 아니더라도 느부갓네살 왕이 꾼 꿈에는 하나님이 전하기 원하시는 두 가지 메시지가 담겨 있음을 금방 알 수 있다. 하나는 이 세상 나라가 어마어마한 신상처럼 화려하고 거대해 보이지만 절대 영원하지 않다는 것이고, 또 하나는 하나님이 주권적으로 이 세상 나라를 심판하시고, 영원한 하나님나라를 세우실 것이라는 메시지다.

세상 나라의 두 가지 특징

나는 본문을 묵상하면서 '거대한 신상'으로 상징되는 세상 나라와 관련한 두 가지 사실을 발견했다.

기초가 부실하다

첫째로, 세상 나라는 겉은 아주 화려하고 대단한 것 같지만 사실은 기초가 부실한 나라라는 것이다. 2장 31절을 새번역 성경으로 보자.

임금님, 임금님은 어떤 거대한 신상을 보셨습니다. 그 신상이 임금님 앞에 서 있는데, 그것은 크고, 그 빛이 아주 찬란하며, 그 모습이 무시무시하였습니다. 단 2:31, 새번역

얼마나 대단한가? 글로만 봐도 위압적이다. 그런데 그다음 이어지는 32절부터 보라.

그 신상의 머리는 순금이고, 가슴과 팔은 은이고, 배와 넓적다리는 놋쇠이고, 그 무릎 아래는 쇠이고, 발은 일부는 쇠이고 일부는 진흙이었습니다. 단 2:32,33, 새번역

아래로 내려갈수록 점점 부실해지고 있다. 그리고 무엇보다도 이렇게 거대한 신상을 떠받치려면 가장 기초인 발이 얼마나 튼튼해야 하는가? 그런데 그 발은 쇠와 진흙을 섞어 만든 것이다. 기초가 얼마나 부실한지 그림이 그려지는가?

거대하고 화려하지만 기초가 부실한 신상이 세상 나라를 의미한다는 내용을 묵상하다가 삼풍백화점이 떠올랐다. 1995년에 삼풍백화점이 붕괴되어 1,500명에 가까운 사상자를 낸 정말 충격적인 사건이 일어났다. 당시에 최고급 브랜드를 다루던 화려했던 삼풍백화점이었지만, 건물의 기초가 얼마나 부실했던지 붕괴되어 많은 사람이 죽고 다치는 비극이 일어난 것이다.

본문의 느부갓네살 왕이 꿈에서 본 거대한 신상이 세상 나라를 상징한다고 하는 내용을 보면서 자꾸 허무하게 무너지고 말았던 삼풍백화점이 오버랩되었다. 겉은 엄청나게 화려해 보이지만 사실 그 기초가 부실한 것이 이 세상 나라이다.

느닷없이 날아든 돌 하나가 부서뜨린다

둘째로, 이렇게 기초가 부실한 거대한 신상 같은 세상 나라이지만, 정작 세상 나라가 무너진 것은 기초가 부실한 이유 때문이 아니라는 것이다. 기초가 부실했던 것은 사실이나 삼풍백화점처럼 자체적으로 부실하여 붕괴된 것이 아니라는 말이다. 느닷없이 날아든 돌 하나가 그것을 부서뜨렸다. 이것이 무엇을 의미하는가?

또 왕이 보신즉 손대지 아니한 돌이 나와서 신상의 쇠와 진흙의 발을 쳐서 부서뜨리매 단 2:34

이 말씀을 보면 자체적인 부실로 무너진 것이 아니라 '손대지 아니한 돌'이 날아와 쳐서 부서뜨렸으며, 또 하나 중요한 포인트는 붕괴의 조짐을 보이며 서서히 붕괴된 것이 아니라 느닷없이 부서졌다는 것이다.

오늘 우리가 세상을 바라볼 때, 세상의 위압적이고 상상할 수 없는 권세 앞에서 교회가 위축되고 초라하게 느껴질 수밖에 없지만,

사실 세상은 기초가 부실하기 짝이 없는 존재이다. 또한 그렇더라도 세상은 우리가 힘을 모아 규합하여 무너뜨리는 대상이 아니다. 하나님이 하신다. 하나님이 느닷없이 악한 세상을 심판하신다. 금으로 된 머리로 시작하여 엄청난 규모를 자랑하는 신상에 비하면 초라하기 짝이 없는, 돌 되신 예수 그리스도께서 날아들어 그 신상을 부서뜨리는 것이다. 우리의 소망이 바로 여기에 있음을 본문이 가르쳐주는 것이다.

이렇듯 하나님의 주권과 하나님이 다스리실 영원한 나라에 대한 내용이 담겨 있는 본문의 메시지를 제대로 깨닫는다면 우리가 해야 할 일이 몇 가지 있음을 알게 된다. 거대한 신상으로 상징되는 이 악한 세상에서 살아가는 우리가 해야 할 일이 무엇인지 생각해보자.

두 나라를 동시에 바라보라

첫째, 우리는 두 나라를 동시에 바라보는 훈련을 해야 한다.

본문을 보면, 다니엘이 느부갓네살 왕의 꿈을 풀이하는 과정에서 '보다'라는 단어를 두 번 사용했다. 첫 번째 '보다'는 2장 31절에 나온다.

왕이여 왕이 한 큰 신상을 '보셨나이다' 그 신상이 왕의 앞에 섰는데 크고 광채가 매우 찬란하며 그 모양이 심히 두려우니 단 2:31

다니엘이 사용한 첫 번째 '보다'는 거대한 신상, 곧 우리를 위축시키고 초라하게 만들고 형편없는 존재로 전락시키는 것 같은 거대하고 화려한 신상을 향한다. 그러나 다니엘이 그것만 본 것이 아니다. 두 번째 '보다'는 34절에 나온다.

> 또 왕이 '보신즉' 손대지 아니한 돌이 나와서 신상의 쇠와 진흙의 발을 쳐서 부서뜨리매 그때에 쇠와 진흙과 놋과 은과 금이 다 부서져 여름 타작마당의 겨같이 되어 바람에 불려 간 곳이 없었고 우상을 친 돌은 태산을 이루어 온 세계에 가득하였나이다 단 2:34,35

다니엘이 사용한 두 번째 '보다'는 손대지 아니한 돌이 나와서 신상의 쇠와 진흙의 발을 쳐서 부서뜨리는 것을 보았음을 가리킨다. 또한 다니엘은 44절에서 이것을 해석하면서 "이 여러 왕들의 시대에 하늘의 하나님이 한 나라를 세우시리니"라고 했다.

다니엘이 두 번에 걸쳐 사용한 '보다'라는 단어가 무엇을 의미하는지 알겠는가? 다니엘은 겉으로 보기에는 화려하고 거대하며 기초는 부실한 세상을 보는 동시에 그 세상을 깨뜨리시고 하나님이 세우실 한 나라를 보았다.

다니엘이 이처럼 두 번에 걸쳐서 '보다'라는 단어를 균형 있게 표현한 것이 왜 중요한가 하면, 이 두 세계를 동시에 바라보는 것이 우리에게 필요하기 때문이다.

혹시 오늘날 예수 믿는다는 우리가 세상이 세운 거대한 신상만 바라보고 있는 것은 아닌가? 그래서 계속 위축되고 초라해지고 그 거대한 신상은 도저히 쓰러질 것 같지 않아서 좌절감을 느끼고 있는 것 아닌가? 내가 볼 때, 지금 한국교회는 집단 우울증에 걸린 것 같다. 모두가 비관적이다. 만나는 목회자마다, 장로님마다, 믿음 좋다고 하는 성도마다 우울해한다.

세상은 점점 더 악해지고, 우리를 근심하게 하는 일들은 더 많아지며, 자녀교육도 시대가 흐를수록 더 어려워지고 있다. 우리 아이들이 살아가는 세상의 거대한 신상은 너무나 위압적이라 그 앞에서는 신앙교육도 잘 안 되고 교회는 점점 더 영향력을 잃어가고 있다.

현실이 이렇다 보니 장래를 비관하는 목소리가 점점 커지는 것 같다. 그리고 어떻게 보면 그런 비관의 목소리가 옳다. 다 맞는 이야기다. 그러나 그런 비관자들이 놓치고 있는 것이 하나 있다. 그들은 다니엘의 두 '보다' 중에서 하나만 보고 있다는 것이다. 거대한 신상만 바라보며 절망을 이야기하고 있다.

내가 처음 분당우리교회를 개척했을 때, 현실은 나를 초라하게 만드는 '거대한 신상'으로밖에 보이지 않았다. 어른 목회를 해본 적도 없고, 더군다나 자체 건물 없이 학교를 빌려서 예배를 드리다 보니 주중에는 모일 곳도 없어서 무엇을 어떻게 해야 할지 막막하기만 했다. 성도가 교회 등록하러 오면 등록 심방은 어떻게 해야 하는지, 장례가 나면 어떻게 진행해야 하는지 절차도 제대로 몰랐다. 그런 상태로 교회를 개척했으니 나 스스로 위축되어 있었다.

그런데 놀랍게도 그 과정에서 하나님이 나와 교회를 너무나 사랑하심을 깊이 경험할 수 있었다. 당시 학교에서 사무공간으로 사용할 수 있도록 학교 뒤에 있는 공간을 빌려주었는데, 주중에는 수업이 진행되고 있으니 눈치가 보여 바깥출입도 조심스러웠다. 그러다 보니 도시락 먹고는 아무도 없는 불 꺼진 본당에 멍하니 앉아 있을 때가 많았다. 그런데 지금 생각해보면 그것이 하나님의 배려였다. 어두컴컴한 본당에 앉아 있으면 마음은 막막한데 하나님께서 마음에 이유를 알 수 없는 기쁨을 주시곤 했다.

그 즈음에 내 입술에 계속 부어주셨던 찬양이 있었다.

내 눈 주의 영광을 보네 우리 가운데 계신 주님
그 빛난 영광 온 하늘 덮고 그 찬송 온 땅 가득해
…
주의 영광 이곳에 가득해 우린 서네 주님과 함께
찬양하며 우리는 전진하리 모든 열방 주 볼 때까지

현실을 보면 막막하고 답답한데, 그런 와중에 하나님이 주시는 찬양은 "주의 영광 이곳에 가득해 우린 서네 주님과 함께"였다. 이 찬양을 부르며 울기도 많이 울었고, 감격도 많이 했다. 현실로 돌아오면 내 모습이 작고 초라했지만 주님 앞에 나아가면 하나님은 계속해서 '너 혼자 하는 목회가 아니야'라는 메시지를 주셨다. 본문에 비추어 되돌아보니 하나님께서는 거대한 신상만 보고 있는, 외눈박이같이 치우친 나의 연약함을 불쌍히 보신 것 같다.

당신은 어떤가? 왜 그렇게 불안하고 두렵고 숨이 막히는가? 한쪽 눈을 감은 채 눈앞에 보이는 거대한 신상만 보며 하나님의 영광을 보지 못하고 있기 때문은 아닌가?

이런 의미에서 고린도전서 2장에 기록된 바울의 담대한 고백을 들어보라.

> 내가 너희 중에서 예수 그리스도와 그가 십자가에 못 박히신 것 외에 는 아무것도 알지 아니하기로 작정하였음이라 고전 2:2

바울은 어떻게 이런 담대한 고백을 할 수 있었는가? 대답은 간단하다. 그는 자기를 괴롭히는 거대한 신상만 본 것이 아니라, 느닷없이 날아와 그 악한 세계를 부수는 예수 그리스도를 보았기 때문이다.

> 너희가 성경에 건축자들이 버린 돌이 모퉁이의 머릿돌이 되었나니 막 12:10

바울은 이 사실을 정확하게 알고 있었다. 우리도 이 두 세계를 같이 봐야 한다. 위압적이고, 거짓이 난무하며, 부익부 빈익빈으로 치닫게 만들어 소외감이 양산되는 세상의 현실도 정확히 봐야 하지만, 그것만 봐서는 안 된다. 느닷없이 날아든 돌, 예수 그리스도께서 세우실 영원한 나라를 같이 봐야 한다.

뇌성마비 시인인 송명희 자매가 본 것이 바로 이 두 나라의 균형이었다.

> 사람들 그 이름 건축자의 버린 돌처럼 버렸지만
> 내 마음에 새겨진 이름 아름다운 보석
> 내게 있는 귀한 비밀이라 내 마음에 숨겨진 기쁨
> 예수 오 그 이름 나는 말할 수 없네
> 그 이름의 비밀을 그 이름의 사랑을
>
> _ 예수 그 이름, 송명희 작사, KOMCA 승인필

너무나 불합리하고, 기회주의자들이 득실거리고, 수단 방법 가리지 않고 권력과 돈을 좇는 사람들이 득세하는 이 살맛 나지 않는 세상에서 우리의 숨겨진 기쁨은 무엇인가? 이런 세상임에도 불구하고 우리로 살맛 나게 만드는 어떤 요인이 있는가? 무엇이 우리 마음에 숨겨진 기쁨인가? 두 세계를 같이 볼 때, 하나님이 다스리는 그 영원한 나라를 보는 영안이 열릴 때 우리도 송명희 자매처럼 몸은 비록 뇌성마비로 힘들지라도 기쁨으로 노래할 수 있는 것 아니겠는가?

하나님나라를 기대하라

둘째, 우리는 현실만 보고 비관하기보다 '하나님나라에 대한 기대감'을 가져야 한다.

내가 어릴 때는 그때가 워낙 가난한 시절이어서 그랬던 것 같지만, 천국에는 진주 문이 있고, 화려한 보석이 깔려 있고, 으리으리한 집들이 있다는 등의 천국의 화려함을 강조하는 설교나 묘사가 많았다. 지금 생각해보면 이런 것은 별책부록인데, 본편은 설명 안 해주고 별책부록만 강조한 것이다. 우리가 하나님나라를 꿈꾸고 사모하고 기대해야 하는 이유는, 우리가 이 세상에서 누리지 못한 휘황찬란한 금 신상보다 더 화려하고 엄청난 것이 있어서가 아니다. 우리가 하나님나라를 기대해야 하는 이유는 딱 하나이다.

이 여러 왕들의 시대에 하늘의 하나님이 한 나라를 세우시리니 …

단 2:44

우리가 기대하는 그 나라는 누가 세우는 나라인가? '하늘의 하나님'이 세우시는 나라이다. 바로 이 사실 때문에 우리는 그 나라를 기대할 수 있는 것이다.

겉모습은 화려하지만 그 발을 보면 섞일 수 없는 쇠와 진흙으로 이루어진 부실하기 짝이 없는 신상처럼 이 세상 나라가 부실할 수밖에 없는 이유를 느부갓네살 왕에게서 발견하게 된다.

앞에서 언급한 것처럼, 느부갓네살 왕이 얼마나 포악한가? 자기가 꾼 꿈 때문에 번민에 빠지자 꿈 내용도 가르쳐주지 않고 꿈을 해석하라고 하면서 뭐라고 하는가?

왕이 갈대아인들에게 대답하여 이르되 내가 명령을 내렸나니 너희가 만일 꿈과 그 해석을 내게 알게 하지 아니하면 너희 몸을 쪼갤 것이며 너희의 집을 거름더미로 만들 것이요 단 2:5

단순한 엄포가 아니었다. 12절에서 느부갓네살 왕은 실제로 이런 명령을 내렸다.

왕이 이로 말미암아 진노하고 통분하여 바벨론의 모든 지혜자들을 다 죽이라 명령하니라 단 2:12

너무나 화려하고 매력적이고 달콤한 것 같은 세상 나라가 실상은 부실하기 짝이 없는 나라일 수밖에 없는 것은, 통치자가 부실하기 때문이다.

이것은 우리도 경험하는 일 아닌가? 선거 때마다 자기 한 몸을 다 불태워서라도 나라를 살려낼 것처럼 구호를 외치며 표를 구걸하던 정치가들이 시간이 조금만 지나면 공금을 얼마를 횡령했고, 무슨 비리를 저질렀고 하면서 신문에 등장하는 일이 얼마나 비일비재한가? 이 땅의 인간 지도자들에게 실망하고 상처 받는 일이 너무나 많은 현실이다.

교회라고 예외는 아니다. 분당우리교회를 개척하고 17년이 지났다. 간혹 지난 시간을 되돌아보면 마음 아픈 일들이 많은데, 그중에서 가장 가슴 아픈 순간은 담임목사인 나에게 상처 받고 교회를 떠난 성도들의 얼굴이 떠오르는 순간이다. 누구의 잘잘못을 떠나 지상 교회는 늘 이런 아픔을 경험하는 곳이고 실망과 상처가 끊이지 않는 곳이다.

우리가 다니엘서의 느부갓네살 왕의 꿈을 살펴보면서 하나님나라에 대한 기대감을 회복해야 하는 이유가 여기에 있다. 우리가 하나님나라에 대한 기대감을 가질 수 있는 것은 그 나라는 이런 연약한 인간 지도자가 다스리는 나라가 아니라 완전하신 하나님이 다스리시는 나라이기 때문이다.

참으로 크도다 그의 이적이여, 참으로 능하도다 그의 놀라운 일이여, 그의 나라는 영원한 나라요 그의 통치는 대대에 이르리로다 단 4:3

그리고 그 나라를 영원히 다스리실 하나님은 어떤 분이신가?

능력 있는 왕은 정의를 사랑하느니라 주께서 공의를 건고하게 세우시고 주께서 야곱에게 정의와 공의를 행하시나이다 시 99:4

결단코 우리를 실망시키지 않으시는 분, 공의로 다스리실 그분, 그 하나님이 다스리시는 나라이기에 현실이 힘들고 세상에서 억울한 일을 당하고 상처를 받을수록 우리는 더 하나님나라를 기대할 수밖에 없다. 그래서 가슴이 벅찬 것이다.

내가 다니엘서를 묵상하면서 계속 반성하고 회개했던 것이 있다. 성경은 하나님나라를 가리키는데 우리는 너무 세상에 초점을 두었던 것 아닌가 하는 것이다. 기독교는 언 발에 오줌 누는 것처럼, 일시적으로 위로하고 눈앞의 현실을 모면하는 종교가 아니다. 하나님나라를 꿈꾸게 하는 곳이다. 눈에는 거대한 신상이 보이지만, 느닷없이 날아와 이 악한 세상을 부서뜨리는 뜨인 돌 되신 예수 그리스도를 바라보게 하는 것이 신앙생활이다. 누구보다 내가 그것을 잘 알고 있다. 그럼에도 담임목사란 자리가 늘 현실을 보게 되는 곳이기 때문에 어느새 마음이 약해져 이 땅에서의 위로가 많아지곤 한다.

하루가 멀다고 성도들의 이런저런 사정에 대한 보고가 들어온다. 어느 집 아들이 어떤 아픔을 당했다, 어느 부부가 이혼을 한다고 한다, 어느 권사님이 암 4기라고 하신다, 어느 가정이 어떤 어려움을 겪고 있다 등등 아픈 소식이 끊임없이 들려오니 현실적으로 흘리는 눈물을 닦아주는 설교가 많다. "이 설교 듣고 힘내세요. 눈물 닦아주시는 하나님을 바라보세요" 하면서 위로를 전하는 설교를 하게 되는 것이다.

이처럼 현실 세계에서 겪는 어려움과 고통을 완전히 외면하기는 어렵지만, 그러나 정답은 알고 있어야 한다. 신앙생활의 핵심은 이 땅에서 잘 먹고 잘 사는 것이 아니라 하나님나라에 대한 기대감을 갖고 살아가는 것이어야 한다. 지금 눈앞에는 위압적인 신상이 보이지만, 느닷없이 악한 세상 나라를 멸하시고 세우실 주님이 다스리시는 영원한 나라, 그 나라를 꿈꾸며 소망하게 만드는 것이 우리 기독교 신앙인 것을 믿기 바란다.

알렉산더 푸시킨의 〈삶이 그대를 속일지라도〉라는 시가 있다.

삶이 그대를 속일지라도 슬퍼하거나 노여워하지 말라
슬픈 날에는 참고 견디라 즐거운 날은 오고야 말리니
마음은 미래를 바라니 현재는 한없이 우울한 것
모든 것 하염없이 사라지나 지나가버린 것 그리움 되리니
삶이 그대를 속일지라도 노여워하거나 서러워하지 말라
절망의 날 참고 견디면 기쁨의 날 반드시 찾아오리라

시인이 다니엘서를 읽다가 영감을 받아서 쓴 시인가? 하는 생각이 들 정도로 본문의 말씀이 이 시 안에 잘 요약되어 있다.

"삶이 그대를 속일지라도 노여워하거나 서러워하지 말라. 절망의 날 참고 견디면 기쁨의 날 반드시 찾아오리라."

우리가 이것을 위해 두 나라를 볼 수 있는 영안이 열려야 한다.

그리고 우리가 꿈꾸는 것은 세상의 아픔을 일시적으로 잠깐 멈추게 하는 것이 아님을 알아야 한다. 하나님이 영원히 다스리시는 그 나라를 사모하고 꿈꾸는 것, 바로 이것이 우리가 가진 신앙이며 우리가 해야 할 일이다.

맡겨진 역할을 잘 감당하라

셋째, 본문을 통해 우리가 기억해야 할 것은 다니엘처럼 이 땅에서 맡겨진 역할을 잘 감당하는 것이 우리가 할 일이라는 것이다.

다니엘은 느부갓네살 왕의 꿈을 해석하면서 하나님이 보여주신 두 번에 걸친 '보다'를 통해 세상의 위압적인 신상과 느닷없이 날아와 그 신상을 부수고 세워질 하나님나라를 동시에 보는 균형을 가졌기에 포악한 느부갓네살 왕 앞에서도 위축되지 않고 담대하게 나아가 두려움 없이 하나님의 뜻을 전할 수 있었고, 또 자기에게 맡겨진 사명과 역할을 잘 감당할 수 있었다. 오늘 우리도 마찬가지다. 다니엘과 같은 균형을 갖춤으로써 지금 우리에게 주어진 사명을 잘 감당할 수 있어야 한다.

영화 〈암살〉에서 염석진의 "몰랐으니까, 해방될지 몰랐으니까"라는 대사도 인상적이었지만, 그 영화에서 내 마음에 좌표로 다가온 대사가 하나 있었다.

하정우 씨가 맡은 암살자 하와이 피스톨이 독립운동가 안옥윤에게 이렇게 묻는다.

"솔직히 조선군 사령관하고 강인국을 죽인다고 독립이 되나?"

여기에서 조선군 사령관은 일본 고급 장교를 가리키는 것이고, 강인국은 민족의 피를 빨아먹는 친일파였다. 그 두 사람을 죽인다고 독립이 되겠냐는 자조 섞인 질문이었다. 이 질문에 안옥윤이 대답한다.

"우리 만주에선 지붕에서 물이 새거나 벽이 부서져도 고치지 않았어. 곧 독립이 되면 고향으로 돌아갈 텐데 뭐하러 고치겠어."

이런 동문서답 같은 이야기를 하고는 이어서 이렇게 대답한다.

"둘을 죽인다고 독립이 되냐? 모르지. 그치만 알려줘야지. 우린 계속 싸우고 있다고…. 돈 때문에 뭐든지 하는 당신처럼 살 순 없잖아."

영화를 보고 난 후에 이 대사가 귀에서 계속 쟁쟁거렸다.

불합리한 이 세상에서 예수님을 제대로 믿으며 살아보려다가 실패하고, 손해 보고, 억장이 무너지는 현실 속에서 우리는 이렇게 말할 수 있는가? 영화에 빗대어 보자면 이 땅은 장차 돌아갈 고향을 바라며 임시로 지내는 '만주'이다. 곧 주님이 다스리실 영원한 나라가 도래할 텐데, 그 나라가 오면 우리는 미련 없이 훌훌 털고 가야한다. 그러니 이 땅에서 지붕 새는 것 고치는 데만 에너지 허비하며 살 수는 없지 않은가? 우리가 하고 있는 이 일이 거대한 신상 같은 세상을 무너뜨릴 수는 없겠지만, "그치만 알려줘야지. 우린 계속 싸우고 있다고"라고 하는 외침은 될 수 있지 않겠는가? 이 메시지를 우리가 가져야 하지 않겠는가?

우리는 이 세상의 신상이 아닌 곧 오실 주님과 주님이 영원히 다스리실 그 나라를 기대하면서 지금 우리가 감당해야 할 일을 담대하게 감당해나가야 한다. 그것이 이 땅을 살아가는 우리가 해야 할 일이다.

작년에 특새 준비에 몰두하려고 집에서 나와 한 주간을 우리 교회 선교관에서 따로 지낸 적이 있다. 특새가 다 끝난 토요일 밤이었다. 초저녁에 잠이 들었다가 12시쯤 깨서 주일 설교를 준비하고 있었는데, 새벽 3시쯤 되었을 때 밖에서 고래고래 소리 지르는 것이 들렸다. 목소리를 들어보니 아직 앳된 청년 같은데, 술에 취해 얼마나 큰 소리로 절규하는지, 그중에서 두 마디가 내 귀에 또렷이 들렸다.

"나 좀 내버려두라고, 나 좀 내버려두라고! 왜 맨날 나만 이러냐고, 왜 나만 갖고 이러느냐고."

설교를 준비하다가 이 청년의 외침에 마음이 너무 아팠다. 당장 달려나가 안아주고 싶을 정도로 마음이 쓰였다. 하나님은 그날 나에게 왜 그 청년의 절규를 들려주셨을까? 하나님이 내게 꼭 이렇게 말씀하시는 것 같았다.

'네가 세상의 거대한 신상만 보는 외눈박이가 아니라면, 좌절 많고 상처 많고 절망 가득한 이 세상을 살아가는 젊은이들에게, 그래서 새벽 3시에 술 취해 절규하는 저런 청년들에게 네가 보고 있는 다른 한 세상, 느닷없이 이 불합리한 세상 나라를 부숴버리는 예수

그리스도를 보여주어야 하는 것 아니냐?'

지금 우리에게는 '보고', '보고'의 균형이 있는가? 예수님을 믿는다고 하면서 세상의 신상만 보고 있는 것은 아닌가? 세상에 위축되어 적당히 타협하면서 "두 명 죽어서 독립이 되겠어?"라는 소리나 하면서 세상 방식에 절어 살아가고 있는 것은 아닌가?

우리는 두 나라를 동시에 바라봐야 한다. 그리고 곧 도래할 영원한 나라를 바라보며, 두 사람 죽인다고 독립이 되는 것은 아니지만 계속 싸우고 있다는 것을 보여주겠다는 그 결의가 우리에게 있어야 한다. 거대한 신상밖에 보이지 않아 위축되는 인생이지만, 우리가 다 영안을 열어 느닷없이 날아와 세상을 부수는 뜨인 돌 되신 예수 그리스도를 바라보는 인생을 살게 되기를 바란다.

LIVING AS A BELIEVER IN THE WORLD

PART 3

교만을 꺾고
겸손한 자를 세우신다

다니엘서 3장 1-7절

———

1 느부갓네살 왕이 금으로 신상을 만들었으니 높이는 육십 규빗이요 너비는 여섯 규빗이라 그것을 바벨론 지방의 두라 평지에 세웠더라 **2** 느부갓네살 왕이 사람을 보내어 총독과 수령과 행정관과 모사와 재무관과 재판관과 법률사와 각 지방 모든 관원을 느부갓네살 왕이 세운 신상의 낙성식에 참석하게 하매 **3** 이에 총독과 수령과 행정관과 모사와 재무관과 재판관과 법률사와 각 지방 모든 관원이 느부갓네살 왕이 세운 신상의 낙성식에 참석하여 느부갓네살 왕이 세운 신상 앞에 서니라 **4** 선포하는 자가 크게 외쳐 이르되 백성들과 나라들과 각 언어로 말하는 자들아 왕이 너희 무리에게 명하시나니 **5** 너희는 나팔과 피리와 수금과 삼현금과 양금과 생황과 및 모든 악기 소리를 들을 때에 엎드리어 느부갓네살 왕이 세운 금 신상에게 절하라 **6** 누구든지 엎드려 절하지 아니하는 자는 즉시 맹렬히 타는 풀무불에 던져 넣으리라 하였더라 **7** 모든 백성과 나라들과 각 언어를 말하는 자들이 나팔과 피리와 수금과 삼현금과 양금과 및 모든 악기 소리를 듣자 곧 느부갓네살 왕이 세운 금 신상에게 엎드려 절하니라

교만한 자의
불행

다니엘서 3장에서 느부갓네살 왕은 자기를 높이기 위해 어마어마한 규모의 금 신상을 만든다. 그리고 그 금 신상에 강제로 절하도록 명령을 내렸다. 그런데 그렇게 진행되는 흐름을 한번 보자.

먼저 3장 1절이다.

느부갓네살 왕이 금으로 신상을 만들었으니 높이는 육십 규빗이요 너비는 여섯 규빗이라 그것을 바벨론 지방의 두라 평지에 세웠더라

단 3:1

사실 느부갓네살 왕의 이런 행동이 잘 이해가 안 가는 것이, 바로 앞부분인 2장 말미에서 다니엘이 자기가 알려주지도 않았던 꿈의

내용과 그 해석까지 해내며 자기에게 이런 지혜를 주신 분이 하나님이심을 계속 강조하자 느부갓네살 왕도 은혜를 받아 이런 고백을 했었다.

> 왕이 대답하여 다니엘에게 이르되 너희 하나님은 참으로 모든 신들의 신이시요 모든 왕의 주재시로다 네가 능히 이 은밀한 것을 나타내었으니 네 하나님은 또 은밀한 것을 나타내시는 이시로다 단 2:47

얼마나 놀라운 고백인가? 예수님을 믿지 않는 분들을 초청해서 함께 예배드리는 '새생명 전도축제'를 하다 보면, 하나님이 누군지도 모르겠다고 이야기하는 분들이 예배시간에 눈물 흘리는 일들이 종종 일어난다. 예배가 끝나고 이유를 물어보면 자기도 모르겠다고 대답한다. 그냥 눈물이 펑펑 쏟아지더라는 것이다. 하나님의 은혜로 가능한 일이다.

쉽게 표현하면, 느부갓네살 왕이 이런 은혜를 경험했다. 그렇게 은혜 받고 "너희 하나님은 참으로 모든 신들의 신이시요 모든 왕의 주재시로다"라는 감격의 고백을 했던 느부갓네살 왕이 바로 뒤에서 금 신상을 만들어 절을 하게 만든 것이다.

느부갓네살의 이런 모순된 모습에 주목하게 된 이유는, 현실적으로 교회 안에서 이런 모습을 종종 볼 수 있기 때문이다. 간혹 유명인이 극적인 변화를 경험했다고 간증 집회를 열고 은혜를 선포하고는 얼마 안 가서 전혀 다른 모습을 보이면서 더 큰 실망을 주는 경우가 있지 않은가? 그럴 수 있는 것이 우리 인간인 것 같다. 그래서 돌변한 느부갓네살의 모습이 굉장히 흥미롭게 다가왔다.

이런 관점으로 본문을 살펴보니, 2장에서 하나님을 인정하고 찬양하고 영광 돌리던 느부갓네살이 어떻게 바로 돌변하여 금 신상을 만들어 절하게 했는지, 그 이유를 두 가지로 발견할 수 있었다.

변화가 어려운 두 가지 성품 때문에

느부갓네살 왕이 이런 어처구니없는 일을 저지른 첫 번째 이유는, 은혜의 감격을 경험하고도 여간해서는 잘 변하지 않는 두 가지 성품 때문이다.

교만과 자기과시

그 첫 번째 성품은 '교만과 자기과시'다.

성경이 이 사건을 기술하면서 무엇을 강조했는지에 초점을 두고 살펴보자. 먼저 3장 1절을 다시 보자.

느부갓네살 왕이 금으로 신상을 만들었으니 높이는 육십 규빗이요 너비는 여섯 규빗이라 그것을 바벨론 지방의 두라 평지에 세웠더라

단 3:1

'육십 규빗'을 미터로 환산하면 대략 27미터 정도가 된다고 하는데, 대략 10층 규모의 건물 높이 정도라고 한다. 고층 건물이 없었던 그 당시에 27미터짜리 금 신상이 우뚝 선 모습을 상상해보면 그 규모가 어느 정도였는지 짐작해볼 수 있을 것 같다. 1절은 그렇게 어마어마한 규모의 금 신상을 세웠다고 강조하며 기록하고 있는 것이다. 계속해서 2절은 무엇을 강조하는가?

> 느부갓네살 왕이 사람을 보내어 총독과 수령과 행정관과 모사와 재무관과 재판관과 법률사와 각 지방 모든 관원을 느부갓네살 왕이 세운 신상의 낙성식에 참석하게 하매 단 3:2

그냥 간단하게 "낙성식에 많은 사람을 초청했다"라고 하면 될 텐데, 총독과 수령과 행정관과 모사와 등등 계속 열거하는 의도가 무엇이겠는가? 5절도 보라.

> 너희는 나팔과 피리와 수금과 삼현금과 양금과 생황과 및 모든 악기 소리를 들을 때에 엎드리어 느부갓네살 왕이 세운 금 신상에게 절하라 단 3:5

여기서도 "모든 악기를 다 동원하여"라고 간단히 표현하지 않고 나팔과 피리와 수금과 등등 일일이 열거한 의도가 무엇이겠는가?

지금 금 신상의 어마어마한 크기를 강조하거나 초청한 사람들과 동원된 악기를 계속 열거하고 있는 것은 다 '규모'를 강조하고 있는 것이다.

그렇게 규모를 강조함으로써 느부갓네살의 어떤 점을 부각시키고 싶은 것인가? 대단한 규모의 금 신상과 화려한 낙성식을 통해 그가 원하고 노리는 것은 교만한 마음에서 비롯된 자기과시라는 것이다.

이런 느부갓네살의 모습을 보면서 새삼 느끼는 것은, 그리고 현실적으로 목회 현장에서 사람들의 모습에서 발견하는 것은 인간 내면에 도사리고 있는 '교만의 뿌리'가 얼마나 깊은가 하는 것이다. 하나님께 은혜를 많이 받아서 목사가 되고, 장로가 되고, 권사가 된 믿음 좋다는 사람들의 대화나 삶에서 역시 얼핏 얼핏 자기과시의 욕구가 묻어나고 있는 것을 볼 때마다 이 사실을 절감한다.

아담과 하와의 범죄의 출발 자체가 '내가 하나님처럼 되리라' 하는 교만에서부터 시작되지 않았는가? 그만큼 교만의 뿌리가 길고, 깊다. 그렇기에 우리는 우리 내면에 도사리고 있는 교만과 그 교만이 만들어내는 열매인 자기과시의 문제를 늘 조심하고 또 조심해야 한다.

언젠가 우리 교회 홈페이지에서 "분당우리교회 개척 초기에 등록했지만 이찬수 목사님이 목이 뻣뻣하거나 교만한 모습을 본 적이 없다"라는 황송한 글을 본 적이 있다. 그 글을 보자마자 가장 먼저

든 생각은 '다행히 안 들켰다'였다. 그 분이 이렇게 느낀 것은 너무나 감사한 일이지만, 나의 내면에도 역시 교만과 자기과시의 욕구가 꿈틀거리고 있다는 것은 부인할 수 없다. 그래서 아침저녁으로 하나님께 간구한다.

"하나님, 저의 뿌리 깊은 교만과 그 교만에서 흘러나오는 자기과시의 욕구를 긍휼히 보시고 묶어주시기 바랍니다."

겸손으로 시작해도 교만으로 끝날 수 있다

우리가 왜 이런 기도를 멈추지 말아야 하느냐면, 구약의 사울 왕을 보라. 그의 출발이 얼마나 겸손했는가?

사울이 대답하여 이르되 나는 이스라엘 지파의 가장 작은 지파 베냐민 사람이 아니니이까 또 나의 가족은 베냐민 지파 모든 가족 중에 가장 미약하지 아니하니이까 당신이 어찌하여 내게 이같이 말씀하시나이까 삼상 9:21

이런 사울에게 하나님이 얼마나 많은 은혜를 베풀어주셨는가? 그런데 이렇게 겸손했던 그가 후에 어떻게 되었는지 그 결말을 우리가 다 알고 있다. 겸손했던 처음 모습과는 완전히 다른 모습이다.

사무엘상 15장에서 아말렉과의 전투에서 승리한 후 사울 왕이 무엇을 세웠는가?

사무엘이 사울을 만나려고 아침에 일찍이 일어났더니 어떤 사람이 사무엘에게 말하여 이르되 사울이 갈멜에 이르러 자기를 위하여 기념비를 세우고 … 삼상 15:12

진짜 이해하기 어려운 것이, 사무엘상 15장 초반을 보면 그 전쟁은 전적으로 하나님이 명령하시고 주관하시는 전쟁이었다. 모든 전쟁이 그렇지만, 특별히 이 전쟁에 대해서는 더 강조하셨다. 그렇다면 그 전쟁에서 승리한 후에 누구를 위한 기념비를 세워야 했는가? 하나님을 위한 기념비를 세워야 하는 것 아닌가? 그런데 사울은 '자기를 위하여' 기념비를 세웠다.

겸손하게 시작했고, 겸손한 그에게 은혜가 임했었는데, 시간이 지나자 어느새 교만이 올라와 자기를 위한 기념비를 세우는 자가 되었다. 자기를 위해 금 신상을 세웠던 느부갓네살과 똑같은 양상 아닌가? 처음부터 교만한 사람 별로 없고, 끝까지 겸손한 사람도 많지 않다. 그렇기 때문에 우리는 늘 스스로를 점검해야 한다. 내버려두면 저절로 자라는 게 잡초고, 교만이다. 그리고 그 교만이 만들어내는 열매가 자기과시다.

우리 교회에서는 헌금주머니를 돌리지 않을 뿐 아니라 헌금한 사람의 명단을 공개한 적이 없다. 심지어 담임목사인 나조차 누가 얼마를 헌금했는지 모른다. 그 분들이 너무나 아름다운 겸손으로 시작했지만 그것이 결국 자기과시로 흐를까 염려하기 때문이다. 이런 이유로 나는 우리 교회 성도들의 헌금이 정말 순결하다고 믿는다. 담임목사조차 누가 얼마를 하는지 모르는 그 헌금들은, 전적으로 하나님만 의식하지 않았다면 드려지지 못하는 헌금 아니겠는가?

헌금뿐만 아니라 특새 때는 성도들과 함께 나눠달라고 간식이나 음식을 기증해주시는 분들도 많다. 성도들에게 나누어주면서도 누가 주는 것인지 한마디 언급도 없다. 그런데도 새벽에 나와 기도하는 성도들을 위하는 마음으로 섬겨주시는 그 마음이 정말 아름답고 감동이 된다. 거기에는 느부갓네살이나 사울 같은 자기과시가 전혀 들어가 있지 않았다. 우리에게는 대단히 큰 희생을 결단하는 것이 아닌 작은 헌신의 성취감이 필요하다. 삶 속에서, 내가 할 수 있는 영역에서 자기과시의 욕구 없이 드려지는 섬김의 훈련이 필요하다는 말이다.

두려움

느부갓네살 왕이 은혜를 받고도 금 신상을 세우는 어처구니없는 일을 저지르게 한 변하지 않는 두 번째 성품은 '두려움'이다. 사실 교만과 자기과시라는 태도 속에는 두려움이라는 감정이 자리 잡고 있을 때가 많다. 본문의 느부갓네살 왕도 마찬가지다.

2장 후반부에서 다니엘이 느부갓네살이 꾼 꿈의 내용과 그 해석을 들려주는데, 그가 왕으로 있는 바벨론 제국의 흥망에 대한 예언이 선포되었다. 그것이 그를 두렵게 한 것이다.

'이 위대한 나라가 망한다는 것인가?'

그 두려움이 창조주이신 하나님께 가까이 나아가는 것으로 나타나지 않고, '내가 하나님보다 뭐가 부족해? 나의 위대한 금 신상을 한번 봐봐!'라고 하는 자기과시로 나타난 것이다.

인간의 자기과시 이면에는 항상 열등감이나 두려움이 도사리고 있다. 그렇기 때문에 느부갓네살처럼 과도한 자기과시로 똘똘 뭉친 사람은 사실 불쌍한 사람이다. '갑질'이란 말이 많이 나오는데, 생각해보면 갑질 당하는 사람보다 더 불쌍한 것이 갑질하는 그 사람이다. 화려한 갑옷으로 무장하고 있지만 그 내면은 자신에 대한 두려움으로 가득한 것이다. 자기 자신을 인정할 수 없고 신뢰할 수 없으니, 다른 사람을 억압하는 형태로 드러나는 것 아니겠는가? 그러니 혹여라도 누가 우리에게 갑질을 한다면 거기에 열 받아서 반응할 필요 없이 속으로 혀를 차며 불쌍히 여기라.

'쯧쯧, 내면이 얼마나 허하면 저럴까? 불쌍한 인생이구나.'

사울 왕이 전쟁에서 이긴 후, 자기를 위한 기념비를 세우는 허세를 부린 것도 그 근원적인 내면의 뿌리를 살펴보면 역시 두려움에서 기인했다. 우리가 알다시피 사울은 죽을 때까지 다윗을 견제하며 왕으로서의 체면까지 던져버리고 비열한 짓을 저질렀는데, 최고의 권력을 가진 그가 아직 어린 다윗을 상대로 이렇게까지 한 이유가 무엇인가? 이 역시 그의 내면의 두려움 때문이다. 어떤 두려움인가? 어디서부터 이런 두려움이 시작되었는가?

다윗이 물맷돌로 골리앗을 물리친 후에 백성들은 그를 환호하며 이렇게 외쳤다.

여인들이 뛰놀며 노래하여 이르되 사울이 죽인 자는 천천이요 다윗은 만만이로다 한지라 삼상 18:7

그런데 이 표현이 사울의 심기를 건드렸다.

사울이 그 말에 불쾌하여 심히 노하여 이르되 다윗에게는 만만을 돌리고 내게는 천천만 돌리니 그가 더 얻을 것이 나라 말고 무엇이냐 하고 그날 후로 사울이 다윗을 주목하였더라 삼상 18:8,9

사울의 내면에 백성에게서 왕으로 인정받지 못하고 사랑받지 못할 것 같다는 두려움이 생긴 것이다. 그런 두려움 때문에 그토록 집요하게 다윗을 견제하고, 또 자신을 기억해달라고 자기과시를 하며 기념비를 세우게 된 것이다. '내면의 두려움'이라는 문제를 하나님 앞으로 가져가지 않고, 자기 힘으로 어떻게 해보려다가 은혜를 받고도 금 신상을 세웠던 느부갓네살 왕처럼 어리석고 미숙한 짓을 저지르게 된 것이다.

하지만 아무리 자기를 위한 기념비나 금 신상을 세워본들 그 내면의 두려움이 사라지겠는가? 그러므로 우리 안에 이런 두려움과 자격지심 같은 건강하지 못한 감정이 찾아오면 우리는 이 말씀들을 기억하고 확신을 새롭게 해야 한다.

하나님이 우리에게 주신 것은 두려워하는 마음이 아니요 오직 능력과 사랑과 절제하는 마음이니 딤후 1:7

내가 두려워하는 날에는 내가 주를 의지하리이다 내가 하나님을 의지하고 그 말씀을 찬송하올지라 내가 하나님을 의지하였은즉 두려워하지 아니하리니 혈육을 가진 사람이 내게 어찌하리이까 시 56:3,4

만약 지금 내면에 두려움이 있다면, 두 갈래의 교차로 앞에 서 있는 것이다. 느부갓네살이나 사울의 길로 가서 자기과시로 빠지거나, 다니엘이나 다윗의 길로 가서 하나님 앞에 두려움의 문제를 가지고 나아가 "내가 하나님을 의지하였은즉 두려워하지 아니하리니"라고 담대히 고백하게 되는 것이다. 하나님을 의지할 때 두려움이 사라진다. 이것을 삶 속에서 많이 경험하게 되기를 바란다.

문제를 자기 힘으로 해결하려는 태도 때문에

그런가 하면 하나님을 인정했던 느부갓네살 왕이 금 신상을 만든 두 번째 이유는 '문제를 자기 힘으로 풀려는 태도' 때문이다.

은혜를 받고도 버리지 못하는 교만과 자기과시, 그리고 두려움의 문제를 떨치지 못하는 사람은 자기에게 닥친 모든 문제를 자기 힘으로 풀려는 태도를 갖게 된다. 느부갓네살 역시 이 태도 때문에 하나님을 인정한 후에도 자기를 위한 금 신상을 세우는 어리석은 짓을 저지르게 된 것이다. 이것이 무슨 말인가?

다니엘서 2장에서 다니엘이 풀어준 꿈 해석의 포인트가 무엇인가? 사실 이 부분은 지금도 학자들 사이에서 논란이 계속될 정도로 신학적으로 어려운 이야기다. 그러니 요즘으로 치면 불신자인 이방인 느부갓네살 왕이 다니엘이 전하는 그 심오한 꿈풀이를 어떻게 다 이해할 수 있었겠는가? 하지만 느부갓네살 왕은 적어도 두 가지 사실은 분명히 알았을 것이다.

하나는, 아무리 강해 보이는 제국이라 할지라도 영원히 지속되지 않는다는 것이다. 그리고 더 중요한 또 다른 하나는, 눈에 보이는 세상의 모든 제국들은 하나님의 통치 아래 놓여 있다는 것이다. 적어도 이 두 가지는 깨달았기에 하나님을 찬양한 것 아니겠는가?

그런데 3장 1절에서 왜 금 신상을 만들었을까?

느부갓네살 왕이 금으로 신상을 만들었으니 … 단 3:1

이 말씀과 대조되는 말씀이 2장 끝부분에 나오는 다니엘이 전한 꿈 내용이다.

그 우상의 머리는 순금이요 가슴과 두 팔은 은이요 배와 넓적다리는 놋이요 그 종아리는 쇠요 그 발은 얼마는 쇠요 얼마는 진흙이었나이다 단 2:32,33

느부갓네살 왕은 꿈 해몽을 통해 하나님이 가르쳐주신 내용, 즉 금으로 시작하여 점점 은으로, 놋으로, 진흙으로 바뀌는 제국들의 모습을 듣고 그 반동으로 금으로 완전히 도배된 금 신상을 만든 것이다. 이유가 무엇이겠는가?

자기가 다스리고 있는 바벨론 왕국이 금으로 시작해서 진흙으로 끝나버릴 것이라는 예언을 듣고서 자기가 나선 것이다.

'나는 몸 전체를 금으로 치장한 금 신상을 만들어낼 수 있다!'

우리에게는 이런 모습이 없는가? 하나님을 배제한 채 모든 문제를 내 힘으로 풀려는 악한 본능 말이다.

아브라함 vs. 롯의 선택

구약에 이와 관련해 대조되는 두 인물이 나온다. 아브라함과 그의 조카 롯이다. 아브라함의 목자들과 롯의 목자들이 서로 다투며 갈등을 일으키자 아브라함과 롯은 결별하기로 했다. 그 과정에서 문제를 자기 힘으로 풀려는 느부갓네살 같은 태도와 하나님을 의지하는 다니엘 같은 태도가 이 두 사람에게서 그대로 나타난다. 먼저 롯의 선택을 보자.

이에 롯이 눈을 들어 요단 지역을 바라본즉 소알까지 온 땅에 물이
넉넉하니 여호와께서 소돔과 고모라를 멸하시기 전이었으므로 여호
와의 동산 같고 애굽 땅과 같았더라 창 13:10

자신이 거주할 땅을 선택해야 하는데, 누가 땅을 둘러보았는가?
"롯이 눈을 들어 요단 지역을 바라본즉."

롯이 봤다. 그리고 자기 눈에 좋은 대로 즉각적으로 선택했다.
시간을 벌어 하나님 앞으로 나아갔던 다니엘과 같은 태도가 롯에
게서는 보이지 않는다. '믿음 없음'의 가장 대표적인 반응이 하나님
께 묻지 않고 즉각 결정하는 것이다.

그에 반해, 아브라함의 모습은 전혀 달랐다.

롯이 아브람을 떠난 후에 여호와께서 아브람에게 이르시되 너는 눈
을 들어 너 있는 곳에서 북쪽과 남쪽 그리고 동쪽과 서쪽을 바라보
라 창 13:14

무슨 차이가 있는가? 롯이 자기 눈으로 보고 즉각적으로 판단한
것과 달리 아브라함은 하나님의 인도하심을 기다렸다. 그리고 그
결과를 우리는 다 알고 있다. 자기 힘으로 문제를 풀고자 했던 롯
은 자기 눈에 좋은 것을 택했지만 결과적으로 그곳은 망해버린 소
돔이었고, 하나님의 인도하심을 받았던 아브라함은 하나님의 약속

대로 믿음의 조상이 되었다.

느부갓네살 같은 어리석음을 피하기 위한 대안

그렇다면 우리는 어떻게 하면 느부갓네살과 같은 어리석음을 피할 수 있을까? 나는 그 대안을 다니엘의 세 친구에게서 발견한다. 그들의 모습이 어땠는지 집중해보자.

금 신상에 절하라는 느부갓네살 왕의 명령에 다니엘의 세 친구는 이렇게 답한다.

왕이여 우리가 섬기는 하나님이 계시다면 우리를 맹렬히 타는 풀무불 가운데에서 능히 건져내시겠고 왕의 손에서도 건져내시리이다 그렇게 하지 아니하실지라도 왕이여 우리가 왕의 신들을 섬기지도 아니하고 왕이 세우신 금 신상에게 절하지도 아니할 줄을 아옵소서

단 3:17,18

만약 이 구절에서 앞의 17절만 있었다면, 그래서 "왕이여 우리가 섬기는 하나님이 계시다면 우리를 맹렬히 타는 풀무불 가운데에서 능히 건져내시겠고 왕의 손에서도 건져내시리이다"라고만 고백했다면, 이것은 완전한 고백이 아니다. 여기서 믿음을 선포하는 더 중요한 고백이 바로 이 고백이다.

"그렇게 하지 아니하실지라도."

나는 이것이 느부갓네살 왕의 어리석음을 피할 수 있는 대안이라고 생각한다. 이 고백이 왜 그토록 중요한가? 이 선포 속에는 내가 바라는 대로 되지 않을 수도 있다는 것을 인정하는 태도, 다시 말해 하나님께서 모든 것을 주장하시는 주권자이심을 인정하는 고백이 담겨 있다.

우리가 드리는 기도에서 가장 치명적인 결함이 바로 이것 아닌가? 기도 제목을 하나님께 던지며 우리 안에서는 이미 그에 대한 결정이 끝났다. 예를 들어, 만약 내가 생수 한 병을 구했다면, 그 기도 응답은 끝까지 생수다. 생수를 얻어낼 때까지 기도한다. 안 주시면 작정기도, 금식기도에 들어간다.

나는 가끔 아내에게서 이런 모습을 본다. 다이어트를 하면서 오트밀을 자주 먹는데, 어느 날 미역국이 너무 맛있게 끓여졌다. 그러나저러나 나는 오트밀을 먹으려는데, 아내가 묻는다.

"오늘 미역국이 너무 맛있는데 미역국 좀 먹을래요?"

"아니, 난 오트밀 먹을게요."

"그래요, 그런데 미역국 좀 먹을래요?"

"난 오트밀 먹을 건데."

아내는 포기하지 않고 또 묻는다.

"미역국 좀 먹어볼래요?"

결국 나는 아내에게 미역국을 달라고 하면서 이렇게 말했다.

"왜 묻는 거야? 결국은 줄 거면서."

아내는 내가 미역국을 달라고 할 때까지 묻는다. 물론 맛있는 것을 먹게 하려는 아내의 마음을 알기에 나는 고맙게 먹는다.

그런데 이 모습이 기도하는 우리의 태도 아닌가? 아내의 입장에서 미역국을 주기로 한 것은 이미 정해진 것이다. 그런데 무지몽매한 남편이 그것을 거절하자 '예스'라는 답이 나올 때까지 계속 물어서 결국은 미역국을 내놓는다. 과정은 의견을 묻고 들어서 행하는, 굉장히 민주적인 형식을 따라 행해졌지만, 결국 먹지 않을 수 없는 구도로 만들어간다. 우리 기도에 '그리 아니하실지라도'가 빠지면 딱 이런 모양이다. 이렇게 되면 하나님은 우리의 뜻에 따라 응답만 해주시는 들러리밖에 더 되시겠는가?

윌리엄 필립의 《왜 기도하는가》라는 책을 보면 '기도와 하나님의 주권'의 관계를 아주 잘 설명해놓았다. 저자는 그 책에서 그리스도인들의 잘못된 기도관을 이 한마디로 표현했다.

"기도하면 바뀐다."

이 말이 완전히 틀렸다고는 할 수 없지만, 왜 위험한가? 하나님의 선택권, 즉 하나님의 주권을 배제한 것이기 때문이다. 그렇기 때문에 기도에 대한 인식이 '기도하면 바뀐다'에서 '기도는 하나님의 생각을 따라 하는 것이다'라고 바뀔 때 온전한 기도가 된다고 강조한다.

물론 이 설명에 대해 오해하면 안 된다. '기도하면 바뀐다'라고 믿는 것은 굉장히 중요한 믿음이다. 그럼에도 불구하고 기도에 대한 우리의 인식이 한 단계 더 나아가야 한다는 것이다. '기도해도 소용없다. 기도해도 안 바뀐다'라는 불신의 1단계에서 '기도하면 바뀐다'라는 2단계로 넘어가는 것은 당연히 좋은 일이지만, 여기에 머물지 말고 더 나아가 '기도는 하나님의 생각을 따라 하는 것'으로 넘어가야 한다는 것이다. 이것이 바로 본문에서 세 친구가 고백하는 "그렇게 하지 아니하실지라도"의 믿음이다.

사도 바울이 기도에 대해 '기도하면 바뀐다'란 생각만 가지고 있었다면, 육체의 가시에 대한 문제를 놓고 세 번이나 간절히 기도했지만 하나님이 냉정하게 거절하셨을 때, 그는 아마 하나님께 엄청 서운했을 것이다. 어쩌면 시험에 빠졌을지도 모른다. 그러나 바울은 '기도하면 바뀐다'가 아니라 '기도는 하나님의 생각을 따라 하는 것'이라는 생각을 가지고 있었기에 하나님의 거절을 이렇게 해석할 수 있었다.

이것이 내게서 떠나가게 하기 위하여 내가 세 번 주께 간구하였더니 나에게 이르시기를 내 은혜가 네게 족하도다 이는 내 능력이 약한 데서 온전하여짐이라 하신지라 그러므로 도리어 크게 기뻐함으로 나의 여러 약한 것들에 대하여 자랑하리니 이는 그리스도의 능력이 내게 머물게 하려 함이라 고후 12:8,9

간혹 교회에서 야외 행사를 준비하는데, 하필 그 시간에 비가 온다는 예보가 뜰 때가 있다. 그러면 행사를 준비한 담당자들이 얼마나 당황스럽겠는가?

"하나님, 비 안 오게 해주세요. 비 오면 야외 행사 못 합니다. 날씨를 좋게 해주세요."

이런 기도가 절로 나올 것이다. 그러나 나는 전전긍긍하는 교역자들에게 이렇게 말한다.

"아무 걱정 말고 하나님이 이끄시는 대로 따라가자. 비 오면 실내에서 시간을 더 보내면 되고, 비가 안 오면 밖에서 하면 되고!"

비가 오면 우리의 계획을 바꾸면 된다. 그러면 비가 와도 감사, 비가 안 와도 감사 아니겠는가? 우리 계획을 변경하기 싫어서 하나님께 계획을 바꾸시라고 요청하는 것이 정말 하나님 뜻에 맞는 기도일까 한번 생각해봐야 한다.

우리가 하나님의 은혜를 받고도 느부갓네살 왕처럼 미숙한 자리에 빠지지 않으려면, 지금까지 살펴본 내용을 꼭 기억해야 한다. 교만과 자기과시와 두려움이라는 감정을 하나님 앞에 가져가야 하는 한편, 맞닥뜨린 문제를 자기 힘으로 풀려는 태도를 내려놓고 하나님의 주권을 인정해야 한다. 그리고 다니엘의 세 친구처럼 "그렇게 하지 아니하실지라도"의 태도로 나아가야 한다. 이 일을 도와주시는 분이 성령님이신 줄 믿는다.

다니엘서 3장 19-30절

---

19 느부갓네살이 분이 가득하여 사드락과 메삭과 아벳느고를 향하여 얼굴빛을 바꾸고 명령하여 이르되 그 풀무불을 뜨겁게 하기를 평소보다 칠 배나 뜨겁게 하라 하고 **20** 군대 중 용사 몇 사람에게 명령하여 사드락과 메삭과 아벳느고를 결박하여 극렬히 타는 풀무불 가운데에 던지라 하니라 … **24** 그때에 느부갓네살 왕이 놀라 급히 일어나서 모사들에게 물어 이르되 우리가 결박하여 불 가운데에 던진 자는 세 사람이 아니었느냐 하니 그들이 왕에게 대답하여 이르되 왕이여 옳소이다 하더라 **25** 왕이 또 말하여 이르되 내가 보니 결박되지 아니한 네 사람이 불 가운데로 다니는데 상하지도 아니하였고 그 넷째의 모양은 신들의 아들과 같도다 하고 … **28** 느부갓네살이 말하여 이르되 사드락과 메삭과 아벳느고의 하나님을 찬송할지로다 그가 그의 천사를 보내사 자기를 의뢰하고 그들의 몸을 바쳐 왕의 명령을 거역하고 그 하나님밖에는 다른 신을 섬기지 아니하며 그에게 절하지 아니한 종들을 구원하셨도다 **29** 그러므로 내가 이제 조서를 내리노니 각 백성과 각 나라와 각 언어를 말하는 자가 모두 사드락과 메삭과 아벳느고의 하나님께 경솔히 말하거든 그 몸을 쪼개고 그 집을 거름터로 삼을지니 이는 이같이 사람을 구원할 다른 신이 없음이니라 하더라 **30** 왕이 드디어 사드락과 메삭과 아벳느고를 바벨론 지방에서 더욱 높이니라

세 사람,
그리고 한 사람 더

 느부갓네살 왕은 엄청난 규모의 금 신상을 만들어놓고 사람들에게 강제로 절하도록 명령을 내렸다. 그리고 이 문제로 다니엘의 세 친구인 사드락과 메삭과 아벳느고가 고발을 당한다.

이제 몇 유다 사람 사드락과 메삭과 아벳느고는 왕이 세워 바벨론 지방을 다스리게 하신 자이거늘 왕이여 이 사람들이 왕을 높이지 아니하며 왕의 신들을 섬기지 아니하며 왕이 세우신 금 신상에게 절하지 아니하나이다 단 3:12

하나님을 섬기는 이들이 느부갓네살 왕의 금 신상에 절하지 않은 까닭이다. 이것이 왕의 분노를 자아냈고, 결국 잡혀서 맹렬히 타는 풀무불에 던져지고 말았다.

> 군대 중 용사 몇 사람에게 명령하여 사드락과 메삭과 아벳느고를 결박하여 극렬히 타는 풀무불 가운데에 던지라 하니라 그러자 그 사람들을 겉옷과 속옷과 모자와 다른 옷을 입은 채 결박하여 맹렬히 타는 풀무불 가운데에 던졌더라 단 3:20,21

이 부분을 묵상하는데, 특히 "맹렬히 타는 풀무불 가운데에 던졌더라"라는 구절에 정말 중요한 영적 원리와 포인트가 담겨 있다는 것을 깨달았다. 그 깨달음을 '두 가지 변화 경험하기'라는 주제로 살펴보려고 한다. 그렇다면 본문을 통해 깨달을 수 있는, 신앙생활 하는 우리가 경험해야 할 두 가지 변화는 무엇인가?

고정관념 깨뜨리기

첫 번째 변화는 우리가 만들어놓은 '고정관념'을 깨뜨려야 한다는 것이다. '고정관념'의 사전적 의미는 "사람들의 행동을 결정하는 잘 변하지 않는 굳은 생각 또는 지나치게 당연한 것처럼 알려진 생각"인데, 신앙생활 하는 우리에게도 신앙적인 고정관념들이 많다.

요한복음 11장의 마르다의 이야기를 예로 들어보자. 마르다의 오빠가 병으로 시름시름 앓다가 죽었다. 죽은 지 벌써 나흘이 되었는데, 예수님이 오셔서 죽은 오빠를 살려주겠다고 하셨다.

예수께서 이르시되 돌을 옮겨 놓으라 하시니 그 죽은 자의 누이 마르다가 이르되 주여 죽은 지가 나흘이 되었으매 벌써 냄새가 나나이다
요 11:39

여기에서 마르다가 가진 고정관념, 즉 마르다가 가지고 있던 '지나치게 당연한 것처럼 알려진 생각'이 무엇인가? 그것은 '우리 오빠가 죽기 전에 예수님이 오셔서 오빠의 병을 고쳐주셔야 한다, 죽으면 끝이다'라는 것이었다. 이것이 고정관념에 따라 설정된 데드라인이었다. 그런데 그런 일이 일어나지 않고 오빠가 죽어버렸다. 이 고정관념이 너무 크다 보니 "주는 그리스도시요"라고 고백했음에도 불구하고 예수님이 죽은 오빠를 살려주시겠다고 하셨을 때 "소용없는 일 하지 마세요. 우리 오빠가 죽은 지 벌써 나흘이나 되었습니다"라고 했다. 이것이 마르다가 가진 고정관념이었다.

다니엘서 3장의 본문을 보는 시선도 마찬가지다. 대부분의 사람들이 가지고 있던 고정관념과 그 결과로 그들이 정해놓은 데드라인이 무엇이었는가? 사드락과 메삭과 아벳느고가 풀무불에 던져질 위기에는 처할지언정 던져지기 직전 마지막 순간에는 그들이 기적적으로 건져지는 것이다. 그래야 그들이 살 수 있을 것이기 때문이다.

그런데 본문은 그 선을 넘어버렸다. 그 세 사람은 평소보다 일곱 배나 더 뜨거운 풀무불에 던져지고 말았다. 인간적인 생각으로는 '절대, 더 이상 희망 없음'의 상태 아닌가?

그런데 본문이 전하는 메시지는 무엇인가? 그런 인간적인 고정관념, 즉 인간의 개념으로 정해놓은 데드라인이 항상 옳은 것은 아니라는 것이다. 때로는 인간적인 최악의 절망의 지점, 그 마지막 데드라인인 맹렬히 타는 풀무불 가운데 떨어지는 그 상황에서부터 하나님의 일하심이 시작될 때가 있다는 것이다.

하나님이 가르쳐주시는 삶의 원리

혹시 본문을 오해해서, 문제가 생길 때마다 하나님이 이런 방식으로 일하실 것이라고 생각하는 사람은 없기 바란다. 하나님께서 본문을 우리에게 주신 것은, 우리에게 문제가 생길 때 이런 방식으로 일하시겠다는 기능적인 면을 보여주시기 위함이 아니다. 본문의 초점은 '예수님 잘 믿으면 풀무불에 들어가도 죽지 않는다'는 식의 기능적인 면에 있는 것이 아니라 '삶의 원리'를 깨우쳐주시기 위함에 있다.

이 사실을 중심에 두고 본문을 읽으면, 본문에서 발견되는 삶의 원리를 세 가지로 정리할 수 있다.

첫째, 우리가 바벨론 같은 악한 세상에서 믿음을 지키며 살다 보면 다니엘의 세 친구가 빠졌던 것 같은 좌절과 고난을 경험할 때가 있는데, 그때 '하나님의 함께하심'이라는 방식으로 그 문제를 풀어야 한다는 것이다.

둘째, 그렇게 하나님과 함께할 때 우리의 한계 때문에 생겨버린 고정관념, 즉 '이제 다 끝났다, 완전한 절망이다, 오빠는 벌써 죽었다' 같은 생각들이 잘못된 것임을 깨달아야 한다는 것이다. 하나님과 함께할 때, 데드라인의 개념이 완전히 달라질 수 있다. 그렇기에 인간적인 생각으로 한계를 긋는 것이 잘못된 것임을 알아야 한다.

셋째, 믿음을 지키다가 경험하는 고난은 오히려 변장하고 찾아온 축복의 통로가 될 수 있음을 알아야 한다는 것이다. 이 메시지가 가장 중요하다. 다니엘서를 더 읽어보면 일곱 배나 더 뜨거운 풀무불에 떨어졌던 사드락과 메삭과 아벳느고가 이 고난으로 인해 오히려 느부갓네살 왕의 인정을 받으며 더 높은 자리로 올라가는 것을 볼 수 있다.

요셉의 경우도 마찬가지 아닌가? 창세기 39장을 보면, 성경이 요셉을 묘사할 때 반복해서 사용하는 표현이 하나 나오는데, '형통'이란 단어이다. 몇 구절만 보자.

여호와께서 요셉과 함께하시므로 그가 '형통한 자'가 되어 그의 주인 애굽 사람의 집에 있으니 창 39:2

그의 주인이 여호와께서 그와 함께하심을 보며 또 여호와께서 그의 범사에 '형통하게 하심'을 보았더라 창 39:3

… 여호와께서 그를 범사에 '형통하게' 하셨더라 창 39:23

흔히 요셉 하면 꿈이나 꿈의 사람 이미지를 떠올리는데, 성경이 직접 묘사하는 요셉에 대한 이미지는 사실 '꿈'이라기보다 '형통'이다. 그런데 여기서 흥미로운 것 한 가지를 발견할 수 있다. 성경이 요셉을 계속해서 '형통한 자'로 묘사하는데, 그 앞에 전제 하나를 꼭 붙여놓았다는 것이다. 어떤 전제인가?

창세기 39장 2절을 다시 보자. "그가 형통한 자가 되어"라는 구절 앞에 무슨 전제가 있는가?

"여호와께서 요셉과 함께하시므로…."

또 3절 뒷부분의 "여호와께서 그의 범사에 형통하게 하심을 보았더라" 앞에도 이런 전제가 달려 있다.

"그의 주인이 여호와께서 그와 함께하심을 보며…."

23절도 마찬가지다. "간수장은 그의 손에 맡긴 것을 무엇이든지 살펴보지 아니하였으니 이는 여호와께서 요셉과 함께하심이라"라는 전제 다음에 "여호와께서 그를 범사에 형통하게 하셨더라"가 이어진다.

여기서 우리가 깨달아야 하는 것이 무엇인가? 우리가 생각하는 형통과 하나님이 생각하시는 형통에 차이가 있다는 것이다.

우리 기준으로는 형통이 무엇인가? 실패 안 하는 것, 좋은 대학에 들어가는 것, 재수, 삼수 안 하는 것, 좋은 회사에 취직하는 것, 좋은 사람 만나서 결혼하는 것 등 우리가 생각하는 형통은 이런 것들이다. 그러니 우리 기준에서 형통한 사람은, 남도 아닌 형제들에 의해 외국에 노예로 팔려가는 일 같은 것은 있어서는 안 된다. 더욱이 성추행범으로 몰려 억울한 누명을 쓰고 감옥에 가는 일은 상상도 할 수 없는 일이다.

하지만 하나님이 생각하시는 형통은 이런 것이 아니다. 하나님의 기준으로는, 요셉이 억울한 누명을 당하지 않기 때문에 형통한 것이 아니라 억울한 누명을 당하는 그 지점에서 하나님과 함께하심을 경험한다면, 그것이 형통이라는 것이다.

우리가 잘 아는 이사야서 43장에도 이런 원리가 담겨 있다.

야곱아 너를 창조하신 여호와께서 지금 말씀하시느니라 이스라엘아 너를 지으신 이가 말씀하시느니라 너는 두려워하지 말라 내가 너를 구속하였고 내가 너를 지명하여 불렀나니 너는 내 것이라 사 43:1

1절에서 "너는 내 것이라"라고 하시는 말씀의 방향이 어디로 흘러가는가? 이어지는 2절을 보자.

네가 물 가운데로 지날 때에 내가 너와 함께할 것이라 강을 건널 때에 물이 너를 침몰하지 못할 것이며 네가 불 가운데로 지날 때에 타지도 아니할 것이요 불꽃이 너를 사르지도 못하리니 사 43:2

하나님이 우리를 지명하여 부르셔서 우리가 하나님의 것이 되었기 때문에 위험한 불 근처에도 가지 않게 해주시고, 홍수 같은 위험도 다 막아주신다는 게 아니다. 우리가 위험한 물 가운데로 지날 때, 불 가운데로 지날 때도 "내가 너와 함께할 것이라"라고 말씀하신다. 하나님께서는 이런 주님의 임재가 형통이라고 하시는 것이다.

이 사실을 깨달은 사람만 부를 수 있는 찬송이 있다.

> 높은 산이 거친 들이 초막이나 궁궐이나
> 내 주 예수 모신 곳이 그 어디나 하늘나라
> 할렐루야 찬양하세 내 모든 죄 사함 받고
> 주 예수와 동행하니 그 어디나 하늘나라

다니엘서를 통해 우리가 가지고 있는 고정관념과 선입견이 깨어짐으로 바벨론 같은 세상에서도 '그 어디나 하늘나라'를 누리며 살기를 바란다. 이 찬양의 고백이 정말 우리 삶의 고백이 되기를….

비난이 칭찬으로 바뀌는 반전 경험하기

신앙생활 하는 우리가 경험해야 하는 두 번째 변화는, 비난이 칭찬으로 바뀌는 '반전'을 경험하는 것이다. 다니엘서 3장 12절을 다시 보자.

이제 몇 유다 사람 사드락과 메삭과 아벳느고는 왕이 세워 바벨론 지방을 다스리게 하신 자이거늘 왕이여 이 사람들이 왕을 높이지 아니하며 왕의 신들을 섬기지 아니하며 왕이 세우신 금 신상에게 절하지 아니하나이다 단 3:12

당시 상황에서 이런 고발은 엄청난 비난이었다. 오늘날 우리 식으로 말하면 이런 뜻이다.

"저 예수쟁이들은 예수 믿는다는 구실로 제사도 안 지내고 있습니다."

요즘에는 점차 제사를 지내는 집이 줄어드는 추세이긴 하지만, 지금도 제사를 중요하게 생각하는 집에서는 예수 믿는다고 제사 안 지낸다고 하면 난리가 난다. 이런 것을 생각해보면, 이 구절은 정말 엄청난 비난이며, 이 고발 때문에 사드락과 메삭과 아벳느고는 왕의 노여움을 사서 풀무불에 던져진다.

그런데 이 비난의 대반전이 일어난다. 3장 28절을 새번역 성경으로 보자.

느부갓네살 왕이 말하였다. "사드락과 메삭과 아벳느고를 돌보신 하나님을 찬송하여라. 그는 천사를 보내서 그의 종들을 구하셨다. 이 종들은 저희의 하나님을 의뢰하여, 저희의 몸을 바치면서까지 왕의 명령을 거역하고, 저희의 하나님 말고는, 다른 어떤 신도 절하여 섬기지 않았다. 단 3:28, 새번역

사실 내용만 보면 12절에서 격분하여 고발하던 것과 같은 내용이다. 그런데 반전이 무엇인가? 앞에서는 그것 때문에 왕의 분노를 사서 풀무불에 던져졌는데, 지금은 이것 때문에 어떤 결과가 이어지는가?

> 왕이 드디어 사드락과 메삭과 아벳느고를 바벨론 지방에서 더욱 높이니라 단 3:30

정말 놀라운 반전 아닌가? 우리가 신앙생활을 하면서 꼭 경험해야 하는 것이 바로 이처럼 비난이 칭찬으로 바뀌는 반전이다.

세상의 인정을 받는 두 가지 길

나는 본문의 다니엘의 세 친구의 모습과 왕의 달라진 태도를 보면서 우리가 세상 사람에게 인정받을 수 있는 두 가지 길이 있음을 알게 되었다.

세상 사람에게 인정받는 첫 번째 길은, 능력으로 완전히 압도해버리는 것이다. 엘리야처럼 말이다. 열왕기상 17장에서 엘리야는 당시 악한 권력자였던 아합을 향해 능력으로 압도하며 선포한다.

> 내가 섬기는 이스라엘의 하나님 여호와께서 살아 계심을 두고 맹세하노니 내 말이 없으면 수년 동안 비도 이슬도 있지 아니하리라 왕상 17:1

엘리야가 이렇게 선포하자, 그것이 실제로 이루어졌다. 그리고 18장에서는 악한 바알과 아세라 선지자 850명을 상대로 영적인 대결을 벌이는데, 거기서 어떤 능력이 나타나는가?

이에 여호와의 불이 내려서 번제물과 나무와 돌과 흙을 태우고 또 도랑의 물을 핥은지라 왕상 18:38

말 그대로 압도적인 능력이 나타나 그 850명을 무찌르고 승리했다. 이런 능력자를 누가 인정하지 않겠는가?

그런데 본문을 통해 세상 사람에게 인정받는 길이 엘리야처럼 탁월한 능력으로 인정받는 것 말고 하나 더 있음을 알게 된다. 본문에 나오는 사드락과 메삭과 아벳느고는 엘리야에 비하면 할 수 있는 것이 없는, 무능한 존재다. 핍박하면 핍박당하고, 풀무불에 던지면 저항 한 번 못 하고 던져질 수밖에 없는, 딱 우리 같은 존재였다. 그런데 앞에서 본 것처럼 그런 사드락과 메삭과 아벳느고를 향해 느부갓네살 왕이 놀랍게 인정하지 않았는가? 엘리야처럼 불을 토하며 가뭄을 선언하고, 홀로 850명의 적을 무찌르는 것만이 세상 사람에게 인정받는 길이 아니라는 것이다.

그렇다면 무기력하게 풀무불에 던져짐을 당했지만, 그럼에도 불구하고 느부갓네살 왕에게 인정받을 수 있었던 비결이 무엇인가?

왕이 또 말하여 이르되 내가 보니 결박되지 아니한 네 사람이 불 가운데로 다니는데 상하지도 아니하였고 그 넷째의 모양은 신들의 아들과 같도다 하고 단 3:25

바로 이 말씀이다. 분명히 세 사람을 풀무불 속에 던졌는데, 그 안에는 한 사람이 더 있었다. 이것이 비록 엘리야처럼 강력한 능력을 가지고 있지는 않더라도 우리가 세상 사람에게 인정받을 수 있는 비결이다. 바로 하나님의 함께하심, 즉 '저 사람은 자기가 믿는 하나님과 함께하는 사람'이라고 인정받는 것이다!

특새 같은 특별집회를 유난히 뜨겁게 경험할 때면, 너무 감사하지만 한 가지 부작용이 있다. 시험에 빠지는 성도가 생기는 것이다. 다들 뜨거운데 자기만 냉랭하다고 느끼면서 서운함과 소외감을 느끼는 분이 있다.

작년 특새를 마치고도 이런 아픔을 토로한 청년이 있었다. 특새 때 하루도 안 빠지고 꼬박꼬박 참석했는데, 옆에 앉은 성도는 눈물 콧물 펑펑 흘리며 기도하고 찬양하는데, 자기는 눈물도 안 나오고 너무 맹숭맹숭하더라는 것이다. '내일은 혹시 나도, 혹시 내일은' 하면서 매일 참석했는데, 그런 일은 안 생기더란다. 그래서 마음이 너무 힘들다고 고백을 했다.

이런 생각을 하는 사람들이 꽤 많다. 그런 분들에게 이 이야기를 꼭 해주고 싶다. 하나님은 엘리야에게 주셨던 것처럼 강력한 능력으로만 일하시는 분이 아니다.

우리 교회의 어느 자매가 난임이었는데, 소그룹 리더의 권면으로 특새에 참석하여 기도할 때 정말 놀라운 은혜를 경험했다. 기적같이 임신하여 아들을 낳은 것이다. 그런가 하면 또 다른 가정은 기적같은 임신이라는 방법이 아닌 입양의 방식을 통해 자녀를 구하는 소원에 응답을 맛보기도 한다.

엘리야가 강력한 능력으로 인정을 받았다면, 다니엘의 세 친구는 고난의 풀무불 속에서 묵묵히 하나님과 함께함으로 인해 세상의 인정을 받았던 것처럼 누군가는 고난의 풀무불 속에서 묵묵히 하나님과 함께함으로 응답을 경험하기도 한다는 것이다. 하나님은 이런 자들을 엘리야 이상으로 크게 보신다. 어느 경우든 중요한 것은 모든 과정 중에서 하나님의 함께하심을 경험하는 것이다. 그럴 때 우리는, 우리를 비난하던 세상의 인정을 받는 반전의 결과를 맛보게 될 것이다.

그의 이름은 임마누엘이라 하리라 하셨으니 이를 번역한즉 하나님이 우리와 함께 계시다 함이라 마 1:23

우리와 항상 함께하시는 임마누엘의 하나님, 이것이 우리에게 주신 '플러스 원'의 은혜다. 그 하나님과 함께할 때 우리는 비난이 칭찬으로 바뀌어 세상의 인정을 받는 경험을 하게 된다.

항상 함께하시는 하나님

다니엘서를 묵상하다가 마음이 울컥해지는 순간이 있었다. 내 인생이 풀무불에 던져졌다고 할 수 있는 아픔의 순간이 떠올랐기 때문이다. 미국 이민생활 초기에, 내 인생이 온 사방이 다 막혀 있는 것 같은 낙심으로 좌절하던 무렵에 형이 "한번 읽어봐라"라고 하면서 무슨 종이를 하나 주었다. 거기에 적혀 있던 글은 나중에 우리나라에도 번역되어 굉장히 많이 전해졌는데, "Footprints in the sand"(모래 위의 발자국)라는 글이었다. 그 내용이 이렇다.

어느 날, 어떤 사람이 꿈을 꾸었는데, 꿈에 자기가 지나온 인생이 모래 위의 발자국으로 펼쳐졌다. 너무 감격스러웠던 것은 항상 두 사람의 발자국이 이어지고 있었다는 것이었다. 하나는 자기 발자국이었고, 또 하나는 항상 함께하시는 주님의 발자국이었다.

감격하며 발자국을 보던 그 사람이 순간 낙심하며 하나님께 상처를 받았다. 왜냐하면 자기 옆에서 함께 걸어가시던 주님의 발자국이 어느 순간에 사라졌는데, 그 시기를 돌아보니 자기가 가장 힘들 때였다. 인생 내내 함께하시다가 정작 자기가 가장 힘들고 가장 절실히 도움이 필요한 순간에는 사라져버리신 주님을 생각하니 너무 섭섭했던 것이다. 그는 주님께 따졌다.

"아니 주님! 주님은 항상 저와 함께하시겠다고 하셨고, 또 인생의 대부분은 함께해주서 놓고 왜 제가 가장 힘들고 가장 절망적일 때 저를 혼자 두고 떠나버리셨나요? 왜 주님이 가장 필요했던 순간에

제 옆에 안 계셨나요?"

그러자 주님은 이렇게 말씀하셨다.

"사랑하는 아들아, 나는 결코 너를 떠난 적이 없단다. 네가 힘들고 고통스러웠던 순간에 발자국이 한 줄밖에 없었던 것은 그때 내가 너를 업고 걸었기 때문이란다."

만약 내가 그 글을 한국에 돌아와 어느 정도 목회가 잘되고 평안할 때 읽었다면 '감동적인 글이네' 하고 넘어갔을 것이다. 하지만 그 글이 이토록 오래 내 마음에 남아 있는 것은, 바로 그때가 내 인생을 돌아보면 한 줄의 발자국이 펼쳐지던 순간이었기 때문이다. 동네의 개가 짖기만 해도 '너 놈의 개도 나를 비웃는구나' 하면서 분노가 일어날 정도로 마음에 상처와 열등감으로 가득 차 있던 그때, 나를 업고 가시는 주님이 계셨다.

정말 놀랍고 감사한 것은, 그 후로 35년의 세월이 지났는데, 딱 그 법칙이 내 인생에서 그대로 구현되었다는 것이다. 늘 나와 동행하시는 주님, 결정적으로 마음이 힘들고 억장이 무너질 때는 나를 업고 가시는 주님이 내 옆에 항상 계셨다. 이것이 하나님이 말씀하시는 '형통'이다. 그 형통의 은혜가 우리 삶에 항상 넘치기를 바란다.

다니엘서 4장 4-9절

———

⁴ 나 느부갓네살이 내 집에 편히 있으며 내 궁에서 평강할 때에 ⁵ 한 꿈을 꾸고 그로 말미암아 두려워하였으니 곧 내 침상에서 생각하는 것과 머리 속으로 받은 환상으로 말미암아 번민하였었노라 ⁶ 이러므로 내가 명령을 내려 바벨론의 모든 지혜자들을 내 앞으로 불러다가 그 꿈의 해석을 내게 알게 하라 하였더라 ⁷ 그때에 박수와 술객과 갈대아 술사와 점쟁이가 들어왔으므로 내가 그 꿈을 그들에게 말하였으나 그들이 그 해석을 내게 알려주지 못하였느니라 ⁸ 그 후에 다니엘이 내 앞에 들어왔으니 그는 내 신의 이름을 따라 벨드사살이라 이름한 자요 그의 안에는 거룩한 신들의 영이 있는 자라 내가 그에게 꿈을 말하여 이르되 ⁹ 박수장 벨드사살아 네 안에는 거룩한 신들의 영이 있은즉 어떤 은밀한 것이라도 네게는 어려울 것이 없는 줄을 내가 아노니 내 꿈에 본 환상의 해석을 내게 말하라

세상에 없는 것을
구하라

다니엘서 초반부에 등장하는 느부갓네살 왕은 여러 가지 면에서 주인공 다니엘과 대조를 이루는 인물이다. 신앙적으로 볼 때 느부갓네살 왕이 가진 치명적인 문제가 하나 있다.

그것이 무엇인가 하면, 느부갓네살 왕은 하나님의 역사하심을 생생하게 경험했고, 그런 경험을 바탕으로 드라마틱한 변화를 일으킨 인물이었음에도 불구하고 그 인생의 근본적인 변화는 없었다는 것이다.

예를 들어, 다니엘서 1장에서 느부갓네살 왕은 예루살렘 공격에 성공하여 성전 기물 일부를 약탈하여 자기가 믿는 이방 신의 신전 창고에 처박아두며 하나님을 조롱하는 짓을 저질렀던 인물이다. 그랬던 그가 2장에 와서는 하나님을 찬양한다. 자기가 꾼 꿈 때문에 번민하며 괴로워하고 있을 때 하나님께서 다니엘을 통해 그 꿈을 풀이해주셨기 때문이다.

> 왕이 대답하여 다니엘에게 이르되 너희 하나님은 참으로 모든 신들의 신이시요 모든 왕의 주재시로다 단 2:47

하나님을 조롱하며 하나님의 성물을 자기가 믿는 신의 신전 창고에 집어 던지던 태도와는 완전히 달라지지 않았는가? 느부갓네살 왕이 이렇게 놀라우신 하나님을 경험하고 그 사실을 찬양했다면 그 후로 인생이 완전히 달라졌을 것 같은데, 2장 끝부분에서 놀라우신 하나님을 입술로 고백해놓고 3장 1절에 보면 금세 어이없는 모습을 보인다.

> 느부갓네살 왕이 금으로 신상을 만들었으니 높이는 육십 규빗이요 너비는 여섯 규빗이라 그것을 바벨론 지방의 두라 평지에 세웠더라 단 3:1

바로 앞인 2장 끝부분에서 하나님이 "모든 신들의 신이시요 모든 왕의 주재시로다"라고 고백했던 그가 어떻게 3장으로 건너오자마자 자기가 꿈에서 봤던 신상보다 더 크고 화려한 금 신상을 만들어 모든 백성이 그 금 신상에 절하지 않으면 가만두지 않겠다는 어이 없는 명령을 내릴 수 있는가?

이런 오락가락 갈지자 행보는 이후에도 똑같이 반복된다. 느부갓네살 왕은 다니엘의 세 친구인 사드락과 메삭과 아벳느고를 통해 하나님의 일하심을 경험하고 다시 하나님을 찬양한다.

느부갓네살이 말하여 이르되 사드락과 메삭과 아벳느고의 하나님을 찬송할지로다 … 그러므로 내가 이제 조서를 내리노니 각 백성과 각 나라와 각 언어를 말하는 자가 모두 사드락과 메삭과 아벳느고의 하나님께 경솔히 말하거든 그 몸을 쪼개고 그 집을 거름터로 삼을지니 이는 이같이 사람을 구원할 다른 신이 없음이니라 하더라 단 3:28,29

정말 놀라운 변화 아닌가? '이제 진짜 하나님의 사람이 되었구나' 싶었는데, 4장 후반부에 보면 또 교만이 머리끝까지 차서 하나님의 징계를 받는 모습을 보인다.

왜 그렇게 변화가 없을까

본문만 봐도 느부갓네살 왕이 전혀 변화된 것이 없다는 것을 알 수 있다. 본문인 다니엘서 4장 초반부에서 느부갓네살이 또다시 꿈을 꾸고 혼란에 빠지는 상황이 전개되는데, 이미 2장에서 꿈 문제 때문에 괴로워하며 불면의 시간을 보내다가 하나님의 역사하심을 경험했음에도 불구하고 그와 비슷한 일이 벌어지자 또 괴로워하며 번민에 빠졌다. 사람이 어떤 일을 경험했으면 그와 유사한 일이 벌어졌을 때 그 문제를 대하는 태도나 방식이 달라져야 하는데, 달라진 것이 전혀 없었다.

> 나 느부갓네살이 내 집에 편히 있으며 내 궁에서 평강할 때에 한 꿈을 꾸고 그로 말미암아 두려워하였으니 곧 내 침상에서 생각하는 것과 머리 속으로 받은 환상으로 말미암아 번민하였었노라 이러므로 내가 명령을 내려 바벨론의 모든 지혜자들을 내 앞으로 불러다가 그 꿈의 해석을 내게 알게 하라 하였더라 단 4:4-6

반응도 달라지지 않았고, 그 문제를 풀어가는 방식도 달라진 것이 전혀 없다. 문제를 대하는 방식은 여전히 두려움과 번뇌와 고뇌였으며, 그 문제를 풀어가는 방식 역시 하나님을 전혀 모르는 자의 방식 그대로다.

이런 느부갓네살의 갈지자 행보가 이해하기 힘들다는 생각이 든다면 자기 자신을 정말 모르는 사람이다. 이것이 딱 우리의 모습이다. 우리도 말씀에 은혜 받고, 때로는 눈물도 흘리고, 마음에 감동도 받는다. 하지만 근본적인 삶의 변화는 잘 일어나지 않는다.

다니엘서를 읽으면서 '느부갓네살은 그렇게 크고 놀라운 하나님의 일하심을 경험하고 감격하고 찬양까지 했으면서도 어떻게 그렇게 사람이 안 바뀔까?'라는 질문을 가지고 묵상했는데, 우리 인간이 원래 이런 것 아닐까 하는 생각이 들었다.

그렇다면 느부갓네살은 그런 놀라운 체험이 있음에도 불구하고 왜 그렇게 변화가 일어나지 않았던 것일까? 그의 문제점을 살펴보며 우리의 모습을 돌아보았으면 한다.

하나님의 주권을 인정하는 세계관이 없다

본질적으로 느부갓네살이 가지고 있는 두 가지 문제가 있다. 첫 번째 문제는, 그는 감정적으로는 흥분도 잘하고 일시적으로 동요도 하지만 근원적으로 '하나님의 주권을 인정하는 세계관'을 정립하지 못했다는 것이다.

무슨 근거로 이렇게 이야기할 수 있는가? 다니엘서 2장에서 다니엘을 향해 "너희 하나님은 참으로 모든 신들의 신이시요 모든 왕의 주재시로다"라고 고백했던 느부갓네살이 4장으로 넘어가 다니엘을 대하는 모습을 보자.

그 후에 다니엘이 내 앞에 들어왔으니 그는 내 신의 이름을 따라 벨드사살이라 이름한 자요 그의 안에는 거룩한 신들의 영이 있는 자라 내가 그에게 꿈을 말하여 이르되 박수장 벨드사살아 … 단 4:8,9

이 책 1장에서 살펴봤던 것처럼 '벨드사살'은 '벨 신이여, 나의 생명을 보호하소서'라는 뜻이다. 느부갓네살 왕은 세뇌교육을 목적으로 '하나님은 나의 심판자'라는 뜻의 '다니엘'이라는 이름을 버리고 강제로 자기들이 믿는 '벨' 신을 찬양하는 뜻을 가진 '벨드사살'로 부르게 한 바 있다.

2장에서는 다니엘을 향해 "네가 믿는 신이 대단하다"라고 했고, 3장에서는 다니엘의 세 친구인 "사드락과 메삭과 아벳느고의 신이 놀랍다"라고 선포했던 느부갓네살 왕이 4장에서 여전히 다니엘을 벨드사살이라고 부르며 자기가 믿는 신의 이름을 따라 지은 이름이라고 그 의미까지 설명하는 것을 어떻게 보아야 하는가? 이것이 무엇을 의미하는가? 놀라운 경험 앞에서 일시적으로 가슴이 뜨거워지고 감정은 동요되지만, 근원적으로 자기 생각의 중심은 바뀌지 않았다는 뜻이다.

Look at vs. Look through

총신대 신국원 교수님이 쓰신 〈개혁주의 기독교 세계관의 역사와 전망〉이라는 논문에 이런 내용이 있다.

"레슬리 뉴비긴의 말처럼 성경은 단지 바라보며(look at) 읽을 책이 아니라 그것을 통해 세상을 보아야 할(look through) 안경이다."

영어로 병기한 'look at'과 'look through'의 차이를 알겠는가? 'look at'은 그냥 바라보는 것이다.

'아, 이런 일이 일어났구나, 저 사람이 피곤해 보이네, 살이 빠졌나?'

이것이 'look at'이다. 'look through'는 '통하여 보는 것'이다. 그래서 '안경'이라는 표현을 썼다. 성경을 2독했다, 3독했다 하는 것도 중요하지만, 성경은 'look at'의 대상이 아니라 그것을 통해 세상을 바라봐야 할 안경이며 창이다. 성경을 통해 세상을 바라봐야 한다. 그렇게 놀라운 경험을 하고도 변화되지 않았던 느부갓네살 왕처럼, 우리가 그렇게 수많은 은혜를 직간접적으로 체험해도 변화되지 않는 것은 여전히 우리가 성경을 'look at'하고 있기 때문 아닌가?

신국원 교수님 논문의 다른 부분도 보자.

"클리포드 기어츠나 제임스 올티우스의 말처럼 세계관은 두 요소를 가진다. 첫째, 세계관은 세상과 삶에 대한 조망(view of the world and life)이다. 둘째, 세계관은 세상과 삶을 위한 조망(view for the world and life)이다."

'세상과 삶에 대한 조망'은 세상과 삶에 대한 이해를 말하는 것이고, '세상과 삶을 위한 조망'이라는 것은 비전을 말하는 것이다. 우리가 우리 자신의 야망이 아닌 진짜 하나님의 비전을 세우기 위해서는 무엇부터 바꿔야 하는가? 안경부터 바꿔야 한다. 안경을 바꾸지 않고 말씀을 들으면 계속 자기 야망만 커지게 된다. 목회자로서 가장 두려운 것이 바로 이것이다. 하나님의 거룩한 비전을 빌미로 내 야망을 키울까 봐 항상 두렵다. 우리 안에는 하나님 중심의 세계관, 하나님의 주권을 인정하는 세계관이 형성되어 있는가?

나는 안경을 두 개 가지고 다닌다. 평소에 생활할 때 쓰는 안경과 책을 볼 때 쓰는 돋보기안경이다. 평소에 쓰는 안경이 다초점이기에 그나마 두 개만 가지고 다니지, 아니었으면 멀리 볼 때 쓸 안경, 가까이 볼 때 쓸 안경, 돋보기안경까지 최소한 세 개는 가지고 다녔을 것이다. 일상생활을 할 때는 다초점렌즈 안경 하나로 충분하지만, 중요한 책을 읽을 때는 꼭 돋보기안경을 써야 한다. 일상 안경으로는 읽히지 않기 때문이다. 우리에게 영적인 돋보기안경이 있다는 것은 하나님의 주권을 인정하는 세계관이 형성되어 있다는 뜻이다. 느부갓네살 왕에게는 없었고, 다니엘에게는 있었던 것이 바로 이 안경이다.

하나님의 인도하심을 경험하지 못했다

느부갓네살 왕이 하나님의 능력을 여러 번 경험하고도 본질적인 변화가 일어나지 않았던 두 번째 문제는, '하나님의 인도하심'을 경험하지 못했다는 것이다.

하나님의 능력에 감탄하며 그분을 찬양하는 느부갓네살 왕인데, 그가 사용하는 표현을 주의 깊게 살펴보라.

느부갓네살이 말하여 이르되 사드락과 메삭과 아벳느고의 하나님을 찬송할지로다 … 그러므로 내가 이제 조서를 내리노니 각 백성과 각 나라와 각 언어를 말하는 자가 모두 사드락과 메삭과 아벳느고의

하나님께 경솔히 말하거든 … 단 3:28,29

언뜻 보면 하나님을 향한 믿음이 출중하고 하나님을 향한 온전한 신뢰로 찬양하는 것 같지만, 그러나 그것은 사드락과 메삭과 아벳느고의 하나님이지 '자기의 하나님'이 아니다. 이것은 다니엘을 통해 하나님을 경험했던 2장에서도 마찬가지다. 느부갓네살 왕이 다니엘에게 하는 말을 다시 보라.

왕이 대답하여 다니엘에게 이르되 '너희 하나님'은 참으로 모든 신들의 신이시요 모든 왕의 주재시로다 … 단 2:47

느부갓네살 왕이 아무리 하나님을 찬양하면 무슨 소용인가? 자기의 하나님이 아니라 사드락과 메삭과 아벳느고의 하나님이요 다니엘의 하나님인데 말이다.

같은 논리로, 아무리 5대째 예수 믿는 집안이고 대대로 목사 집안이어도 아무 소용 없다. '나의 하나님'이 아니라면 말이다. 나는 목사 가정에서 태어나 내 의지와 상관없이 어머니의 태중에서부터 교회에 다녔고, 유치원 다니기 전부터 새벽 6시면 억지로 일어나 가정예배를 드리고, 성경구절 못 외우면 용돈도 못 받는 거의 세뇌교육에 가까운 강제적인 신앙교육을 받으며 자라왔다.

하지만 "너는 목사가 되라"는 가족들의 말을 '말도 안 되는 소리'

로 치부했던 내가 결국 이 자리에 서기까지는 '우리 부모님의 하나님'이 아니라 그 하나님께서 이십 대 초반의 죽을 것 같은 연단을 겪으며 '나의 하나님'이 되는 과정이 있었기에 가능했다.

바로 이것이 느부갓네살 왕과 다니엘과 그의 세 친구의 결정적인 차이이다. 다니엘과 사드락과 메삭과 아벳느고에게는 하나님이 '나의 하나님'이시다. '나의 하나님'이시기에 하나님을 섬기는 일에 목숨을 걸 수 있었던 것이고, 또 뜨거운 풀무불 속에서도 능력이 나타날 수 있었던 것이다.

우리 가운데도 느부갓네살이 너무 많다. 들은 풍월은 있어서 성경도 꽤 알고, 가끔씩 하나님의 놀라운 역사를 경험하기도 한다. 그런데 여전히 '나의 하나님'이 아니라 '우리 부모의 하나님'이라면, 그것이 다 무슨 소용이겠는가? 이것이 우리의 가장 치명적인 문제이자, 다음세대인 우리 자녀들의 가장 큰 문제이다.

다 양 같은 존재

여기서 우리가 한 가지 알고 넘어가야 하는 것이 있다. 이처럼 서로 결정적인 차이를 보이는 다니엘과 느부갓네살 왕이지만, 그들에게도 공통점이 있다는 것이다.

우리는 다 양 같아서 그릇 행하여 각기 제 길로 갔거늘 … 사 53:6

다 양 같은 존재라는 것이다. 죄성을 가진 인간을 규정하는 성경의 표현은 '양'인데, 양의 특징은 각기 제 길로 가는 것이다. 이 부분을 새번역 성경으로 보면 이렇다.

"우리는 모두 양처럼 길을 잃고, 각기 제 갈 길로 흩어졌으나…."

여기엔 예외가 없다. 날마다 강단에 서서 말씀을 선포하는 목사라고 해서 예외가 아니다. 내가 지금 이 자리에 서게 된 것도 내가 온순하게 제자리를 지키는 성품이어서가 아니라 수없이 제 갈 길로 가려다가 하나님의 은혜로 이곳에 다다른 것이다.

다니엘과 느부갓네살 왕은 공통적으로 둘 다 양 같은 존재다. 다니엘은 인격이 훌륭하고, 느부갓네살은 미숙한 것이 아니다. 예외 없이 다 내버려두면 제 갈 길로 가는 양 같은 존재다.

그런데 무엇이 다니엘과 느부갓네살의 차이를 만들었는가? 나는 그 차이를 시편 23편 1절에서 찾았다.

여호와는 나의 목자시니 내게 부족함이 없으리로다 시 23:1

다니엘과 느부갓네살 왕은 다 내버려두면 혼미하고 헷갈려서 헤매는 양 같은 존재다. 그러나 그 둘의 결정적인 차이는, 다니엘에게는 인도하시는 목자가 있었고 느부갓네살 왕에게는 그 목자가 없었다는 것이다. 그랬기 때문에 느부갓네살 왕이 다니엘에게 꿈을 해몽하라는 명령을 했을 때도 그 자리에서 자기 이야기를 하지 않고 대신 시간을 달라고 요청했다. 목자에게 물어보기 위해서이다.

그러니 다니엘과 느부갓네살 왕의 결정적인 차이를 한마디로 표현한다면, "여호와가 '나의 목자'가 되시어 인도해주시는 양이냐, 목자 없이 방황하는 양이냐" 이 차이이다. 그랬더니 4절과 같은 놀라운 결과가 나타나는 것 아니겠는가? 이 말씀은 다윗의 노래이기도 하지만 다니엘의 노래이기도 하다.

> 내가 사망의 음침한 골짜기로 다닐지라도 해를 두려워하지 않을 것은 주께서 나와 함께하심이라 주의 지팡이와 막대기가 나를 안위하시나이다 시 23:4

다니엘서 전체가 이 말씀의 구현 아닌가? 우리 인생은 어떤가? 주의 지팡이와 막대기가 안위하고 있는가? 스스로 "나는 스스로 내 인생을 개척했다. 누구의 간섭도 받지 않는다. 나 혼자도 잘하고 있다"라고 생각한다면, 그는 느부갓네살이다.

내가 옥한흠 목사님을 존경하는 것은 그 분이 흠 없는 천사여서가 아니다. 삼십 대 초반부터 10년 동안 가까이서 목사님을 지켜봤는데, 왜 인간적인 흠이 안 보였겠는가? 그것도 비판 정신이 왕성하던 삼십 대 때 말이다.

그러나 그 분에게는 주의 지팡이와 막대기가 있었다. 이것이 무슨 뜻인가? 내 눈으로 보기에 '목사님 지금 조금 위험하신데?' 하는 생각이 들다가도 어느 날 다시 보면 어느새 제자리에 와 계셨다. 절대로 선을 넘지 않으셨다. 은퇴하실 때까지 넘어서는 안 되는 선을 넘지 않으시는 그 모습을 보면서 더욱 존경하게 되었다. 그 분 역시 제 길로 갈 수밖에 없는 양에 불과한 인생이지만 목자 되신 주님의 지팡이와 막대기로 다독다독 인도하심을 받아 결코 선을 넘지 않는 삶을 사신 것이다.

이 각도로 자신을 한번 조명해보라. 당신은 다니엘인가, 느부갓네살 왕인가? 교회는 다닌다면서 느부갓네살처럼 목자에게 묻지도 않고 자기 멋대로 살고 있지는 않은가? 그렇게 해도 이루는 것이 많다. 다니엘처럼 일일이 주인의 결재를 받으면 오히려 뒤처지는 것 같다. 그래서 주님께 묻는 것은 생략한 채 내 뜻대로 살아가고 있는가? 무서운 것은 많은 크리스천이 다니엘로 시작해서 느부갓네살로 전락한다는 사실이다.

나를 향한 경고

느부갓네살 왕과 다니엘을 비교하며 계속 다니엘서를 묵상하다 보니, 문득 내가 16년 전에 썼던 《세상에 없는 것》이란 책이 떠올랐다. 사실 나는 내가 쓴 책은 잘 안 읽는다. 다른 좋은 책들도 다 못 보는데, 군이 내가 쓴 책을 다시 볼 이유가 없다고 생각하기 때문이다. 그런데 다니엘서를 묵상하던 어느 새벽에 갑자기 이 책이 보고 싶어졌다. 집에 책이 있나 찾아보니 없었다. 꼭 그렇지 않은가? 읽고 싶은 책은 옆에 없고, 없는 책은 더 읽고 싶다. 그래서 새벽같이 교회에 나가서 그 책을 찾아 폈는데, 그 책의 서문을 통해 오래 잊고 있던 기억 하나가 떠올랐다.

교회를 개척하고 1년 지났을 때인 2003년 여름이었는데, 전국 교역자 수련회에 강사로 초청받아 천안에 간 적이 있다. 그때 수련회 주제가 "40대 뉴리더들에게 듣는다"였는데, 교회 개척 과정을 강의로 해달라는 요청을 받아 강사로 서게 된 것이다. 사실 이제 막 교회를 개척한 사십 대 초반의 새파란 목사에게 얼마나 영광스런 자리인가? 그래서 주저하지 않고 가겠다고 했다.

집회장에 조금 일찍 도착하여 강의안 책자를 보니 집회에 대한 설명이 이렇게 달려 있었다.

"개척하여 장년 출석 천 명을 이룬 40대의 젊은 목사님들을 강사로 초청하여 그들의 비하인드 스토리와 부흥 사례를 가감 없이 전하는 귀한 수련회입니다."

그런가 보다 하고 내 앞의 강사가 강의하고 있는 강의실에 들어가 맨 뒤에 앉았는데, 그 순간 성령님이 갑자기 내 머리를 스치며 두 가지 질문을 주셨다.

첫 번째 질문은 이것이었다.

'네가 과연 사십 대 뉴리더냐?'

이 질문과 함께 바로 두 번째 질문이 이어졌다.

'개척 1년 만에 장년 성도 천 명 이상 모이면 그것이 부흥이냐?'

왜 이런 질문이 떠올랐을까 생각해보니, 그날 내가 하게 될 강의 제목이 "오직 은혜로만 가능하게 된 교회 부흥"이었는데, 개척 1년 만에 성도가 천 명이 넘어선 것을 두고 '교회 부흥'이라는 표현을 썼기 때문에 그런 질문이 스쳐 지나갔던 것 같다.

책의 서문에 이때의 일이 이렇게 기록되어 있었다.

강사로 초대되어 그 자리에 올 때까지 한 번도 가지지 못했던 의혹에 가까운 두 가지 질문이 30여 분 동안 제 머리를 떠나지 않았습니다. 강의하는 동안 열악한 환경 속에서 고생스럽게 개척교회와 미자립교회를 이끄시는 많은 목사님들과 사모님들이 우시는 것을 보았습니다.

강의를 마치고 돌아오는 차 안에서 눈물을 멈추지 못하시는 그 분들의 모습을 떠올리며 많은 생각을 했습니다. 이름 없이 주님의 교회를 위해 눈물을 뿌리시는 그 분들이야말로 한국교회 '사십 대 뉴리더'들이 아닐까. 눈물을 흘리며 씨를 뿌리듯, 척박한 밭을 가꾸듯 목회하시는 그 분들의 작은 교회야말로 하나님께서 기뻐하시는 교회라는 생각이 들었습니다.

뜬금없이 16년 전에 쓴 그 책이 떠올라 이른 아침에 교회로 달려가 책을 들어 펴자마자 이 대목이 내 눈 앞에 펼쳐지면서 그때의 일이 생생하게 기억났다. 이것이 나에게 어떤 의미인지 아는가? 꽤 많은 사람들과 교회들이 다니엘로 시작하여 느부갓네살로 전락한다는 대목을 묵상하던 중에 왜 하나님은 16년 전 기억이 떠오르도록 그 책을 펴게 하셨을까? 내가 그 위험에 속해 있다는 경고를 주시기 위함 아니겠는가?

느부갓네살이 그렇게 많은 하나님의 은혜를 경험하고도 근원적으로 세계관이 바뀌지 않은 이유 중의 하나가 가진 것이 너무 많았기 때문이다.

> 열두 달이 지난 후에 내가 바벨론 왕궁 지붕에서 거닐새 나 왕이 말하여 이르되 이 큰 바벨론은 내가 능력과 권세로 건설하여 나의 도성으로 삼고 이것으로 내 위엄의 영광을 나타낸 것이 아니냐 하였더니
>
> 단 4:29,30

왕궁 옥상을 거닐다 보니 자기가 이룬 것이 너무 많았다. 그날 아침, 내 마음에 들어온 두려움이 바로 이것이다.

지금 우리 교회도 겉으로 보기엔 느부갓네살처럼 이룬 것이 많은 교회가 되어버렸다. 과장된 소문도 많이 나고 있다. 으스댈 수 있는 요소들이 너무 많아졌다. 어느새 인간적인 교만이 자리 잡고 있는 부분들이 눈에 띄는 것도 사실이다.

이렇다는 것은 하나님이 내게 무엇을 경고하시는 것일까? 16년 전, 성령께서 '네가 과연 사십 대 뉴리더냐? 개척 1년 만에 장년 성

도 천 명 이상 모이면 그것이 부흥이냐?'라고 물으셨다는 것은 적어도 그때는 내가 다니엘 쪽에 있었다는 것이다. 나와 우리 교회, 더 나아가 한국교회가 하나님 앞에 근심하며 질문해야 할 것이 바로 이 문제라고 생각한다.

우리는 분명 다니엘로 시작했다. 그래서 장로가 되고, 권사가 된 것 아닌가? 분명히 다니엘로 시작했는데 교회에서 너무 유명해지고, 중요한 일을 처리하고, 자랑거리가 많아지다 보니 슬슬 입만 열면 자기 치적을 자랑하는 지경에 이르고 있다면 다니엘에서 느부갓네살로 변질되고 있다는 뜻이다. 이것을 점검해야 한다.

세상에 없는 것 되기 위해 달려가라

제목이 너무 길면 눈에 안 들어오기 때문에 《세상에 없는 것》이라고 했지만, 그 책의 원래 제목은 "세상에 없는 것 되기 위해 달려가는 교회, 세상에 없는 것 주기 위해 달려가는 교회"였다. 우리에게 찾아오는 유혹은 이제 다니엘은 그만두고 느부갓네살이 되라는 유혹이다. 우리가 다니엘에서 느부갓네살로 변질되지 않고 껍데기를 자랑하는 함정에 빠지지 않기 위해서는 끊임없이 이 두 가지, 즉 세상에 없는 것이 되기 위해 달려가는 것과 세상에 없는 것을 주기 위해 달려가는 것을 추구해야 한다.

우리가 세상에 없는 것이 되기 위해서는 세상과는 다른 차원의 삶을 살아야 하고 또 세상과는 다른 차원의 능력을 보여주어야 한다.

느부갓네살과 다니엘의 관계를 인간의 눈으로 보면, 다니엘은 포로이고 느부갓네살은 왕이다. 왕이 "너 이름 바꿔" 하면 다니엘은 꼼짝없이 바꿀 수밖에 없는 위치이며, 그것이 느부갓네살이 가진 권력이었다. 그런데 다니엘서를 보면 신기한 것이, 분명 보이는 위상은 느부갓네살 왕이 칼자루를 쥐고 주도권을 행사하는 것 같지만 실제로 느부갓네살을 이끄는 것이 다니엘이라는 것이다. 바로 이것이 세상과는 다른 차원의 삶의 모습이고, 세상에서는 볼 수 없는 다른 차원의 능력이다.

바울 역시 그런 삶을 살지 않았는가? 유라굴라 광풍을 만났을 때, 배에는 선장도 있고 선주도 있고 경험 많은 선원도 있었지만 실제로 진두지휘하며 영향력을 행사한 사람은 죄수로 끌려가던 바울이었다. 이것이 세상과 다른 방식의 능력이다. 우리는 이런 다른 차원의 능력을 보여줌으로써 다른 차원의 삶을 살아야 한다.

그렇기 때문에 이 말씀이 우리의 정체성이 되어야 한다.

> 근심하는 자 같으나 항상 기뻐하고 가난한 자 같으나 많은 사람을
> 부요하게 하고 아무것도 없는 자 같으나 모든 것을 가진 자로다
> 고후 6:10

문제는 너무나 많은 이들이 여기서 '근심하는 것'은 빼달라고 요구한다는 것이다. 그냥 기뻐만 하게 해달라고 한다. '가난한 자 같

게는 말고 그냥 부요하게만 해주세요'라고 한다. 이것을 본문에 대입해서 표현해보면 '저 그냥 다니엘 말고 느부갓네살 시켜주세요'라는 요구 아닌가?

우리가 세상을 향해 할 일은, 우리가 철저하게 다니엘 됨을 보여주는 것이다. 매년 우리 교회에서 예수님을 믿지 않는 분들을 초청해서 예배를 드리는 '새생명 전도축제'를 하는데, 그 자리는 우리 교회가 얼마나 크고 얼마나 좋은 교회인지 자랑하는 자리가 아니다. 철저하게 우리가 다니엘 됨을 보여주기 위한 자리다. 내세울 것 하나 없고 보잘것없는 사람들이 모여 있어도 그 안에 주님이 목자가 되어주셔서 지팡이와 막대기로 안위하는 모습을 보여주는 것이다.

우리가 진짜 은혜를 받아야 한다. 지금까지 다니엘의 하나님이었고 사드락과 메삭과 아벳느고의 하나님이었다면, 이제 '나의 하나님'으로 전환되어야 한다. 그럴 때 세상과 전혀 차원이 다른 능력의 삶을 살게 되어 하나님의 살아 있는 역사를 경험하게 될 줄 믿는다.

다니엘서 4장 28-37절

28 이 모든 일이 다 나 느부갓네살 왕에게 임하였느니라 29 열두 달이 지난 후에 내가 바벨론 왕궁 지붕에서 거닐새 30 나 왕이 말하여 이르되 이 큰 바벨론은 내가 능력과 권세로 건설하여 나의 도성으로 삼고 이것으로 내 위엄의 영광을 나타낸 것이 아니냐 하였더니 31 이 말이 아직도 나 왕의 입에 있을 때에 하늘에서 소리가 내려 이르되 느부갓네살 왕아 네게 말하노니 나라의 왕위가 네게서 떠났느니라 32 네가 사람에게서 쫓겨나서 들짐승과 함께 살면서 소처럼 풀을 먹을 것이요 이와 같이 일곱 때를 지내서 지극히 높으신 이가 사람의 나라를 다스리시며 자기의 뜻대로 그것을 누구에게든지 주시는 줄을 알기까지 이르리라 하더라 … 37 그러므로 지금 나 느부갓네살은 하늘의 왕을 찬양하며 칭송하며 경배하노니 그의 일이 다 진실하고 그의 행하심이 의로우시므로 교만하게 행하는 자를 그가 능히 낮추심이라

12 CHAPTER

교만은
날개 없는 추락

4세기경, 사막의 수도사들이 만들었다고 전해지는 '일곱 가지 대죄 시리즈'가 있다. 교만, 질투, 분노, 나태, 탐욕, 탐식, 정욕의 일곱 가지 죄이다. 경건한 삶을 살려고 몸부림치던 사막의 수도사들이 수도 생활에 가장 위협적인 것들이 무엇일까 정리하다 보니 이 일곱 가지로 정리가 되었다고 한다.

이 일곱 가지 죄를 살펴보다가 '교만'이 제일 먼저 나온다는 사실에 주목하게 되었다. 교만이 그만큼 심각한 문제를 유발한다는 뜻 아니겠는가? 그래서 토마스 아퀴나스는 교만의 심각성을 강조하기 위해 이런 명언을 남겼다.

"교만은 모든 죄악의 어머니이다."

C. S. 루이스도 교만과 관련하여 재미있는 말을 했다.

"교만에 비하면 다른 죄들은 벼룩에 물린 자국과 같다."

재미있게 표현했지만, 그만큼 교만의 문제를 절대로 간과해서는 안 된다는 것을 강조한 것임을 알 수 있다.

《그리스도인의 착각 25》라는 책에 보면 어거스틴에 관한 이런 에피소드가 담겨 있다.

어느 날 어거스틴의 제자들이 스승에게 이런 질문을 한다.

"선생님, 그리스도인들의 최고의 덕목은 무엇입니까?"

그러자 어거스틴이 이렇게 대답했다.

"첫째는 겸손이다."

제자들이 다시 물었다.

"둘째는 무엇입니까?

"둘째도 겸손이다."

"셋째는 무엇입니까?"

"셋째도 겸손이다."

이런 질문과 답이 오갔는데, 제자들이 질문을 바꿔 다시 물었다.

"그러면 겸손의 반대는 무엇입니까?"

"교만이다."

그랬더니 제자들이 다시 이런 질문을 던졌다.

"선생님, 교만이란 무엇입니까?"

그랬더니 어거스틴이 이렇게 대답했다.

"나는 지극히 겸손하다고 생각하는 것, 그것이 교만이다."

교만에 대해서는 누구도 예외가 있을 수 없다는 것을 강조하기 위한 어거스틴의 촌철살인의 한마디가 나에게 큰 울림을 주었다.

느부갓네살 왕의 마지막 깨달음

다니엘서 4장도 교만에 대해 다루고 있다. 이미 살펴본 것처럼 바벨론의 느부갓네살 왕은 문제가 많은 사람이었다. 자기가 꾼 꿈을 내용도 가르쳐주지 않고 지혜자들에게 해몽하라고 윽박지르며 그 꿈을 해몽하지 못한다고 죽이지 않나, 하나님의 놀라운 역사를 경험하고 흥분하여 "놀라운 하나님"이라고 고백해놓고는 금세 옛날로 돌아가버렸던 인물이 느부갓네살이다.

그런데 그 느부갓네살 왕에 대한 성경의 기록이 어떻게 끝나는지 아는가? 4장의 마지막 절이다.

그러므로 지금 나 느부갓네살은 하늘의 왕을 찬양하며 칭송하며 경배하노니 그의 일이 다 진실하고 그의 행하심이 의로우시므로 교만하게 행하는 자를 그가 능히 낮추심이라 단 4:37

그가 무엇을 깨달았다고 하는가? 하나님이 자기를 다루셨던 수많은 사건을 되돌아보니 결론이 하나라는 것이다.

'하나님은 내 안의 교만을 꺾으시고 낮추시기 위해 이 모든 일들을 행하셨구나!'

느부갓네살 왕은 이 사실을 깨닫고 역사의 무대에서 사라졌다.

왕궁 지붕을 거닐었던 두 사람

그러면 느부갓네살이 사는 동안 그의 교만의 문제가 어떤 양상으로 드러났는지 본문을 통해 살펴보자.

열두 달이 지난 후에 내가 바벨론 왕궁 지붕에서 거닐새 나 왕이 말하여 이르되 이 큰 바벨론은 내가 능력과 권세로 건설하여 나의 도성으로 삼고 이것으로 내 위엄의 영광을 나타낸 것이 아니냐 하였더니

단 4:29,30

느부갓네살 왕이 바벨론 왕궁의 지붕을 거닐며 자기가 이루었다고 생각하는 대단한 일들을 과시하고 떠벌리며 그것을 교만하게 바라보고 있는 모습이 묘사되고 있는데, 여기엔 자기가 이룬 많은 것들에 대한 자부심이 한껏 담겨 있다.

나는 여기 나오는 '왕궁 지붕에서 거닐새'라는 표현을 보니 다윗이 떠올랐다.

저녁 때에 다윗이 그의 침상에서 일어나 왕궁 옥상에서 거닐다가 그곳에서 보니 한 여인이 목욕을 하는데 심히 아름다워 보이는지라

삼하 11:2

흥미로웠던 것은, "내가 바벨론 왕궁 지붕에서 거닐새"와 "왕궁 옥상에서 거닐다가"와 같이 공통된 분위기를 연출한 느부갓네살 왕과 다윗 왕 사이에는 공통점이 많았는데, 그 와중에 결정적인 차이가 있더라는 것이다.

먼저 공통점은 무엇인가? 굉장한 업적을 많이 남겼다는 것과 또 그에 대해 교만에 빠졌다는 것을 꼽을 수 있다. 둘 다 왕궁 옥상을 거닐며 자기 왕궁을 내려다보며 뿌듯한 마음을 갖고 있지 않은가?

그런데 차이점도 있다. 둘 다 교만이 꽉 차 있다는 것은 공통점인데, 다윗은 그 교만으로 인해 목욕하고 있는 여자를 보고 마음이 동하자 그 여자가 유부녀라는 사실조차 개의치 않는다.

'내가 왕인데 이 정도도 못 해?'

그러면서 그 내면의 교만이 성적인 죄를 짓고, 그 남편을 죽이고, 한 가정을 파괴시키는 구체적인 악한 행위로 드러났다. 그에 비해 본문의 느부갓네살 왕은 교만으로 꽉 차 있었지만, 그런 겉으로 드러나는 악한 행위는 없었다. 누굴 죽인 것도 아니고, 성적인 죄를 짓지도 않았다.

그런데 내가 주목한 것이 무엇인지 아는가? 결과를 보니, 꽉 찬 교만으로 성적인 죄를 저지르고 살인을 저지른 다윗이나 그런 행위가 구체적으로 나타나지 않은 느부갓네살이나 징계는 똑같더라는 것이다. 30절을 보자.

나 왕이 말하여 이르되 이 큰 바벨론은 내가 능력과 권세로 건설하여 나의 도성으로 삼고 이것으로 내 위엄의 영광을 나타낸 것이 아니냐 하였더니 단 4:30

그리고 그 뒤로 이어지는 31, 32절을 보자. 어조를 더 분명히 알수 있도록 새번역 성경으로 보자.

이 말이 왕의 입에서 채 떨어지기도 전에, 하늘로부터 내려오는 말소리가 들렸다. "느부갓네살 왕아, 너에게 선언한다. 왕권이 너에게서 떠났다. 너는 사람 사는 세상에서 쫓겨나서 들짐승과 함께 살면서 소처럼 풀을 뜯어 먹을 것이다. 이와 같이 일곱 때를 지낸 다음에야, 너는 가장 높으신 분이 인간의 나라를 다스리신다는 것과, 그의 뜻에 맞는 사람에게 나라를 주신다는 것을 알게 될 것이다." 단 4:31,32, 새번역

하나님의 이런 선포가 있자마자 무슨 일이 벌어졌는가?

바로 그 순간에 이 말이 느부갓네살 왕에게 이루어져서, 그가 사람사는 세상에서 쫓겨나서, 소처럼 풀을 뜯어 먹었으며, 몸은 하늘에서 내리는 이슬에 젖었고, 머리카락은 독수리의 깃털처럼 자랐으며, 손톱은 새의 발톱같이 자랐다. 단 4:33, 새번역

내면의 교만이 표면으로 드러나 끔찍한 죄를 저지른 다윗이나 내면에 교만이 있었지만 그것이 악한 범죄로는 드러나지 않았던 느부갓네살이나 엄정한 징계를 받았다는 것에는 차이가 없었다.

나는 이것이 두렵다. 하나님의 은혜로 인해 나는 아직 징계를 받은 상태는 아니다. 내 안에 교만이 있을지언정 그것이 밖으로 드러나진 않았다. 그런데 무엇이 두려운가? 내면에 교만이 자리 잡고 있으면 그것이 그대로 숨어 있든, 겉으로 드러나 사고를 치든 하나님이 보시기에는 다를 게 없다는 것이다.

나는 이 문제가 매우 심각하게 느껴졌다. 성경은 이 문제를 간과해서는 안 된다는 것을 느부갓네살 왕의 사례를 통해 엄중하게 경고하고 있다. 성경이 이런 기록을 남기고 또 들려주어 우리에게 경고하는 까닭이 무엇이겠는가? 느부갓네살이나 다윗처럼 엄청난 대가 지불을 당하고 고난의 자리에서 죽을 고생을 한 후에 깨닫지 말고, 이렇게 교훈을 들려주실 때 빨리 깨닫고 말씀으로 교정받아야 한다는 것 아니겠는가?

감출 수 없는 교만의 증상

이런 의미에서 교만의 문제에 대해 조금 더 깊이 생각해보려고 한다. 내가 본문을 묵상하다가 깨달은 것이 있다. 그것은 드러난 교만이 있고 포장된 교만이 있는데, 드러나든 감추어지든 교만은 절대로 감출 수 없다는 것이다.

사춘기 시절, 누군가를 짝사랑하고 있을 때 내 마음에 탁 꽂힌 명언 하나가 있었다.

"기침과 사랑은 감출 수 없다."

사랑과 기침만 감출 수 없는 것이 아니라 교만도 감출 수 없다. 성경에서 증거를 몇 가지 찾아보자.

본문 29, 30절을 다시 보자. 여기에 느부갓네살 왕의 대놓고 교만한 모습이 나온다.

> 열두 달이 지난 후에 내가 바벨론 왕궁 지붕에서 거닐새 나 왕이 말하여 이르되 이 큰 바벨론은 내가 능력과 권세로 건설하여 나의 도성으로 삼고 이것으로 내 위엄의 영광을 나타낸 것이 아니냐 단 4:29,30

감추려는 기색조차 없다. 말하는 중에 "내가, 내가"란 표현을 반복하며 자신을 높인다.

그런데 "내가, 내가"를 겸손으로 포장하여 자기 안의 교만을 교묘하게 감추었던 사람도 있다. 사울 왕이다.

> 사울이 사무엘에게 이르되 내가 범죄하였나이다 내가 여호와의 명령과 당신의 말씀을 어긴 것은 내가 백성을 두려워하여 그들의 말을 청종하였음이니이다 청하오니 지금 내 죄를 사하고 나와 함께 돌아가서 나로 하여금 여호와께 경배하게 하소서 하니 삼상 15:24,25

사울 왕의 "내가, 내가"는 느부갓네살 왕의 "내가, 내가"와는 차원이 달라 보인다. 사울 왕의 '내가'는 회개를 고백하고 하나님께 용서를 비는 '내가'이다. 굉장히 겸손해 보이는 '내가'이다. 그러나 기침과 사랑과 교만은 감출 수 없다고 했는데, 사울 왕의 숨겨진 교만이 어디에서 발각되는가?

> 사울이 이르되 내가 범죄하였을지라도 이제 청하옵나니 내 백성의 장로들 앞과 이스라엘 앞에서 나를 높이사 나와 함께 돌아가서 내가 당신의 하나님 여호와께 경배하게 하소서 삼상 15:30

이쯤 되면 느부갓네살 왕 쪽이 오히려 순수한 것 같지 않은가? 결국, 사울 왕은 교만의 문제로 망하고 마는데, 이것이 왜 두려운 줄 아는가? 나를 비롯하여 조금 배우고 교양 있다고 하는 대부분의 그리스도인들은 '느부갓네살 과'가 아니라 '사울 과'이기 때문이다. 차라리 대놓고 시건방지고 거만한 사람은 오히려 안전하다. 회개할 기회가 있기 때문이다. 교양이 넘쳐서 겉보기엔 겸손한 것 같은 사람들이 사실은 위험하다. 주변에서 자꾸 "저 사람 겸손해, 겸손해"라고 칭찬하니 자기 자신도 속기 때문이다.

성경은 진정한 겸손과 교만에 대해 뭐라고 말하는가? 마태복음 4장에 보면, 마귀가 공생애를 시작하시는 예수님을 세 가지 내용으로 유혹하는 장면이 나오는데, 거기에서 진정한 겸손과 교만에 대해 발견하게 된다. 나는 마귀가 던진 3가지 유혹의 핵심이 이 말씀에 있다고 생각한다.

이르되 만일 내게 엎드려 경배하면 이 모든 것을 네게 주리라 마 4:9

마귀는 거짓의 아비이기도 하지만, 교만의 아비이자 교만의 원조이기도 하다. 무엇이 교만인가? 느부갓네살 왕의 "내가, 내가, 내가"나 사울 왕의 "나를 높이사"나 여기 마귀의 요구인 "내게 엎드려 경배하라"에서 극명하게 보이듯 '자기 중심성'이다. "저 사람 참 겸손해"라는 칭찬 한마디에도 그 내면에서 '내가, 내가'가 요동치는 자기 중심성 말이다.

그렇기 때문에 교만은 누구에게나 예외 없이 다 해당하는 문제이다. 교만은 사람을 피해 가지 않는다. 아무리 겸손해 보이는 사람일지라도 말이다.

이런 의미에서 우리가 본문에서 교만과 관련하여 꼭 얻어야 할 중요한 두 가지 메시지가 있다.

기록된 말씀으로 교만을 물리치라

우리가 교만과 관련하여 기억해야 할 첫 번째 메시지는, '기록된 말씀'으로 교만을 물리치라는 것이다.

지금 우리가 살펴보고 있는 본문의 내용은 느부갓네살 왕의 교만과 그 교만으로 인해 그가 겪어야 했던 고난과 고초에 대한 내용인데, 하나님께서 이 말씀을 기록해두신 이유가 무엇일까? 그리고 오늘 우리에게 보게 하시는 이유가 무엇일까? 그것은 단순히 느부갓네살 왕의 인생을 조명하고자 함이 아니라 기록된 말씀을 타산지석으로 삼으라는 것 아니겠는가? 다시 말해, 기록된 말씀으로 자신의 모습을 살펴보아 스스로 돌이키라는 것이다.

앞에서 언급한 마귀의 세 가지 유혹을 예수님은 무엇으로 물리치셨는가?

> 예수께서 대답하여 이르시되 '기록되었으되' 사람이 떡으로만 살 것이 아니요 하나님의 입으로부터 나오는 모든 말씀으로 살 것이라 하였느니라 하시니 마 4:4

예수님이 첫 번째 유혹을 물리치시는 장면이다. 두 번째 유혹은 어떻게 물리치셨는가?

> 예수께서 이르시되 '또 기록되었으되' 주 너의 하나님을 시험하지 말라 하였느니라 하시니 마 4:7

세 번째 유혹도 똑같은 방식으로 물리치셨다.

이에 예수께서 말씀하시되 사탄아 물러가라 '기록되었으되' 주 너의 하나님께 경배하고 다만 그를 섬기라 하였느니라 마 4:10

예수님은 마귀의 공격을 '기록된 말씀'으로 물리치셨다.

교만의 문제도 마찬가지다. 사탄이 교만으로 우리를 무너뜨리려고 할 때, 우리의 인격과 의지로는 물리칠 수 없다. "물러가라"고 아무리 외친들 순순히 물러갈 사탄이 아니다. 우리 안에 말씀이 많이 심겨져 있어서 이 공격에는 이 말씀으로 응수하고, 저 공격에는 저 말씀으로 응수할 수 있어야 한다. 우리 안에 심긴 말씀이 사탄의 공격을, 특별히 교만으로 이끌려는 사탄의 공격을 이길 능력이 될 줄 믿는다.

회개로 이끄는 자기혐오

이런 면에서 나는 욥기 42장 5,6절에서 많은 깨달음을 얻는다.

내가 주께 대하여 귀로 듣기만 하였사오나 이제는 눈으로 주를 뵈옵나이다 그러므로 내가 스스로 거두어들이고 티끌과 재 가운데에서 회개하나이다 욥 42:5,6

여기 나오는 '스스로 거두어들이고'라는 표현은 하나님의 말씀 앞에서 자기가 교정되었다는 것을 표현한 것이다. 이 부분을 원어로 살펴보면 '거두어들이고'는 히브리어로 '마아크'라는 동사인데, '마아크'는 '거절하다'라는 뜻으로 '경멸하다, 혐오하다'라는 파생 의미를 가진 단어이다. 그러니까 이 부분을 원어에 비추어 조금 더 직역하자면 이렇게 해석할 수 있다.

"그러므로 내가 나 자신을 혐오하며 티끌과 재 가운데서 회개하나이다."

현대 심리학은 자기를 혐오하는 것은 건강한 상태가 아니라고 이야기한다. 물론 맞는 말이다. 자기 스스로 귀히 여기고 존중하여 자존감이 높아야 건강한 자아상을 가질 수 있다. 그런데 성경은 때로는 자기를 혐오하는 자리로 가야 한다고 가르친다.

여기서 사용된 '마아크'란 단어가 욥기에 몇 번 나오는데, 부정적으로도 쓰이고 긍정적으로도 쓰인다. 먼저 부정적으로 쓰인 부분을 보자.

내가 생명을 싫어하고 영원히 살기를 원하지 아니하오니 나를 놓으소서 내 날은 헛것이니이다 욥 7:16

'내가 생명을 싫어하고'에서 '싫어하고'가 '마아크'이다. 욥은 지금 이해할 수 없는 고난이 계속되는 것에 지쳐서 자기를 혐오하고 있는 상태다. 한마디로 죽고 싶다는 것이다.

욥기 9장 21절에서도 '마아크'가 부정적으로 쓰였다.

나는 온전하다마는 내가 나를 돌아보지 아니하고 내 생명을 천히 여
기는구나 욥 9:21

여기서 '천히 여기는구나'라는 부분이 '마아크'이다. 나는 온전한
사람인데, 온전한 자신이 부당하게 고난당하는 현실에 대해 자기
생명을 혐오한다는 뜻이다.

이렇게 '마아크'가 부정적으로 쓰이고 있는데, 이에 반해 앞에서
인용한 42장 6절에서의 '마아크'는 지금 인용한 두 부분과는 전혀
차원이 다른 의미로 사용됐다. 여기서는 욥이 하나님의 말씀 앞에
직면하고, 그 말씀에 비추어 자기 자신을 부정하게 된 것이다. 하나
님의 말씀으로 자기 생각이 교정되었음을 강조하는 차원에서 '자기
를 혐오하게 되었다'라고 표현한 것이다.

다시 말해서, 지금까지 고난에 대한 자기 인식이 틀렸고, 주제넘
게 생각해왔으며, 자기도 이해하지 못한 것을 주절주절 떠들어댔으
며, 인간으로서 자신의 한계를 넘어서는 짓을 저질러왔다는 사실을
깨달은 것이다. 그래서 그런 자신이 혐오스럽다는 말이다.

왜 성경이 때로는 자기혐오의 자리로 가야 한다고 가르치는가?
욥과 같은 이런 차원의 자기혐오가 회개의 자리로 나아가게 하는
원동력이자 통로가 되기 때문이다.

마태복음 16장에서 예수님은 제자들에게 이렇게 말씀하셨다.

이에 예수께서 제자들에게 이르시되 누구든지 나를 따라오려거든 자기를 부인하고 자기 십자가를 지고 나를 따를 것이니라 마 16:24

여기 나오는 '자기를 부인하고'가 구약의 '마아크'와 비슷한 의미 아닌가? 우리는 우리 자신을 부인하고 있는가? '나는 나를 혐오합니다'라는 자기부인이 하나님의 말씀에 귀를 기울이는 겸손을 가져다주고, 그것이 그 사람을 회개의 자리로 이끈다.

말씀이 들리는 것이 겸손이다

다윗이 옥상을 거닐면서 '내가 왕인데, 왕인 내 마음에 든다는데, 저 여자가 가정이 있든 없든 왜 내 마음대로 못 해?'라고 생각하던 상태에서는 하나님의 말씀이 들리지 않았다. 하나님의 말씀이 끊임없이 그의 고막을 때렸겠지만, 그 교만한 마음에는 '중단하라'는 하나님의 말씀이 들리지 않았다. 하나님이 말씀을 안 하시는 것이 아니라, 들리지가 않는 것이다. 내가 생각하고 결정한 것은 항상 옳고, 내 판단이 항상 정확하고, 부부 싸움을 할 때도 늘 '당신이 틀렸어, 나는 옳아'라고 생각하는 사람에게는 하나님의 말씀이 들리지 않는다. 그것이 교만이다.

《바벨론에서 그리스도인으로 살기》라는 책에서 저자는 다니엘의 삶의 특징을 3가지로 규정했다. 다니엘은 소망의 사람, 겸손의 사람, 지혜의 사람이었다는 것이다. 느부갓네살 왕이 교만한 사람이라면 다니엘은 겸손한 사람이었다는 것이다.

그러면 다니엘은 도대체 무엇을 어떻게 했기에 겸손한 사람이라고 인정받을 수 있었는가? 그가 겸손의 사람일 수밖에 없었던 이유가 있다. 앞에서 이야기한 것처럼, 다니엘에게는 행동을 하기 전에 늘 먼저 하나님의 말씀이 들렸다. 자신의 행동보다 항상 하나님의 말씀을 앞세웠기 때문에 느부갓네살 왕이 생명을 위협하며 꿈을 해몽해내라는 명령을 내렸을 때도 그는 바로 대답하지 않고 시간을 구했던 것이다. 그 문제를 해결할 지혜가 자기에게서 나오는 것이 아니라 하나님이 들려주시는 말씀에서 나온다는 것을 알았기 때문이다. 이것이 겸손이다.

내 삶을 돌아보면, 아무것도 몰랐기 때문에 하나하나 하나님께 물으며 갈 수밖에 없었다. 그런데 17년의 시간이 흐른 지금은, 누구든 상담을 청하면 시간을 달라고, 기다려달라고 요청할 필요가 없게 되었다. 바로바로 답할 수 있게 됐다. 17년 동안 얼마나 많은 경험이 쌓였겠는가? 그런데 이것이 바로 교만이라는 것이다.

당신은 인생에서 어떤 문제에 부딪힐 때마다 바로바로 해결하는 능력을 가진 사람인가, 아니면 시간을 달라고 하는 사람인가? 그 문제를 가지고 주님 앞에 나아가는가, 아니면 바로바로 해결할 수 있는 자기의 능력을 자랑하는가? 그것이 교만과 겸손을 가늠하는 잣대가 된다는 것이다.

나는 우리 모두가 다니엘처럼 '저 사람은 하나님 앞에서 겸손한 사람이다'라는 평가를 받게 되기를 바란다. 그리고 그 이유에 대해서 '저 사람은 항상 하나님께 의뢰해. 하나님의 말씀을 의지해. 말씀으로 인생을 풀어나가'라는 평가를 받는 주님의 자녀들이 되기를 간절히 소원한다.

하나님의 권위를 회복할 때 교만도 사라진다

우리가 교만과 관련하여 기억해야 할 두 번째 메시지는, 나의 내면에서 '하나님의 권위'가 회복될 때 교만도 사라진다는 사실이다.

다니엘이 느부갓네살 왕이 두 번째 꾼 꿈을 풀이해주는 과정에서 던지는 메시지를 보라.

> 왕이여 그 해석은 이러하니이다 곧 지극히 높으신 이가 명령하신 것이 내 주 왕에게 미칠 것이라 왕이 사람에게서 쫓겨나서 들짐승과 함께 살며 소처럼 풀을 먹으며 하늘 이슬에 젖을 것이요 이와 같이 일곱 때를 지낼 것이라 그때에 지극히 높으신 이가 사람의 나라를 다스리시며 자기의 뜻대로 그것을 누구에게든지 주시는 줄을 아시리이다
>
> 단 4:24,25

느부갓네살 왕은 누구에게 명령을 받을 위치가 아니다. 최고 권력자이다. 그런 그에게 다니엘이 뭐라고 이야기한 것인가?

"왕이여, 이것을 아셔야 됩니다. 당신이 이 땅의 호흡하는 모든

생명체 가운데서 가장 큰 권력을 쥐고 있는 최고 권력자이심을 믿어 의심치는 않습니다. 하지만 당신이 최후의 권력자가 아닙니다. 당신이 지도를 받아야 할 하나님이 계십니다."

하나님을 '지극히 높으신'이라고 표현하면서 느부갓네살 왕보다 크신 하나님을 강조한 것이다.

선생님이 자리를 지키고 계신 교실

나는 이 말씀을 읽으며 예전 초등학교 다닐 때의 교실이 생각났다. 초등학교 교실에 빗대어 인생은 두 종류로 말할 수 있다. 선생님이 안 계신 초등학교 교실 같은 인생, 선생님이 자리를 지키고 계신 초등학교 교실 같은 인생. 선생님이 안 계신 초등학교 교실은 얼마나 엉망진창인지 모른다. 칠판지우개가 날아다니고, 책상 넘어다니고, 그러다가 넘어지고, 다치고 난리다. 교만한 사람의 인생이 이와 같다. 그러다가 누가 "선생님 오신다!"라고 외치면 바로 질서가 잡힌다. 겸손한 사람의 인생이 바로 이렇게 선생님이 계셔서 정돈된 초등학교 교실 같은 인생이다. 그래서 인생에서 항상 하나님의 지도를 받았던 다니엘이 겸손한 사람이라는 것이다.

오늘 우리 시대를 한번 보라. 이 시대를 관통하는 포스트모더니즘의 특징이 무엇인가? '절대'라는 말을 다 빼버린다. 그래서 권위에서 힘을 빼버리는 것이 이 시대의 특징이다. 그러니 하나님은 이 시대의 왕따가 되실 수밖에 없는 것이다.

'왜 기분 나쁘게 하나님만 절대 신이라고 하느냐, 왜 하나님만 유일신이냐? 나도 하나님이고 너도 하나님인 것이 더 좋지 않으냐?'

그렇게 창조주 하나님을 머리에서 지워버리고 마음에서 쫓아냈다. 그 결과 이 시대 사람들의 현실을 보라. 한마디로 엉망진창 아닌가? 지금 전 세계가 혼미한 상태 아닌가? 동성애를 비롯하여 무너지는 결혼, 가정의 붕괴, 생명 경시가 판을 치고 있다. 생명의 존귀함 같은 가치는 이미 쓰레기통에 처박혀버린 시대다. 사람이 잔인해도 어떻게 그렇게 잔인해질 수 있는지, 지금껏 살아온 어떤 시대보다 이 시대가 더 많이 배우고 더 많은 발달이 이루어졌는데, 우리의 현실은 어느 때보다 더 엉망이 되어가고 있다. 이것을 보니 말 그대로 담임선생님 안 계신 초등학교 교실 같은 형국이다.

당신의 내면세계는 어떤가? 느부갓네살 왕과 같은 교만으로 무장되어 내가 최종 결정자이고, 뭐든지 내 마음대로 결정하고, 내가 결정하는 것이 곧 진리고 법이라고 생각한다면 당신의 인생은 담임선생님이 계시지 않아 엉망진창인 교실과 같은 인생이다.

나는 이런 점에서 가끔 우리 교회의 부교역자들이 부러울 때가 있다. 그들에게는 담임목사가 있기 때문이다. 사실 그들은 담임목사인 나를 어려워한다. 성도들에게 조금만 잘못해도 크게 화를 내며 잔소리를 하기 때문이다. 하지만 그들이 사고를 치면 최선을 다해 수습해주고, 뒷바라지해주고, 그 상황에서 가장 좋은 길로 갈 수 있게 함께 기도하고 조언해주려고 애쓰고 있다. 이것이 담임목사가 해야 할 일이기 때문이다.

그런데 나는 어떤가? 누가 나를 지도해주는가? 스승이신 옥한흠 목사님이 돌아가시고 가장 슬펐던 것이 이것이다. 그렇다고 옥한흠 목사님이 돌아가신 후에 내가 확 변질되었는가? 강단에서 헛소리하고, 갑자기 이상해져서 돈만 밝히거나, 해서는 안 될 짓을 하고 다녔는가? 아니다. 하나님이 내 삶에 파송해주신 옥한흠 목사님은 하나님 곁으로 갔지만, 여전히 나의 내면세계는 담임선생님이 계신 교실과 같다고 나는 확신한다. 하나님이 계시기 때문이다. 담임선생님이 계신 인생은 혼란과 혼미함이 없다.

겸손한 '내가'의 회복

앞에서 느부갓네살 왕이나 사울 왕이 '내가, 내가'를 반복하는 인생이라고 했는데, 신약에도 '내가, 내가'가 계속되는 구절이 있다. 갈라디아서 2장 20절이다.

내가 그리스도와 함께 십자가에 못 박혔나니 그런즉 이제는 내가 사는 것이 아니요 오직 내 안에 그리스도께서 사시는 것이라 이제 내가 육체 가운데 사는 것은 나를 사랑하사 나를 위하여 자기 자신을 버리신 하나님의 아들을 믿는 믿음 안에서 사는 것이라 갈 2:20

A. W. 토저가 쓴 《내 자아를 버려라》라는 책에 보면 갈라디아서

20장 전후로 '내가'가 열네 번 나온다고 한다. 그런데 여기에 나오는 '내가'는 느부갓네살 왕이나 사울 왕의 '내가'와는 차원이 완전히 다르다. 사도 바울이 말하는 "내가 그리스도와 함께 십자가에 못 박혔나니"나 "오직 내 안에 그리스도께서 사시는 것이라"에서의 '내가'는 담임선생님이 계신 인생의 '내가'이다. 담임선생님의 통제를 받는 사람이 할 수 있는 '내가'란 것이다. 우리에게는 이 '내가'가 자리 잡고 있어야 한다.

사도 바울의 "이제는 내가 사는 것이 아니요 오직 내 안에 그리스도께서 사시는 것이라"는 무엇을 고백하는 것인가? "내 인생은 담임선생님이 함께 계신 교실과 같은 인생이다. 나는 그분의 지도를 받을 것이다. 나는 그분의 통제를 받을 것이다. 그분이 내게 필요한 지혜와 걸어가야 할 길을 가르쳐주시고, 나는 그분의 지도와 통제 아래 놓여 있다"라는 선언이다.

그러면 우리는 어떻게 겸손한 '내가'를 회복할 수 있는가? 고린도전서 4장에서 겸손을 회복할 수 있는 굉장히 중요한 원리 하나를 발견할 수 있다.

형제들아 내가 너희를 위하여 이 일에 나와 아볼로를 들어서 본을 보였으니 이는 너희로 하여금 기록된 말씀 밖으로 넘어가지 말라 한 것을 우리에게서 배워 서로 대적하여 교만한 마음을 가지지 말게 하려 함이라 고전 4:6

사도 바울이 "교만한 마음을 가지지 말게 하려 함이라"라고 하면서 어떤 지침을 주는가? 이어지는 말씀을 현대인의 성경으로 보자.

누가 여러분을 남달리 뛰어나게 하였습니까? 여러분이 가진 것 중에 하나님에게 받지 않은 것이 무엇입니까? 여러분이 가진 것이 하나님에게 받은 것이라면 어째서 받지 않은 것처럼 자랑합니까?

고전 4:7, 현대인의 성경

정신이 번쩍 드는 말씀 아닌가?

'너의 삶이 오늘에 이르기까지 하나님의 손길이 미치지 않은 곳이 있었느냐? 어느 것 하나라도 하나님 없이 네 힘으로 한 것 있었느냐? 네 인생이 시작되고 지금까지 어느 것 하나 하나님 없이 네 힘으로 한 것이 있었느냐? 네가 가진 것이 하나님께 받은 것이라면 어째서 아무것도 받지 않은 것처럼, 모두 다 네 힘으로 이룬 것처럼 자랑하느냐?'

이 지적 앞에 정신을 바짝 차리고 하나님을 주인으로 모신 자의 겸손한 '내가', 자기부인의 '내가'를 회복하는 우리가 되기를 바란다. 그럴 때 교만을 버리고 겸손을 회복할 수 있다.

우리가 다 하나님께 이렇게 고백하며 기도하면 좋겠다.

"하나님, 제 인생은 담임선생님이 계시지 않는 초등학교 교실 같은 혼란스러운 인생이 아닙니다. 담임선생님이 계셔서 정돈된 교실 같은 인생입니다. 주님이 지시하시는 대로 따라가는 차원에서의 겸손을 허락해주시기를 원합니다."

이 기도에 하나님께서 놀랍게 응답해주시는 인생이 다 되기를 바란다.

다니엘서 4장 33-37절

---

33 바로 그때에 이 일이 나 느부갓네살에게 응하므로 내가 사람에게 쫓겨나서 소처럼 풀을 먹으며 몸이 하늘 이슬에 젖고 머리털이 독수리 털과 같이 자랐고 손톱은 새 발톱과 같이 되었더라 **34** 그 기한이 차매 나 느부갓네살이 하늘을 우러러 보았더니 내 총명이 다시 내게로 돌아온지라 이에 내가 지극히 높으신 이에게 감사하며 영생하시는 이를 찬양하고 경배하였나니 그 권세는 영원한 권세요 그 나라는 대대에 이르리로다 **35** 땅의 모든 사람들을 없는 것 같이 여기시며 하늘의 군대에게든지 땅의 사람에게든지 그는 자기 뜻대로 행하시나니 그의 손을 금하든지 혹시 이르기를 네가 무엇을 하느냐고 할 자가 아무도 없도다 **36** 그때에 내 총명이 내게로 돌아왔고 또 내 나라의 영광에 대하여도 내 위엄과 광명이 내게로 돌아왔고 또 나의 모사들과 관원들이 내게 찾아오니 내가 내 나라에서 다시 세움을 받고 또 지극한 위세가 내게 더하였느니라 **37** 그러므로 지금 나 느부갓네살은 하늘의 왕을 찬양하며 칭송하며 경배하노니 그의 일이 다 진실하고 그의 행하심이 의로우시므로 교만하게 행하는 자를 그가 능히 낮추심이라

13 CHAPTER

불필요한
고난에 빠지지 말자

 많은 사람을 상대해야 하는 목회자로서 성도
들의 아픈 현실에 마주하게 될 때가 많다. 하
루도 그냥 넘어가는 법 없이 성도들의 눈물과
아픔과 고통에 늘 직면한다. 그러다 보니 '고난과 아픔을 피해 갈
수 있는 인생은 아무도 없구나'라는 생각을 절로 하게 된다.

사회적으로 지위와 체면이 있고 자존심이 강해서 일절 내색하지
않던 분이 갑자기 상담 요청을 해 와서 만나보면, 점잖은 남자분이
눈물을 뚝뚝 흘리며 감정의 둑을 터뜨리는 모습을 볼 때가 있다. 얼
마나 당황스러운지 모른다.

그런 모습을 목격할 때마다 세상적인 지위나 경제적인 넉넉함이
고난을 피하게 하는 능력이 아님을 새삼 깨닫는다. 모든 인생은 예
외 없이 고난에서 자유할 수 없다.

그런가 하면 고난의 종류가 진짜 천차만별이다. 너무 많다. 무슨 고난의 종류가 그렇게 많은지, 이것이 지나면 저것이 또 온다. 그래서 우리 인생길은 늘 고난에 직면해 있는 과정이라는 생각을 하곤 한다.

본문의 느부갓네살 왕 역시 극심한 고난에 빠져 있다. 그는 당시 최고 권력자였다. 왕이자 정복자요, 말 한마디에 사람을 죽이고 살리는 권세를 가진 자였지만, 그 역시 고난을 피해 갈 수는 없었다.

바로 그 순간에 이 말이 느부갓네살 왕에게 이루어져서, 그가 사람 사는 세상에서 쫓겨나서, 소처럼 풀을 뜯어 먹었으며, 몸은 하늘에서 내리는 이슬에 젖었고, 머리카락은 독수리의 깃털처럼 자랐으며, 손톱은 새의 발톱같이 자랐다. 단 4:33, 새번역

너무 끔찍한 고난 아닌가? 그런데 본문에서 느부갓네살 왕이 당한 고난은 뚜렷한 이유가 있는 고난이었다. 스스로 자초한 고난이었으며, 얼마든지 피할 수 있는 고난이었다. 하나님이 피할 길을 얼마나 많이 알려주셨는가? 그런데도 고집부리며 끝까지 하나님의 말씀에 반응하지 않다가 당한 고난이니 누구를 탓하겠는가?

물론 인간이 겪는 고난 전부가 느부갓네살 왕의 경우처럼 자기가 잘못하여 자초한 것은 아니다. 욥처럼 아무리 생각해도 이유를 알 수 없는 종류의 고난도 많다. 그러니 욥의 세 친구들처럼 알지도 못

하면서 남의 아픔을 향해 이런저런 비난을 하고, 회개하라는 등 어설픈 조언을 하는 것은 경솔한 짓이다.

타인이 겪는 고난과 관련해서는 그저 그를 위해 기도해주는 것이 최선이다. 또한 그럴 때 자기 자신을 더 추스르면서 저 고난이 언제라도 나에게 닥칠 수 있다는 겸손한 마음을 갖는 것이 필요하다.

고난을 대하는 두 가지 전제

본문의 느부갓네살 왕이 당한 고난을 중심으로 고난에 대해 살펴보고 우리가 느부갓네살 왕처럼 불필요한 고난에 빠지지 않으려면 어떻게 해야 하는지를 살펴보려고 하는데, 이 부분을 본격적으로 살펴보기 전에 고난과 관련한 두 가지 전제를 먼저 이야기하고 싶다.

피할 수 없다면 유익을 누려라

첫째는 어차피 고난을 피할 수 없다면 '그 고난을 통해 주시는 유익'을 찾아보자는 것이다.

사실 느부갓네살은 문제가 많은 왕인데, 그럼에도 불구하고 우리는 그에게 한 가지를 배워야 한다. 그는 자기가 당한 극심한 고난을 허투루 흘려보내지 않고, 그 고난을 통해 필요한 지혜와 깨달음을 얻었다는 것이다. 성경은 느부갓네살 왕이 고난 이후에 '정신을 되찾았다'라고 두 번에 걸쳐 기록하고 있다.

정해진 기간이 다 되어, 나 느부갓네살은 하늘을 우러러보고서 정신을 되찾았고 … 단 4:34, 새번역

내가 정신을 되찾았을 때에, … 이제 나 느부갓네살은 하늘의 왕을 찬양하고 높이며, 그분에게 영광을 돌리는 바이다. 과연 그가 하시는 일은 모두 참되며, 그의 모든 길은 공의로우니, 그는 교만한 이를 낮추신다. 단 4:36,37, 새번역

느부갓네살은 하나님이 자신을 왜 이렇게 극심한 고난의 자리로 이끄셨는지, 그 정확한 의도를 깨닫고 정신을 차렸다. 고난당한다고 다 이렇게 깨닫는 것은 아니다. 이것은 우리가 느부갓네살에게 배워야 한다.

고난 중에 깨달음을 얻다

이런 점에서 '탕자의 비유'에 나오는 탕자에게서도 배워야 할 것이 있다. 고난 중에 하는 그의 고백을 보라.

그가 돼지 먹는 쥐엄 열매로 배를 채우고자 하되 주는 자가 없는지라 '이에 스스로 돌이켜 이르되' 내 아버지에게는 양식이 풍족한 품꾼이 얼마나 많은가 나는 여기서 주려 죽는구나 내가 일어나 아버지께 가서 이르기를 아버지 내가 하늘과 아버지께 죄를 지었사오니 지

금부터는 아버지의 아들이라 일컬음을 감당하지 못하겠나이다 나를
품꾼의 하나로 보소서 하리라 하고 눅 15:16-19

가출하고 제멋대로 살다가 이런 어려움을 당한다고 다 이렇게
'이에' 스스로 돌이켜 깨닫는 것은 아니다. 만약 가출했다고 다 돌
이켜 깨달을 수 있다면 우리 아이들에게도 가출하라고 부추기고 싶
다. 그것이 유익한 결과를 가져오니 말이다. 하지만 가출한다고 다
깨닫는 것이 아니다. 이것은 탕자에게서 우리가 배워야 하는 부분
이다.

나는 '탕자의 비유'를 읽을 때마다 이런 상상을 해본다.

'둘째 아들은 이런 깨달음을 얻었기 때문에 자기 아버지 집으로
돌아간 후에는 진짜 행복하게 살았을 것 같다. 하지만 가출도 안
하고 모범생처럼 살았던 큰아들은 이런 깨달음이 없었기 때문에 맨
날 불평이나 하면서 살았겠지?'

구약의 문제 많은 인물 중에 야곱도 빼놓을 수 없다. 그는 신앙
의 명문가 출신이다. 그의 할아버지가 누구인가? 믿음의 조상 아브
라함이다. 그런 어마어마한 신앙의 명문 가문에서 자랐지만, 그는
사기꾼 기질이 다분했다. 요즘이었다면 사기로 고발을 당해도 몇
번은 당했을 것이다. 자기의 유익을 위해서라면 형이고 아버지고 속
이는 것은 일도 아니었다.

창세기 28장에도 보면 형에게 돌아갈 축복을 가로채려고 아버지

와 형을 속이고 거짓을 꾸미다가 덧나서 격분한 형의 살해 위협을 피해 목숨을 부지하기 위해 야반도주하듯 도망하는 장면이 그려지고 있다.

그 상황도 참 초라한데, 해가 어둑어둑 지자 야곱은 홀로 광야에서 고독한 밤을 맞게 되었다.

한 곳에 이르러는 해가 진지라 거기서 유숙하려고 그곳의 한 돌을 가져다가 베개로 삼고 거기 누워 자더니 창 28:11

우리가 차 끌고 신용카드 들고 지갑 두둑이 채워서 여행을 가도 집 떠나서 어둑어둑해지면 마음이 스산하고 외로운데, 지금 야곱의 마음은 얼마나 비참하겠는가? 멀리서는 짐승 울음소리가 들리는데 몸 피할 곳은 없고 돌 하나를 베개로 삼아 누워 있자니 아마 별 생각이 다 들었을 것이다. 거친 광야의 삭막한 현실이 두렵고 '내일은 어디로 가야 하지? 외삼촌이 나를 받아주기는 하려나' 하는 장래에 대한 불안으로 잠 못 이루는 그 밤의 고난을 누가 만들었는가? 자초한 일 아닌가? '제 눈 제가 찔렀다'나 '자기 무덤 자기가 판다'는 말이 떠오르는 상황이다.

이렇게 어리석은 야곱이지만, 우리가 그에게 배워야 할 것이 있다. 그 고난의 과정을 통해 그가 깨달음을 얻은 것이다.

야곱이 잠이 깨어 이르되 여호와께서 과연 여기 계시거늘 내가 알지 못하였도다 창 28:16

금을 주고도 얻지 못할 유익을 야곱은 고난을 통해 얻었다.

고난을 인생의 도약과 비상의 도구로 활용하다

그런가 하면 요셉은 고난을 통해 인생의 수직 상승을 경험한 입지전적인 인물이었다. 그야말로 자기가 당하는 고난의 의미를 정확하게 알고 있었기에, 그 고난에 상처 받는 대신 인생의 도약과 비상의 도구로 활용할 수 있었다.

이미 한 번 언급했지만, 성경은 그를 '형통한 사람'이라고 한다. 형들에게 배신당해 외국에 노예로 팔려간 것도 억울한데, 거기에서 이상한 여자를 만나 성폭행 미수범이라는 끔찍한 누명을 쓰고 감옥에 갇혀 있는데, 성경은 그런 요셉을 형통한 사람이라는 것이다.

간수장은 그의 손에 맡긴 것을 무엇이든지 살펴보지 아니하였으니 이는 여호와께서 요셉과 함께하심이라 여호와께서 그를 범사에 형통하게 하셨더라 창 39:23

상식적으로 무슨 이런 형통이 다 있는가? 나는 이런 요셉의 모습을 보면서, 성경은 왜 한 번도 아니고 몇 차례에 걸쳐서 요셉을 '형통한 사람'이라고 평가했는지 궁금했는데, 성경을 읽다가 그 답을 찾았다. 시편 119편 71절이다.

> 고난 당한 것이 내게 유익이라 이로 말미암아 내가 주의 율례들을 배우게 되었나이다 시 119:71

다시 말하지만, 인생은 두 종류이다. 고난이 있는 인생, 고난이 없는 인생이 아니다. 모든 인생은 고난에서 피할 길이 없다. 그러면 어떻게 나뉜다는 말인가? 첫 번째 인생은 고난을 통해 여호와의 율례를 배우는 인생, 다시 말해 고난을 통해 하나님의 뜻을 발견하는 인생이다. 요셉처럼 그 인생이 비상하도록 고난을 활용하는 인생이다. 그런가 하면 두 번째 인생은 죽어라고 고생하며 고난만 당하다가 아무것도 얻지 못하는 인생이다. 슬픈 것은 대부분의 인생이 후자에 속한다는 사실이다. 우리는 어떤가?

나는 시편 119편 71편 말씀을 보면 같이 떠오르는 말씀이 있다. 시편 49편 20절이다.

> 존귀하나 깨닫지 못하는 사람은 멸망하는 짐승 같도다 시 49:20

깨닫지 못하면 고생만 하다가 망한다. 당신은 어느 쪽인가? 자기 자신을 한번 깊이 돌아보라. 고난이 없어서 축복이 아니다. 그 고난이 내게 어떤 유익과 깨달음을 주는지, 고난을 통해 하나님의 뜻과 율례를 깨닫는 것이 축복이다. 내 인생에 닥치는 고난을 어떻게 활용하고 있는지 살펴야 하는 까닭이다.

피할 수 있는 고난은 피하자

고난과 관련한 둘째 전제는, 피할 수 있는 고난은 피하자는 것이다.

어느 인생이고 고난은 피할 수 없다고 했는데, 그것은 총체적인 고난에 대한 설명이고 부분적으로 말하면 고난의 종류에 따라 얼마든지 마음만 먹으면 피할 수 있는 고난도 많다. 불행한 것은 우리가 당하는 고난의 대부분이 마음만 먹으면 피할 수 있는 고난이라는 것이다. 이것이 우리 인간의 어리석음 아닌가?

본문에서 느부갓네살 왕이 겪은 고난도 이 경우이다. 하나님이 그에게 얼마나 많은 경고를 하셨는가? 추상적으로 돌려서 말씀하신 것도 아니고 알아듣기 쉽게 '네가 지금 여기서 돌아서지 않으면 이런 고난을 당할 것'이라고 명시해서 가르쳐주시는데도 정신을 못 차린 것이 느부갓네살이다. 스스로 마음먹고 결단만 했으면 얼마든지 피할 수 있는 고난을 자초했다.

그렇게 경고했는데도 못 알아듣고 기어이 고난당하는 느부갓네살을 보면서 우리 아이들이 생각났다. 자녀를 키워본 사람이라면 다 알 것이다. 부모들이 자기 자녀들을 향해 얼마나 애타게 호소하는가?

"아빠가 네 나이 때 그 길로 가봤더니 거기는 막다른 골목이더라. 너는 고생하지 말고 아빠의 경험을 교훈 삼아 거기서 바로 뒤돌아가면 좋겠다."

아무리 가르쳐줘도 못 알아듣는 것이 철없는 자녀들이다. 우리 아이들뿐 아니라 모든 집 아이들이 다 그럴 것이다. 그렇다고 그 아이들을 나무랄 수도 없다. 왜? 우리 역시 그랬기 때문이다. 우리 중에 해당 안 되는 사람이 있는가? 부모님이 애타게 말씀하시는 것을 반만 들었어도 지금보다는 훨씬 더 잘 살고 있을 것이다.

인간의 미련함이 바로 이것이다. 아무리 가르쳐주어도 직접 경험해보고 막다른 골목까지 가본 다음에야 '아, 진짜 길이 없네' 하면서 고생고생하며 되돌아서지 않는가? 느부갓네살 역시 이런 점에서 어리석다. 그는 고난을 겪은 후에 큰 교훈을 깨달았는데, 교훈을 깨달은 것은 귀하지만 기왕이면 고난을 겪기 전에 깨달았으면 얼마나 좋았겠는가?

우리는 그런 어리석음에서 얼마나 벗어나 있는가? 느부갓네살의 모습을 타산지석으로 삼아 어떻게 하면 불필요한 고난을 피할 수 있을까? 이제 그 답을 함께 살펴보자.

고난당하기 전에 스스로 교만을 꺾어라

우리가 불필요한 고난에 빠지지 않으려면 첫째, 고난당하기 전에 스스로 교만을 꺾어야 한다.

> 그러므로 지금 나 느부갓네살은 하늘의 왕을 찬양하며 칭송하며 경배하노니 그의 일이 다 진실하고 그의 행하심이 의로우시므로 교만하게 행하는 자를 그가 능히 낮추심이라 단 4:37

느부갓네살의 놀라운 지혜와 치명적인 미련함이 동시에 담겨 있는 이중적인 상황이다. 이 깨달음 자체가 너무나 놀라운 것이기 때문에 그의 지혜에 감탄하게 되고, '고난당하기 전에 좀 깨닫지' 하는 안타까움 때문에 그의 어리석음이 뼈아프다.

하나님은 느부갓네살에게 고난을 주시기 전에 여러 번에 걸쳐 준엄한 경고의 말씀을 거듭 주셨다. 하지만 하나님의 경고를 듣고도 느부갓네살의 교만은 여전했다.

> 열두 달이 지난 후에 내가 바벨론 왕궁 지붕에서 거닐새 나 왕이 말하여 이르되 이 큰 바벨론은 내가 능력과 권세로 건설하여 나의 도성으로 삼고 이것으로 내 위엄의 영광을 나타낸 것이 아니냐 하였더니
> 단 4:29,30

앞 장에서 느부갓네살 왕과 다윗 왕의 공통점이 둘 다 옥상을 거닐다가 실족한 것이라고 했는데, 느부갓네살은 "열두 달이 지난 후

에 내가 바벨론 왕궁 지붕에서 거닐새" 교만이 싹텄고, 다윗은 "저녁 때에 다윗이 그의 침상에서 일어나 왕궁 옥상에서 거닐다가" 품어서는 안 될 여인을 품었다. 이것을 보면 옥상이 너무 위험하다.

그러고 보면 마귀가 예수님을 시험할 때에 어디로 데리고 갔는가?

이에 마귀가 예수를 거룩한 성으로 데려다가 성전 꼭대기에 세우고
마 4:5

마귀는 예수님을 높은 성전 꼭대기로 데리고 갔다. 마귀가 예수님을 경배하려고 그 높은 성전 꼭대기로 갔는가? 아니다. 떨어뜨리려고 간 것이다. 예수님은 그것을 정확하게 아셨기 때문에 넘어가지 않으셨다.

느부갓네살 왕과 다윗 왕이 왜 왕궁 옥상을 거닐다가 그렇게 비참한 자리에 빠지게 되었는지 아는가? 나는 우리 교회 옥상에 웬만하면 안 올라간다. 부득이 옥상에 올라갈 일이 있으면 올라갔다가도 빨리 내려온다.

물론 농담으로 하는 이야기이지만 상징적으로는 의미가 있는 말이라 생각한다. 분당이 다 내려다보이는 그 높은 옥상에 서면 '야, 우리 교회가 엄청 멋지네' 하고 없던 교만도 찾아오기 때문이다. 옥상이 그런 장소이다.

만약 지금 주위 사람들이 자꾸 비행기 태우면서 옥상으로 끌고

올라가고 있다면, 조심하라. 위험한 상황이다. 가끔 나 자신에게 독백하듯 하는 말이 있다.

'추락하는 것에는 날개도 없다. 이찬수, 정신 차려라!'

마귀가 예수님을 높은 성전 꼭대기로 데리고 올라간 것이 경배하기 위함이 아니라 떨어뜨리기 위함이었다면, 오늘 우리를 향한 공격의 패턴도 비슷하지 않겠는가? 내용물은 보잘것없는데 거품만 풍성해서 공중에 붕 뜬 채로 과장된 평가를 받는 것이 얼마나 두려운 일인지 아는가?

주변에서 자꾸 띄워준다고 교만이 머리끝까지 올라간 채 그냥 있으면 안 된다. 바로 회개하고 정신 차리지 않으면 그 교만을 꺾기 위한 고난이 시작되는 것이다. 우리 스스로 내려오지 않으니 느부갓네살처럼 하나님이 끌어내리실 수밖에. 그러면 너무 비참하지 않은가?

> 아무 일에든지 다툼이나 허영으로 하지 말고 오직 겸손한 마음으로 각각 자기보다 남을 낫게 여기고 빌 2:3

느부갓네살 왕처럼 왕궁 지붕에 올라가 있으면 이 말씀대로 살 수 없다. 내가 최고인데, 내가 제일 높은데, 왕궁 지붕에서 모든 것을 내려다보는 태도에서 어떻게 나보다 남을 낫게 여기는 겸손이 나올 수 있겠는가? 그러므로 우리는 자꾸 내려와야 한다. 우리 스스로 안 내려오면 하나님이 강제로 끌어내리신다. 그러면 너무 힘들다.

빌립보서 2장 3절을 공동번역으로 보면 이렇게 표현되어 있다.

무슨 일에나 이기적인 야심이나 허영을 버리고 다만 겸손한 마음으로 서로 남을 자기보다 낫게 여기십시오. 빌 2:3, 공동번역

겸손하기 위해서는 헛된 야망과 허영을 버리고 낮아져야 한다. 그럴 때 피할 수 있는 고난은 피하게 될 줄 믿는다.

대안을 실천하라

우리가 불필요한 고난에 빠지지 않으려면 둘째, 그 대안으로 주신 '27절 말씀'을 실천해야 한다. 27절 말씀이 무엇인가?

그런즉 왕이여 내가 아뢰는 것을 받으시고 공의를 행함으로 죄를 사하고 가난한 자를 긍휼히 여김으로 죄악을 사하소서 그리하시면 왕의 평안함이 혹시 장구하리이다 하니라 단 4:27

다니엘은 느부갓네살 왕에게 "이렇게 하면 왕이 고난을 피하고 평안할 수 있다"고 대안을 제시하고 있다. 만약 느부갓네살 왕이 다니엘이 제시한 이 대안을 따랐더라면 그렇게 수치스러운 자리에

빠지는 것을 피할 수 있었을 것이다.

그렇다면 다니엘이 어떤 대안을 제시하고 있는가? 다니엘은 두 가지를 제시하고 있다.

공의를 행하라

다니엘이 제시한 첫 번째 대안은 '공의를 행하라'는 것이다.

"그런즉 왕이여 내가 아뢰는 것을 받으시고 공의를 행함으로 죄를 사하고…."

이미 여러 번 살펴본 것처럼 느부갓네살은 포악한 왕이었다. 자기 야망을 위해 군대를 동원하여 남유다를 비롯한 주변의 수많은 나라들을 짓밟고 죽이고 포로로 끌고 갔으며, 자기가 꾼 꿈의 내용을 알려주지 않은 채 그 꿈을 해석해내라는 억지스러운 명령을 내리고는 그 꿈풀이를 하지 못한다는 이유로 술사들을 죽여버리지 않았는가?

그런 느부갓네살 왕에게 다니엘은 "당신이 진짜로 고난을 피하고 싶습니까? 그러면 그렇게 포악한 짓을 멈추고 공의를 행하세요"라고 말한 것이다.

오늘날 우리에게는 어떻게 적용할 수 있는가? 피할 수 있는 고난이 있다는데, 그 고난을 피하려면 어떻게 해야 한다는 것인가? 내 위치에서 내가 저지르고 있는 포악한 짓을 그만두는 것이다.

이 부분을 내 상황에 적용해보았다. 만약 내가 담임목사라고 해서 우리 교회 부목사들을 내 마음대로 종 부리듯 부리며, 감정의 기복에 따라 이랬다저랬다 하고, 편애로 가득 차서 교역자들을 고통으로 몰고 간다면, 나에게는 내가 자초한 고통과 고난이 엄습할 것이다.

내가 신학교에 다닐 때 가까운 전도사님이 주일 사역을 마치고 학교에 올 때마다 울분을 토하던 것이 잊히지 않는다. 그 분이 토요일에 교회에 가면 제일 먼저 해야 하는 일이 담임목사님의 차를 세차하는 것이라고 한다. 그러고 나면 담임목사님의 사모님을 모시고 시장에도 가고, 병원에도 가고 하면서 기사 노릇을 해야 한다는 것이다.

담임목사님을 너무 존경해서 스스로 '목사님 차라도 내가 닦아 드려야지' 하면 그것이 무슨 문제가 되겠는가? 담임목사라는 이유로 교육전도사를 주의 종으로 대하지 않고 몸종처럼 대하는 것이 문제 아닌가?

우리는 우리 자리에서 행하는 포악한 짓을 멈춰야 한다. 적어도 우리가 선 자리에서 '갑질'이라는 말은 안 나오게 살아야 하지 않겠는가? 성경은 그것이 고난을 피하는 방법이라고 제시하고 있다.

한 순찰자를 인식할 때 포악을 멈출 수 있다

그런데 여기서 한 가지, 느부갓네살은 왜 다니엘의 말을 듣지 않고 그렇게 포악한 짓을 계속했는가? 나는 23절에 그 답이 있다고 생각한다.

> 왕이 보신즉 한 순찰자, 한 거룩한 자가 하늘에서 내려와서 이르기를 그 나무를 베어 없애라 … 단 4:23

여기에 나오는 '한 순찰자'가 정확히 어떤 존재인지에 대해서는 의견이 분분하다. 성경에서 이 단어가 등장하는 곳이 다니엘서가 유일하기 때문이다. 외경에서는 이 단어가 천사를 표현할 때 사용된다고도 하지만, 학자들마다 의견이 다르다. 그래서 여기 나오는 '한 순찰자'는 그저 천상의 어떤 존재 정도로 짐작할 뿐 정확하게 그 실체는 알 수가 없다.

그러나 우리가 알 수 있는 한 가지는 무엇인가? 오늘도 하나님은 순찰하는 '한 순찰자'를 보내서 감시하고 계시다는 것이다. 이것을 모르기 때문에 '사람에게만 안 들키면 되지' 하면서 자기 멋대로 살아가는 것 아닌가?

지금 그루밍, 성폭행 등 들려서는 안 될 이야기들이 교회 안에서 나오고 있으니, 정말 억장이 무너질 일 아닌가? 신학교 졸업하고, 목사 안수받아도 소용없다. 영안이 어두우니 하나님이 '한 순찰자'를 보내서 우리를 감시하고 계시다는 것을 인식하지 못한다. 그러니 그런 엄청난 짓을 저지르고도 두려움 없이 살아가는 것 아니겠는가?

느부갓네살 왕 역시 하나님의 경고와 다니엘의 조언을 듣고도 횡포를 멈추지 않았던 것은, 바로 이 사실을 몰랐기 때문이다.

그렇기 때문에 특히 영적인 지도자들은 이것을 끊임없이 되뇌어야 한다.

'아무도 보는 이 없을 때 나는 어떤 사람인가? 아무에게도 들키지 않은 내 모습은 어떤 모습인가?'

비단 나 같은 목회자에게만 해당되는 것이 아니다. 우리 중에 지도자 아닌 사람이 누가 있는가? 아이 키우는 엄마는 자녀들 앞에서 지도자요, 아빠는 한 가정의 가장으로서 지도자다. 우리가 어느 자리에, 어느 위치에 있든 그 자리에서 지도자임을 기억하고 하나님이 한 감찰자를 보내서서 우리를 감시하고 계시다는 것을 잊지 말아야 한다.

가난한 자를 긍휼히 여기라

다니엘이 제시한 두 번째 대안은 '가난한 자를 긍휼히 여기라'는 것이다.

> 그런즉 왕이여 내가 아뢰는 것을 받으시고 공의를 행함으로 죄를 사하고 가난한 자를 긍휼히 여김으로 죄악을 사하소서 그리하시면 왕의 평안함이 혹시 장구하리이다 하니라 단 4:27

여기서 '가난한 자를 긍휼히 여기는 것'은 1차적으로는 물질적으로 가난한 자들의 필요를 채워주는 것을 가리키는 것이겠지만, 더 포괄적으로는 억울한 일을 당해도 가난하고 힘이 없어서 그 억울함을 호소할 곳조차 없는 이웃들의 편이 되어주는 것, 가난 때문에 상한 마음을 돌보아주는 것, 연약한 이웃들을 주님의 마음으로 긍휼히 여기는 것을 말한다.

한번은 교회 엘리베이터에서 어느 여 성도님을 만났다. "어디 가세요?" 하고 묻자 그 분이 이렇게 대답했다.

"반찬 만들러 가요."

처음에는 좀 헷갈렸다. 반찬을 만들러 왜 교회에 오지? 그런데 알고 봤더니 벌써 십수 년째 반찬을 만들어서 독거노인이나 경제적으로 어려운 가정에 몰래몰래 전달하고 있었다는 것이다.

가난한 자를 불쌍히 여기는 것은 여호와께 꾸어 드리는 것이니 그의
선행을 그에게 갚아주시리라 잠 19:17

이렇게 말씀하시는 주님이 연약한 이웃, 가난한 자들을 위해 수고하는 그 손짓 하나하나를 외면하시겠는가? 그럼에도 우리는 가난한 이웃에게 베풀 돈 한 푼이 아까워서 부들부들 떨다가 갑작스레 닥친 고난 앞에서 움켜쥐고 있던 것을 한꺼번에 다 잃어버리는 일이 얼마나 비일비재한가?

우리는 다니엘이 제시한 두 가지 대안을 늘 기억하며 살아가야 한다. 그럴 때 불필요한 고난을 피할 수 있기 때문이다. 그 두 가지 대안이 빌립보서의 이 말씀 안에 다 담겨 있다.

아무 일에든지 다툼이나 허영으로 하지 말고 오직 겸손한 마음으로 각각 자기보다 남을 낫게 여기고 각각 자기 일을 돌볼뿐더러 또한 각각 다른 사람들의 일을 돌보아 나의 기쁨을 충만하게 하라
빌 2:3,4

앞부분인 3절이 다니엘이 제시한 첫 번째 대안이요, 뒷부분인 4절이 두 번째 대안 아닌가? 이 말씀을 늘 새겨서 삶에 적용하고 실천할 때 우리는 불필요한 고난을 피할 수 있게 될 것이다.

그러나 한 가지 잊지 말고 꼭 기억해야 할 것이 있다. 우리 스스로의 힘으로는 이런 일을 행할 능력이 없다는 것이다. 우리는 이 말씀에 이어지는 다음 말씀을 붙들고 주님의 도우심을 구해야 한다.

그는 근본 하나님의 본체시나 하나님과 동등됨을 취할 것으로 여기지 아니하시고 오히려 자기를 비워 종의 형체를 가지사 사람들과 같이 되셨고 사람의 모양으로 나타나사 자기를 낮추시고 죽기까지 복종하셨으니 곧 십자가에 죽으심이라 빌 2:6-8

자신을 끝없이 낮추시어 우리를 구원해주신 예수 그리스도, 그분이 지신 십자가의 사랑과 정신과 능력만이 우리에게 이런 일을 행할 수 있는 동력을 제공해주는 줄 믿는다. 주님 앞에서 그 은혜를 다 구하길 바란다. 그래서 피할 수 있는 고난은 피하는 축복을 누리게 되기를 바란다.

다니엘서 5장 1-9절

———

1 벨사살 왕이 그의 귀족 천 명을 위하여 큰 잔치를 베풀고 그 천 명 앞에서 술을 마시니라 2 벨사살이 술을 마실 때에 명하여 그의 부친 느부갓네살이 예루살렘 성전에서 탈취하여 온 금, 은 그릇을 가져오라고 명하였으니 이는 왕과 귀족들과 왕후들과 후궁들이 다 그것으로 마시려 함이었더라 3 이에 예루살렘 하나님의 전 성소 중에서 탈취하여 온 금 그릇을 가져오매 왕이 그 귀족들과 왕후들과 후궁들과 더불어 그것으로 마시더라 4 그들이 술을 마시고는 그 금, 은, 구리, 쇠, 나무, 돌로 만든 신들을 찬양하니라 5 그때에 사람의 손가락들이 나타나서 왕궁 촛대 맞은편 석회벽에 글자를 쓰는데 왕이 그 글자 쓰는 손가락을 본지라 6 이에 왕의 즐기던 얼굴빛이 변하고 그 생각이 번민하여 넓적다리 마디가 녹는 듯하고 그의 무릎이 서로 부딪친지라 7 왕이 크게 소리 질러 술객과 갈대아 술사와 점쟁이를 불러오게 하고 바벨론의 지혜자들에게 말하되 누구를 막론하고 이 글자를 읽고 그 해석을 내게 보이면 자주색 옷을 입히고 금사슬을 그의 목에 걸어주리니 그를 나라의 셋째 통치자로 삼으리라 하니라 8 그때에 왕의 지혜자가 다 들어왔으나 능히 그 글자를 읽지 못하며 그 해석을 왕께 알려주지 못하는지라 9 그러므로 벨사살 왕이 크게 번민하여 그의 얼굴빛이 변하였고 귀족들도 다 놀라니라

제발 경고를
무시하지 말라

나는 구약의 인물 요셉이 참 부럽다. 내가 요셉을 부러워하는 것은, 요셉은 그 인생의 출발이 고난으로 점철된 비참하고 초라한 시작이었지만 그 마지막이 너무나 멋지고 아름다웠기 때문이다. 마지막이 멋지고 아름다웠다는 것은, 총리대신이라는 권력자의 자리에 올라섰기 때문에 아름답다는 의미가 아니다. 요셉의 아름다움은 용서할 수 없는 자기 형제를 용서하는 너그러움에서 나타난다.

어린 시절 자기 인생을 망쳐버린 형제들을 용서하고, 그들의 자손들까지 축복하며 거두어주는 모습이 너무 아름답다. 또 임종 직전에 "이제 나는 죽지만 하나님의 약속과 그분의 뜻과 경륜을 살펴서 꿈을 이루어야 한다"는 요지의 유언을 전하고 가는 모습도 부럽다.

이런 점에서 보면 야곱의 인생도 부럽다. 알다시피 젊은 시절의 야곱은 미숙하고 문제가 많은 사람이었지만, 야곱의 인생을 한마디로 정리하라고 하면, "처음보다 끝이 더 좋은 인생이었다"라고 할 수 있겠다.

이것이 얼마나 부러운 덕목인가? 이런 점에서 보자면, 나의 스승이신 옥한흠 목사님을 부러워하는 지점도 마찬가지다. 은퇴하시는 날까지 모든 성도와 후배 목회자들이 존경하는 모습을 끝까지 견지하신 것이 정말 부럽다. 일찍 돌아가신 것이 마음 아프지만, 깨끗한 이미지로 인생의 마무리를 잘 지으셨다는 점도 부러움의 대상이다.

지금 우리 주변에서 일어나는 일들을 보면 인생의 끝이 아름답기가 얼마나 어려운지 뼈저리게 느끼게 된다. 성경에도 처음에는 잘나가다가 그 끝이 비참해진 케이스가 얼마나 많은가? 사울 왕을 비롯하여 구약의 많은 왕이 비참한 모습으로 인생을 마무리짓는다. 웃시야 왕처럼 하나님께 인정받고 충성하다가 마지막에 교만해짐으로 저주를 받아 인생을 끝내는 경우도 있지 않은가? 따라서 우리는 다 지금부터 하나님 앞에 이런 기도를 드려야 한다.

"하나님 아버지, 우리의 인생이 야곱처럼 처음보다 갈수록 더 좋아지는 인생, 요셉처럼 처음에는 고난이 많지만 마무리가 너무나 아름다운 인생이 되기를 원합니다."

유명한 셰익스피어의 작품 중에 〈All's Well That Ends Well〉, 우리말로 하면 "끝이 좋으면 다 좋아"라는 제목의 작품이 있다. 제목이 마음에 와닿는 작품이다. 독일 속담에도 비슷한 말이 있다. "Ende gut, Alles gut", 이 역시도 우리말로 하면 "끝이 좋으면 모든 것이 좋다"는 말이다.

이런 표현들을 보면, 이전에 우리가 얼마나 철딱서니 없이 많은 실수를 저지르며 살아왔는지가 중요한 것이 아니라, 끝이 좋으면 다 좋으니 지금부터라도 이제 남은 인생을 잘 살아가면 된다는 도전이 생긴다. 끝이 좋으면 다 좋다. 그러니 하나님께 다시 한번 결단하고 지금보다 앞으로가 더 좋고, 끝이 멋지고 아름다운 인생이 되기를 구할 수 있기를 바란다.

이런 맥락에서 본문의 벨사살 왕은 정말 비참한 왕이다. 절대로 따라가면 안 되는 인생 여정이다. 다니엘서 5장의 구도를 보면, 벨사살 왕의 삶을 함축적으로 보여주는 것 같다.

벨사살 왕이 그의 귀족 천 명을 위하여 큰 잔치를 베풀고 그 천 명 앞에서 술을 마시니라 단 5:1

다니엘서 5장은 귀족 천 명을 초청하여 성대한 파티를 여는 것으로 시작하는데, 그 끝이 어떻게 되는지 아는가?

그날 밤에 갈대아 왕 벨사살이 죽임을 당하였고 단 5:30

화려한 잔치로 시작하여 벨사살 왕이 비참하게 살해당하는 것으로 끝이 나는 다니엘서 5장이기에, 이 모습이 벨사살 왕의 인생을 요약한 것 같다는 것이다.

잔치에서 생긴 일

그렇다면 벨사살 왕은 어떻게 하다가 이런 비참한 인생이 되었는가? 그가 가진 치명적인 잘못이 무엇인가? 나는 그 답이 다니엘서 5장 안에 담겨 있다고 생각한다.

본문의 배경은 이렇다. 바벨론의 마지막 왕 벨사살이 귀족들을 초청하여 잔치를 배설하는데, 잔치 자리에서 충격적인 일이 발생한다.

그때에 사람의 손가락들이 나타나서 왕궁 촛대 맞은편 석회벽에 글자를 쓰는데 왕이 그 글자 쓰는 손가락을 본지라 단 5:5

이런 놀라운 일을 경험한 벨사살 왕은 주술가와 점성가를 불러 그 글자의 뜻을 알아내라고 명한다.

"도대체 이게 무슨 일이냐? 이 글자의 뜻이 뭐냐?"

하지만 그 글자를 깨달아 해석하는 사람이 없었다. 그래서 결국 다니엘을 불러서 해석을 요청하는데, 그 해석을 말하기 전에 다니엘은 선대왕 느부갓네살 왕의 교만을 언급한다.

그가 마음이 높아지며 뜻이 완악하여 교만을 행하므로 그의 왕위가 폐한 바 되며 그의 영광을 빼앗기고 사람 중에서 쫓겨나서 그의 마음이 들짐승의 마음과 같았고 또 들나귀와 함께 살며 또 소처럼 풀을 먹으며 그의 몸이 하늘 이슬에 젖었으며 지극히 높으신 하나님이 사람 나라를 다스리시며 자기의 뜻대로 누구든지 그 자리에 세우시는 줄을 알기에 이르렀나이다 단 5:20,21

앞에서 우리가 느부갓네살이 교만 때문에 당한 고난을 살펴보지 않았는가? 다니엘은 지금 그 이야기를 언급하고 있는 것이다. 그리고 이어지는 말이 다음과 같다.

벨사살이여 왕은 그의 아들이 되어서 이것을 다 알고도 아직도 마음을 낮추지 아니하고 도리어 자신을 하늘의 주재보다 높이며

단 5:22,23

여기서 벨사살이 어쩌다가 그렇게 비참한 인생이 되었는지 그 이유가 나온다. 화려한 인생을 살았던 벨사살은 왜 비참하게 죽임을 당하게 되었는가?

"이것을 다 알고도…."

즉, 교만해지면 선대왕 느부갓네살처럼 비참한 인생이 된다는 것을 보고 듣고 느꼈음에도 불구하고 말씀을 깨닫지 못하고 똑같이

교만한 길로 간 것이 문제라는 것이다.

나는 "이것을 다 알고도"라는 표현이 참 무섭다. 우리 주변에도 "이것을 다 알고도"가 끊임없이 목격되고 있지 않은가? 음주운전 하다가 다른 사람에게 피해를 주고 자기 인생도 망친 사람들의 이 야기가 뉴스를 통해 얼마나 자주 전해지고 있는가? 그런데 "이것을 다 알고도" 똑같은 짓을 저지르는 사람들이 얼마나 많은가? 어느 기사에 보니 어느 날 전국적으로 음주운전 단속을 했는데, 단속 2 시간 만에 534명이 적발되었다고 한다. 미리 단속을 예고했는데도 말이다. 이런 어리석음이 "이것을 다 알고도"이다.

몇 년 전에 어느 목사가 여성도를 성추행했다가 본인은 물론 한 국교회가 수치의 자리에 빠지고 하나님이 조롱당하는 애통한 일들 을 겪었음에도 불구하고 시간이 조금만 지나면 또 같은 일이 일어 나는 것 역시 "이것을 다 알고도" 아닌가? 이런 일이 우리 주변에서 너무 많이 벌어지기 때문에 무섭다는 것이다.

하나님이 누군가를 욕하고 비난하라고 우리에게 이런 일들을 겪 게 하시고 이런 메시지를 전해주시는 것이 아니다. 선대왕 느부갓 네살이 교만하다가 징계를 받은 것을 알았다면 타산지석으로 삼아 하나님 앞에 겸손한 길로 나아가야 하는데, 벨사살 왕은 그러지 못 했기 때문에 비참한 인생이 되어버렸다는 사실을 살펴서 우리 자신 을 돌아보기 원하시는 것이다. 그저 벨사살 왕을 향해 "정말 바보 같은 놈이네"라고 평가하고 비난하라고 이 말씀을 주신 것이 아니란 말이다. 우리에게는 지금 "이것을 다 알고도"의 굴레를 벗어나지 못하고 있는 부분은 없는가?

새로 돋아나는 손톱이 되기를

우리 교회에서 작년에 총신대 학부생과 신대원 학생들을 초청해서 저녁을 대접하고 용돈을 전달하는 시간을 가졌다. 그리고 수요예배 때는 다음세대들을 위해 기도해주는 헌신예배로 드리면서 신학생들과 신학교 교수님들을 격려하고 돕기 위해 헌금하는 시간을 가졌다.

우리 교회에서 이런 시간을 갖게 된 데는 두 가지 이유가 있었다. 첫째는 기성세대로서 젊은 신학생들에게 미안했기 때문이다. 지금은 안정을 찾아가고 있지만, 그 당시 총신대는 학내 사태로 많은 학생들이 어려움을 겪고 있을 때였다. 신학교가 어른들의 잘못 때문에 학생들이 그 사태를 해결해보겠다고 수업을 거부하고 거리로 나가는 일들이 기성세대로서 너무 부끄럽고 미안했다.

둘째로 또 하나의 이유는, 똑같은 수치를 당하지 않도록 준비하라는 메시지를 전하고 싶었기 때문이다. 그날 신학생들과 함께 식사를 나누며 내가 전한 메시지는 딱 하나였다.

"한국교회를 이렇게 만든 기성세대의 잘못에 대해 용서를 구한다. 잘못한 기성세대를 마음껏 비판해라. 단, 준비하면서 욕해라. 아무런 준비 없이 선배들 비판만 한다면, 30년 뒤에 여러분도 후배들에게 똑같은 비난을 당하게 될 것이다. 우리도 신학교 다닐 때 우리 윗대 어른들 비판을 많이 했지만 우리 윗대 목사님들과 달라진 것이 별로 없다. 이것이 우리 세대가 비판 받아 마땅한 점이라고 생각한다.”

그러면서 그날, 우리 아이가 손톱이 빠졌던 이야기를 했다. 딸아이가 네 살도 안 되어 아장아장 걸어 다닐 때였는데, 저녁에 엄마가 세수하려고 화장실에 들어갔는데 언제 뒤따라왔는지 따라가서는 그 반대편 문틈에 손을 집어넣어버린 것이다. 문을 닫으려는데 아이가 자지러지듯 비명을 질러서 깜짝 놀라서 가보니 손톱 하나가 벌어져서 죽어버렸다.

밤 11시쯤이었던 것으로 기억하는데, 아이를 안고 응급실로 내달렸다. 바로 수술에 들어갔는데, 손톱 수술이 마치 바느질 같았다. 마취하고 붕 뜬 손톱을 바느질하듯 기웠는데, 수술을 마치고 의사가 절망적인 선포를 내렸다. 손톱 바로 아래에 있는 성장세포가 다치는 바람에 이제 손톱이 안 날 거라는 것이었다. 그러면서 오늘 밤이 정말 중요하다고 했다. 아이가 마취에서 깨서 가렵다고 수술해놓은 손을 건드리면 돌이킬 수 없다는 것이다.

그날 밤, 나는 딸아이의 손을 붙들고 밤을 지새웠다. 정작 아이는 코를 골면서 자는데 나는 아이가 잠결에라도 몸을 뒤척이다가 손톱을 건들까 봐 잠을 잘 수가 없었다. ‘아비의 심정이 이런 거구나’를 느끼며 밤새 아이 손을 잡고 마음속으로 절규하며 기도했다.

'하나님, 저는 손톱 필요 없습니다. 제 손톱을 우리 딸에게 주세요. 제 손톱은 더 이상 안 나도 좋으니 우리 아이에게 주세요.'

그렇게 긴 밤을 보냈던 기억이 지금도 선명하다. 정말 감사하게도 하나님께서 내 손톱도 그대로 두시고, 아이의 손톱도 고쳐주셨다. 병원에서는 더 이상 손톱이 나지 않을 거라고 했지만 지금도 딸아이의 손톱은 멀쩡히 잘 자라고 있다.

몇 년 전에 딸에게 "너 옛날에 이런 일이 있었는데, 기억 나니"라고 물었더니 손톱이 빠졌던 일 자체를 기억하지 못했다. 완전히 복구되었다는 뜻 아닌가?

딸아이의 손톱이 빠졌던 이야기를 하면서 이런 이야기를 함께 전했다.

"가슴 아프게도 나와 같은 기존 목사들, 그리고 기존 교회들의 손톱이 빠져버렸다. 많은 사람이 더 이상 한국교회에 희망이 없다, 이미 손톱이 죽어버렸다고 말하는데, 나는 여러분이 새로 돋아나는 손톱이 되어주었으면 좋겠다. 성령님의 은혜를 구하며 치고 올라와주면 좋겠다. 세상은 손톱이 다시 안 날 거라고 선고할지 몰라도 성령님이 역사해주시면 다음세대인 여러분이 한국교회의 새 손톱이 될 줄 믿는다."

이것을 위해서는 벨사살 왕이 범한 오류인 "이것을 다 알고도"의 오류를 범하면 안 된다. 우리의 다음세대를 위해 그들이 벨사살 왕이 걸어갔던 "이것을 다 알고도"의 길로 가지 않도록 막아야 한다.

욕하면서 닮는다고 하지 않는가? 그런 비극이 다시 벌어지지 않도록 막아야 한다.

또한 그런 의미에서 지금부터라도 우리 자신 역시 벨사살의 길에서 벗어나야 한다. 주님은 우리를 향해 준엄하게 경고하신다.

> 너희는 스스로 조심하라 그렇지 않으면 방탕함과 술취함과 생활의 염려로 마음이 둔하여지고 뜻밖에 그날이 덫과 같이 너희에게 임하리라 눅 21:34

아직 우리에겐 기회가 있다. 느부갓네살의 교만한 길로 가지 않을 기회가, '이것을 다 알고도' 선대 왕처럼 교만했던 벨사살의 길로 가지 않을 기회가 있다. 이것이 '이것을 다 알고도'의 의미이다.

우리는 누구의 아들인가?

그런데 다니엘서 5장 22절에 보면 벨사살이 느부갓네살 왕의 아들이라고 기록되어 있다.

> 벨사살이여 왕은 그의 아들이 되어서 이것을 다 알고도 단 5:22

그런데 사실 벨사살은 느부갓네살 왕의 아들이 아니다. 그런데 왜 아들이라고 기록했을까? 이에 대해서 학자들의 의견이 분분한

데, 나는 송병현 교수님의 주석에서 공감 가는 설명을 읽었다. 유대인들은 '아들'이라는 단어로 직업을 표현하기도 하고, 그 사람의 성격을 나타내기도 한다는 것이다. 예수님이 예루살렘에 입성하시는 내용을 다룬 마태복음 21장을 보자.

> 무리의 대다수는 그들의 겉옷을 길에 펴고 다른 이들은 나뭇가지를 베어 길에 펴고 앞에서 가고 뒤에서 따르는 무리가 소리 높여 이르되 호산나 다윗의 자손이여 찬송하리로다 마 21:8,9

"호산나 다윗의 자손이여"라는 부분을 원어 그대로 직역하면 "다윗의 아들이여"이다. 그래서 영어 성경에도 'Son of David'로 표현되어 있다. 예수님이 다윗 왕의 아들인가? 아니다. 그런데 왜 다윗의 아들이라고 하는가? 앞서 언급했듯이 "다윗의 아들이여"라는 표현에는 다윗의 계열, 곧 그와 같은 방향으로 나아간다는 계보를 강조하는 의미가 담겨 있다.

따라서 벨사살을 '느부갓네살의 아들'이라고 표현한 데는 벨사살이라는 인물의 색깔이 담겨 있는 것이다. 즉 교만하여 끔찍한 고난을 당한 느부갓네살의 계열이라는 것이다. 그렇다면 당신은 누구의 아들인가? 바벨론의 아들인가, 하나님의 아들인가?

우리가 하나님이 주시는 이 경고를 제대로 깨닫지 못한다면 현상 유지가 아니라 더 악해지고 더 나빠지는 자리에 빠지고 만다. 무슨 말인지 느부갓네살 왕과 벨사살 왕을 비교해서 살펴보자.

느부갓네살 왕이 저지른 짓을 보라.

> 주께서 유다 왕 여호야김과 하나님의 전 그릇 얼마를 그의 손에 넘기
> 시매 그가 그것을 가지고 시날 땅 자기 신들의 신전에 가져다가 그
> 신들의 보물 창고에 두었더라 단 1:2

느부갓네살은 하나님의 성물을 탈취하여 자기들이 믿는 이방신
창고에 처박아두었다. 그런데 벨사살은 한술 더 뜬다.

> 벨사살이 술을 마실 때에 명하여 그의 부친 느부갓네살이 예루살렘
> 성전에서 탈취하여 온 금, 은 그릇을 가져오라고 명하였으니 이는 왕
> 과 귀족들과 왕후들과 후궁들이 다 그것으로 마시려 함이었더라 이
> 에 예루살렘 하나님의 전 성소 중에서 탈취하여 온 금 그릇을 가져오
> 매 왕이 그 귀족들과 왕후들과 후궁들과 더불어 그것으로 마시더라
> 그들이 술을 마시고는 그 금, 은, 구리, 쇠, 나무, 돌로 만든 신들을
> 찬양하니라 단 5:2-4

느부갓네살이 하나님의 성물을 빼앗아 창고에 처박아두는 악행
을 저질렀다면, 벨사살은 한술 더 떠서 그 성물을 술잔으로 사용하
며 하나님을 조롱했다. 하나님을 조롱하는 태도가 훨씬 악해지지

않았는가? 그리고 느부갓네살은 교만의 자리에 빠졌다가 하나님의 징계를 받고 깨달아 돌아섰지만, 벨사살은 끝내 돌이키지 않고 망했다. 이것이 무엇을 의미하는가?

우리가 교만한 자리에 빠져 있을 때, 하나님이 주시는 경고의 메시지를 깨닫지 못하면 그 자리에 머물러 있을 수조차 없다는 것이다. 더 나빠지고, 더 악해지기 때문이다.

이런 상황을 빗대어 내가 우리 교회 교역자들에게 종종 이야기하는 것 중에 '자전거 이론'이 있다. 자전거는 두 바퀴로 가만히 서 있을 수 없다. 달려가거나 넘어져 있거나 둘 중 하나이다.

우리 역시 마찬가지다. 우리가 느부갓네살과 벨사살의 잘못된 모습을 하나님이 주시는 경고로 받고 내 삶에 적용하여 교만을 꺾지 않으면 우리는 더 포악해지고 만다. 예수 오래 믿은 사람이 신앙적으로 끊임없이 성장하지 않으면 오히려 더 교만해지고 악해지는 이유가 여기에 있다. 믿음은 유지라는 것이 없다. 후퇴하거나 나아가는 것이다.

두려워함으로 돌이키라

그렇다면 우리는 어떻게 살아야 하는가?

일의 결국을 다 들었으니 하나님을 경외하고 … 전 12:13

하나님을 경외한다는 것은, 일상 속에서 하나님을 두려워한다는 뜻이다. 누군가 하나님 앞에 죄를 지어 징계를 받는가? 그것을 비난하고 손가락질하기보다 하나님이 내게 주시는 경고로 받으라. 주변의 어떤 분이 정직하지 못하여 곤경에 처했는가? 그것은 그 사람을 욕하라고 보게 하신 것이 아니다. 그 메시지를 하나님이 내게 주시는 경고로 받는 것이 일상에서 하나님을 경외하는 사람의 태도이다. 그런 하나님의 경고 앞에서 하나님을 경외함으로 앞으로 무엇을 더 조심해야 하는지 가르쳐달라고 구하라.

이런 자세가 왜 필요한가? 본문 5장에 보면, 벨사살이 손가락들이 쓴 글자를 보고 술사와 점쟁이를 불러서 이것이 무슨 뜻인지 알려고 애를 쓰는데, 전부 쓸데없는 짓이다. 하나님의 심판이 이미 내려진 후에는 그 해석이 무슨 필요가 있겠는가? 그것으로 이미 끝 아닌가?

다니엘의 해석을 보라.

기록된 글자는 이것이니 곧 메네 메네 데겔 우바르신이라 그 글을 해석하건대 메네는 하나님이 이미 왕의 나라의 시대를 세어서 그것을 끝나게 하셨다 함이요 데겔은 왕을 저울에 달아보니 부족함이 보였다 함이요 베레스는 왕의 나라가 나뉘어서 메대와 바사 사람에게 준 바 되었다 함이니이다 하니 단 5:25–28

우리는 이것을 꼭 기억해야 한다. 왕궁 촛대 맞은편 석회벽에 "메네 메네 데겔 우바르신"이라는 글자가 나타나면 더 이상 기회는 없다. 해석이나 분석이 필요 없다. 그러니 벽에 글자가 나타나기 전에, 하나님이 주변의 느부갓네살의 모습을 통해 경고를 주실 때, 하나님께 돌이키고 교만을 꺾어야 한다. 아직 기회 있을 때 경고를 무시하지 말라. 제발 경고를 무시하지 말라.

존재의 근원 되신 하나님을 의지하라

트리나 폴러스가 쓴 《꽃들에게 희망을》이라는 유명한 책이 있다. '어른들이 읽어야 하는 그림 동화'로 많이 알려진 책이다. 그 동화에 보면 '줄무늬 애벌레'가 등장하는데, 줄무늬 애벌레는 더 나은 삶의 목적을 찾아서 길을 떠난다. 길을 가다가 큰 기둥 하나를 발견했는데, 수많은 애벌레가 서로 높이 올라가기 위해 아등바등하면서 형성된 기둥이었다. 줄무늬 애벌레도 곧 그 거대한 기둥을 오르기 시작했다.

기둥을 오르는 모든 애벌레는 그 꼭대기에 삶의 목적이 있을 것이라고 생각했다. 줄무늬 애벌레도 이런 생각을 가지고 다른 애벌레들을 밟고 올라서서 목표했던 기둥 꼭대기에 다다르는데, 거기서 충격적인 사실 세 가지를 발견했다.

하나는 그렇게 고생해서 올라갔는데 기둥 꼭대기에 아무것도 없더라는 것이다. 두 번째는 꼭대기 주변의 상당히 많은 애벌레가 그 사실을 알면서도 쉬쉬하며 숨기고 있었다는 것이다. 그 사실이 드러나면 기둥이 와해되기 때문이다. 세 번째는 정신을 차리고 주변을 보니 자기가 속아서 올라왔던 기둥과 유사한 기둥이 헤아릴 수 없이 많더라는 것이다.

이 이야기가 우리에게 주는 영적인 메시지가 무엇인가? 이 책에 보면, 두 기둥이 나온다. 한 기둥은 애벌레들이 스스로 하늘에 오르기 위해 몸부림치며 기어오르는 과정에서 만든 기둥이다. 이 기둥은 허상이다. 그 끝에 아무것도 없다. 추락과 절망만 있을 뿐이다. 또 한 기둥은 나무다. 나무는 애벌레가 태어난 삶의 근원이다. 거기에서 애벌레는 나비가 되기 위해 애쓸 필요가 없다. 그저 나무에 붙어 있으면 된다.

애벌레가 의지해야 하는 것은 스스로의 노력을 상징하는 벌레 기둥이 아니라 나무이다. 그 벌레를 있게 한 존재의 근원인 나무를 인정하고 의지해야 하는 것이다.

교만이 무엇인가? 우리의 근원 되시는 하나님을 외면하고 자기 힘으로 노력해서 저 기둥 위에 올라가겠다고 몸부림치는 자체가 교만이라는 것이다. 하나님은 그 교만을 깨뜨리시기 위해 느부갓네살의 교만도 보여주시고, 벨사살의 망한 삶도 보여주시고, 또 주의 종을 통해 메시지를 전해주시는 것이다.

그래서 우리가 교만을 꺾기 위해 어떻게 해야 한다고 하는가? 고난을 통해 깨달음을 얻은 느부갓네살의 고백을 다시 들어보라.

그러므로 지금 나 느부갓네살은 하늘의 왕을 찬양하며 칭송하며 경배하노니 그의 일이 다 진실하고 그의 행하심이 의로우시므로 교만하게 행하는 자를 그가 능히 낮추심이라 단 4:37

우리 스스로 뭔가를 해보겠다는 교만을 꺾고, 십자가를 통해 우리를 구원해주신 하나님을 인정하는 자리로 나아가야 한다. 또한 그 하나님을 찬양하라. 이것이 교만을 꺾는 비결이다.

애쓰지 말자. 그저 나무에 붙어 있으면 되는 애벌레처럼 우리의 근원 되시는 하나님 곁에 머물며 그분과 더불어 살아가면 된다.

오늘도 신기루 같은 세상이 만든 가짜 기둥을 오르고 올라 꼭대기에서 허무에 빠진 사람도 있을 것이고, 중간쯤에서 조금만 더 노력하면 꼭대기에 갈 수 있다고 전의를 불태우는 사람도 있을 것이다. 굳이 꼭대기까지 올라가 아무것도 없다는 것을 눈으로 보고 깨닫기 전에, 하나님이 이 말씀을 주실 때 깨닫는 것이 지혜로운 것이다. 성령의 은혜로 이 깨달음이 우리에게 임하기를 바란다.

LIVING AS A BELIEVER IN THE WORLD

PART 4

흔들리는 세상에서
흔들림 없는 자로 서라

다니엘서 6장 1-9절

———

1 다리오가 자기의 뜻대로 고관 백이십 명을 세워 전국을 통치하게 하고 **2** 또 그들 위에 총리 셋을 두었으니 다니엘이 그중의 하나이라 이는 고관들로 총리에게 자기의 직무를 보고하게 하여 왕에게 손해가 없게 하려 함이었더라 **3** 다니엘은 마음이 민첩하여 총리들과 고관들 위에 뛰어나므로 왕이 그를 세워 전국을 다스리게 하고자 한지라 **4** 이에 총리들과 고관들이 국사에 대하여 다니엘을 고발할 근거를 찾고자 하였으나 아무 근거, 아무 허물도 찾지 못하였으니 이는 그가 충성되어 아무 그릇됨도 없고 아무 허물도 없음이었더라 **5** 그들이 이르되 이 다니엘은 그 하나님의 율법에서 근거를 찾지 못하면 그를 고발할 수 없으리라 하고 **6** 이에 총리들과 고관들이 모여 왕에게 나아가서 그에게 말하되 다리오 왕이여 만수무강하옵소서 **7** 나라의 모든 총리와 지사와 총독과 법관과 관원이 의논하고 왕에게 한 법률을 세우며 한 금령을 정하실 것을 구하나이다 왕이여 그것은 곧 이제부터 삼십일 동안에 누구든지 왕 외의 어떤 신에게나 사람에게 무엇을 구하면 사자 굴에 던져 넣기로 한 것이니이다 **8** 그런즉 왕이여 원하건대 금령을 세우시고 그 조서에 왕의 도장을 찍어 메대와 바사의 고치지 아니하는 규례를 따라 그것을 다시 고치지 못하게 하옵소서 하매 **9** 이에 다리오 왕이 조서에 왕의 도장을 찍어 금령을 내니라

15 CHAPTER

신뢰할 만한
사람으로 서라

 이제 교만했던 벨사살 왕이 살해당함으로써 바벨론 제국이 망하고, 새로운 제국 페르시아와 페르시아를 다스리는 다리오 왕이 등장한다.

그날 밤에 갈대아 왕 벨사살이 죽임을 당하였고 메대 사람 다리오가 나라를 얻었는데 그때에 다리오는 육십이 세였더라 단 5:30,31

그렇게 등장한 페르시아의 다리오 왕이 다니엘을 총리로 임명하는 장면으로 본문인 다니엘서 6장이 시작된다.

다리오가 자기의 뜻대로 고관 백이십 명을 세워 전국을 통치하게 하

고 또 그들 위에 총리 셋을 두었으니 다니엘이 그중의 하나이라

단 6:1,2

영광과 질투를 받게 된 다니엘

다니엘이 세 명의 총리 중 한 명으로 임명받는 영광을 누리게 되었는데, 이것이 큰 문제를 일으킨다. 무엇이 문제가 되는가?

다니엘은 마음이 민첩하여 총리들과 고관들 위에 뛰어나므로 왕이 그를 세워 전국을 다스리게 하고자 한지라 단 6:3

다른 총리들이나 고관들보다 뛰어난 것이 뭐가 문제인가? 4,5절에 답이 나온다.

이에 총리들과 고관들이 국사에 대하여 다니엘을 고발할 근거를 찾고자 하였으나 … 그들이 이르되 이 다니엘은 그 하나님의 율법에서 근거를 찾지 못하면 그를 고발할 수 없으리라 하고 단 6:4,5

'이에'라는 접속사를 통해 탁월했던 다니엘을 향한 총리들과 고관들의 반응을 엿볼 수 있다. 질투하고, 어떻게든 깎아내리려 하며, 다니엘을 고발하기 위해 음모를 꾸민다.

왕이여 그것은 곧 이제부터 삼십일 동안에 누구든지 왕 외의 어떤 신에게나 사람에게 무엇을 구하면 사자 굴에 던져 넣기로 한 것이니이다 단 6:7

어떻게든 다니엘의 꼬투리를 잡으려고 하는데, 흠을 찾을 수 없으니 그의 신앙 행위를 가지고 이런 비열한 짓을 저지르는 모습을 보면서, 송인규 교수가 쓴 《세 마리 여우 길들이기》라는 책이 떠올랐다. 저자는 그 책에서 인간의 내면에는 다스리기 힘든 세 마리 여우가 있다고 말한다. 야망, 질투, 경쟁심이 그것이다. 이 책이 크리스천을 대상으로 쓰인 신앙 서적임을 주목할 때, 우리가 구원받고 하나님을 믿어도 내면에 여전히 다스리기 힘든 여우가 있다는 사실을 기억해야 한다. 오죽하면 사도 바울이 이렇게 고백했겠는가?

형제 중 다수가 나의 매임으로 말미암아 주 안에서 신뢰함으로 겁 없이 하나님의 말씀을 더욱 담대히 전하게 되었느니라 어떤 이들은 투기와 분쟁으로, 어떤 이들은 착한 뜻으로 그리스도를 전파하나니 빌 1:14,15

놀랍지 않은가? 그렇게 담대히 주의 복음을 전하는 사람 중에도 어떤 이들은 투기와 분쟁에 사로잡혀 있다는 것이다. 성령 충만하여 복음을 전하는 사람 중에도 그 내면의 세 마리 여우, 즉 야망, 질투, 경쟁심은 잘 다스리지 못하는 사람들이 있다는 것이다.

내면의 여우를 다스리지 못하면 자기가 망한다

천재 음악가 모차르트의 삶을 그린 〈아마데우스〉라는 영화가 있다. 궁정음악가였던 살리에리가 모차르트의 천재성을 보고 질투의 화신이 되어 말로 다 할 수 없는 번뇌에 빠졌던 모습이 잊히지 않는다. 사실 살리에리도 보통 음악가가 아니다. 아무나 궁정음악가로 세우는 것이 아니지 않은가? 그도 이미 상당한 경지에 오른 음악가였는데 자기보다 탁월한 모차르트를 보고 자기 내면의 세 마리의 여우를 다스리지 못하고 시기와 질투에 사로잡혀 결국 망하고 말았다.

구약의 사울 왕도 마찬가지였다. 어린 다윗이 골리앗을 무찌르자 기분이 좋았는데, 우연히 여인들의 노랫소리를 듣고 돌변한 사람이 사울 왕 아닌가?

> 무리가 돌아올 때 곧 다윗이 블레셋 사람을 죽이고 돌아올 때에 여인들이 이스라엘 모든 성읍에서 나와서 노래하며 춤추며 소고와 경쇠를 가지고 왕 사울을 환영하는데 여인들이 뛰놀며 노래하여 이르되 사울이 죽인 자는 천천이요 다윗은 만만이로다 한지라 삼상 18:6,7

여기 나오는 여인들도 참 철딱서니가 없다. 다윗에게 "잘했다, 대단하다, 멋지다" 하면 될 것을 왜 사울과 비교해서 "사울이 죽인 자는 천천이요 다윗은 만만이로다"라고 노래하느냐는 말이다. 오늘날 교회 안에도 이 여인들 같은 성도가 많다. 모처럼 수요예배에 참석해서 은혜를 많이 받으면 꼭 이렇게 이야기하는 사람이 있다.

"오늘 말씀 참 좋네. 지난주에 설교한 목사보다 훨씬 좋다."

참 지혜 없는 모습이다. 이런 일이 교회 안에서 너무 자주 일어나지 않는가? 우리는 다 약한 존재이기에 말 한마디도 조심해야 한다. 자칫하면 경솔한 말 한마디로 사울처럼 그 속의 여우가 발악하는 일이 일어나기 때문에 조심 또 조심해야 한다.

사실 사울도 불쌍한 인생이다. 사무엘상 18장 6절 말미에 보니, 당시 모든 사람이 성읍에 나와 노래하고 춤추며 소고와 경쇠를 가지고 사울 왕을 환영하는 상황이다. 다 자기를 그렇게 환영하고 축복하는데, 우리 식으로 말하자면 어린아이들이 고무줄놀이하면서 부르는 노래 가사 한마디에 이성을 잃은 것이다. 8절을 보라.

사울이 그 말에 불쾌하여 심히 노하여 이르되 다윗에게는 만만을 돌리고 내게는 천천만 돌리니 그가 더 얻을 것이 나라 말고 무엇이냐 하고 삼상 18:8

우리 안에 있는 못된 여우가 벌이는 가장 악한 짓이 무엇인지 아는가? 나쁜 상상을 하게 만드는 것이다. 어린 여자아이들의 노랫말을 듣고 다윗에게 나라를 빼앗길지 모른다고 상상하는 것, 이 얼토당토않은 상상을 하게 하는 것이 여우가 하는 짓이다. 그래서 어떻게 되는가?

그날 후로 사울이 다윗을 주목하였더라 삼상 18:9

참 안타깝기 그지없다. 현대인의 성경으로 보면 사울의 마음이 더 크게 와닿는다.

"그날부터 사울은 계속 다윗을 질투의 눈으로 바라보았다."

이 한 구절 이후로 죄 없는 다윗이 얼마나 죽을 고생을 했는가? 하지만 이것 때문에 다윗이 고생은 했지만, 망하지는 않았다. 망한 사람은 사울 자신이다. 마치 모차르트가 질투의 화신 살리에리로 인해 고통당했지만, 망하게 된 것은 모차르트가 아니라 살리에리 자신인 것처럼 말이다.

그래서 이 구절은 내가 성경 전체에서 가장 두려워하는 구절 중에 하나이다. 만약 내가 옥한흠 목사님을 부러워하며 '왜 옥 목사님만 설교를 저렇게 잘하시는 거지? 나는 왜 옥 목사님을 닮지 못했나?'라고 생각하고 설교를 잘하기 위해 애쓴다면, 그것은 추한 모습이 아니다. 스승을 닮고 싶어 하는 본능이다.

그러나 지난 수요예배에서 설교한 어느 부목사님에 대해 성도들이 '와, 저 목사님 정말 설교 잘하신다. 이찬수 목사님 말씀도 좋지만 저 목사님 말씀은 은혜가 더욱 넘친다'라고 이야기한 것이 들려와 내가 그날부터 그 목사님을 주목하기 시작한다면 어떤가? 그 목사님을 질투하여 어떤 공적인 설교에도 안 세우고 배제한다면 담임목사로서 내 존재가 비참해지는 것 아닌가? 이런 일만큼은 정말 막아야 하지 않겠는가? 그래서 나는 종종 기도한다.

"하나님, 제 안의 이 여우들을 잘 다스리게 해주시길 원합니다."

우리 교회 교역자들에게 강조하는 것도 이것이다.

"민감할 때 민감하고, 둔감할 때 둔감하자."

우리의 한계가 무엇인가? 한국교회가 수치를 당하는 민감한 사안에는 둔감해 있으면서, 좀 둔해도 되는 데는 예민하기 짝이 없어 늘 신경이 날카로워 있는 것 아닌가?

우리 모두 주님 앞에서 좀 둔해도 되는 데는 둔감해지기를 바란다. 누가 나보다 칭찬을 더 들어도 허허 웃으며 같이 축복하면 좋겠다. 그런가 하면 진짜 예민해야 하는 데는 예민한 하나님의 자녀가 되기를 바란다.

'이에'의 방향이 중요하다

이런 의미에서 본문 4절에 나오는 '이에'라는 접속사가 참 중요하다고 생각한다.

"다니엘은 마음이 민첩하여 총리들과 고관들 위에 뛰어나므로 왕이 그를 세워 전국을 다스리게 하고자 한지라 이에…."

성경이 저 '이에' 다음에 "총리들과 고관들이 국사에 대하여 다니엘과 의논하고 다니엘에게서 많이 배우니라"라고 기록됐더라면 얼마나 좋았겠는가? 하지만 죄성을 가진 인간 세상에 그런 일은 거의 일어나지 않는다.

"'이에' 총리들과 고관들이 국사에 대하여 다니엘을 고발할 근거를 찾고자 하였으나."

'이에'가 탁월한 다니엘을 파괴하고 죽이려는 쪽으로 흐르지 않고, 다니엘을 축복하고 그의 도움을 받아 성장하는 쪽으로 흘렀더라면 얼마나 좋았을까? 우리에게는 누구나 예외 없이 나보다 남이 잘되는 것을 참지 못하고 으르렁거리는 세 마리의 여우라는 본성이 있기 때문에, 하나님 앞에 날마다 기도해야 한다.

"내 안에 계시는 성령님, 오늘도 제 안에 질투가 꿈틀꿈틀하여서 남을 음해하는 인생으로 흐르지 않게 해주세요. 다니엘을 축복하는 '이에'로 흐르게 해주세요."

이런 기도와 함께 우리도 다니엘처럼 험하고 악한 세상 현실을 잘 극복해 나가는 크리스천이 되기를 기도해야 한다.

어떻게 하면 이렇게 험하고 악한 세상을 다니엘처럼 멋지게 헤쳐 나가며 세상과 구별된 삶을 살 수 있을까?

신뢰할 만한 사람 되기

이런 질문을 가지고 본문의 다니엘을 보면, 우리가 다니엘에게 배워야 할 중요한 점들이 많이 등장하는데, 그중에 가장 중요한 것이 있다. 4절을 보자.

> 이에 총리들과 고관들이 국사에 대하여 다니엘을 고발할 근거를 찾고자 하였으나 아무 근거, 아무 허물도 찾지 못하였으니 이는 그가 충성되어 … 단 6:4

여기에서 '충성되어'라는 표현이 정말 중요하다. 한글 성경에는 간단하게 '충성되어'라고 번역되어 있지만, 원어에 가깝게 번역하면 '믿을 만한 사람이었기 때문에'라는 뜻이다. 이것이 핵심 포인트다.

다리오 왕이 포로 출신인 다니엘을 총리로 등용했다는 것이 무엇을 의미하겠는가? 저 사람은 믿을 만한 사람이라는 것이다. 비록 포로 출신이지만 신뢰할 만한 사람이라는 것이다. 다니엘은 악한 세상에서 살았지만, 세상에 물들지 않아서 하나님뿐만 아니라 주변 사람들에게도 '믿을 만한 사람'이라는 평가를 받았던 것이다.

오늘날 한국교회는 이 대목에서 정말 부끄러워해야 한다. 본문을 묵상하고 있을 때 〈월간 목회〉라는 잡지에서 손봉호 교수님이 기고한 글을 보게 되었다. 그 글의 서론이 이랬다.

"한국교회가 위기에 처해 있다. 지금의 위기는 일제강점기 신사참배, 한국전쟁 때 공산주의자들의 핍박 때보다 더 심각하고 위험하다."

그 두 위기는 교회 외부에서 가해지는 것들이었지만, 지금 한국교회가 처한 위기는 내부에서 발생한 문제로 안에서부터 썩어들어가고 있다는 것이다. 그러면서 몇 가지 설문 조사 결과를 자료로 제시했다.

제일 먼저 기독교윤리실천운동이 2017년 3월에 국민 1,000명을 대상으로 설문 조사한 것으로, 목회자와 평신도를 얼마나 신뢰하는지를 조사하는 항목이었는데, "목회자를 불신한다"는 사람이 50.2퍼센트, "평신도를 불신한다"는 사람이 48.8퍼센트였다. 어떻게 된 것이 성도들보다 목사를 더 불신한다는 것이다.

그리고 가톨릭, 불교, 개신교에 대한 신뢰도를 조사한 결과, 가톨릭은 32.9퍼센트, 불교는 22.1퍼센트인 반면 개신교는 18.9퍼센트의 신뢰밖에 얻지 못했다. 세 종교 중에서 꼴찌다.

그다음으로는 불교사회연구소가 2015년 10월에 19세 이상 일반인 1,200명을 대상으로 성직자들에 대한 신뢰도를 조사했는데, 신부가 51.3퍼센트, 스님이 38.7퍼센트의 신뢰를 받았는데, 목사는 겨우 17퍼센트 신뢰한다는 결과가 나왔다. 목사로서 정말 자존심 상하고 창피한 결과가 아닐 수 없다.

우리 기독교는 세상을 향해 예수님의 십자가와 부활을 전해야 하는데, 이렇게 신뢰를 받지 못해서야 어떻게 복음을 전할 수 있겠는가? 비기독교인에게 '1+1=3'이라는 것보다 더 믿기 어려운 것이 '부활' 아닌가? 이토록 믿기 어려운 복음을 전해야 하기에, 그 소식을 전하는 우리가 무슨 말을 하든 진심으로 이야기한다는 것을 마음으로 느끼도록 정직을 담보로 전해야 하는 것이다. 그런데 목사를 17퍼센트밖에 신뢰하지 않는 이 사회에서 어떻게 복음이 전해지겠는가?

나는 이 같은 불신이 목사만의 문제가 아니라 모든 크리스천의 문제라고 생각한다. 이런 현실이기에 본문의 다니엘이 부러운 것이다. 무엇보다도 우리가 회복해야 할 것은 '신뢰'이다. 다니엘이 믿을 만한 사람이라고 인정받았던 것처럼 우리도 이런 신뢰를 회복하지 못한다면 다른 어떤 것도 소용없다.

"저 교회에 다녀요."

"그러면 당신은 믿을 수 있겠네요."

이런 평가가 자연스러운 사회가 될 때, 한국교회가 부흥하고 있다고 말할 수 있지 않을까.

내 주변에는 정직하고 진실하고 신뢰 가는 목사님들이 정말 많다. 그리고 지방 소도시나 농어촌에 가보면 열악한 환경에서도 희생적으로 섬기시는 모습에 절로 머리가 숙여지는 목사님, 사모님이 한두 분이 아니다. 그래서 일부 목사들이 자꾸 물의를 일으켜 교회의 이미지를 흐리는 것이 가슴이 아프다. 내 평생 소원은 그런 신실한 분들에게 누 끼치지 않는 것이다. 그래서 늘 조심하려고 애쓰며 살고 있다.

우리 교회의 드림센터에서 인큐베이팅을 하다가 분립개척한 여섯 번째 교회인 하늘꿈교회가 잘 자립하여 수지에 있는 국제학교로 이사했는데, 들려오는 이야기들이 내 마음을 기쁘게 한다. 교회와 담임목사가 진실성에서 신뢰를 받고 있다는 소식이 들려오기 때문이다. 사람 모으려고 안달하지 않고 천천히 신뢰를 쌓아가고 있으니 이 교회가 하나님이 기뻐하시는 교회로 성장하리라 확신한다.

목사가 말재간이 좋아서 "저 목사 말을 왜 저렇게 잘할까? 정말 재미있네"라는 소리를 암만 들어도 진실성이 없으면 영적으로 훌륭하다고 말할 수 없다. 이런 점에서 크리스천인 우리의 가장 큰 과업은 세상에서 신뢰를 회복하는 것이다. '그는 믿을 만한 사람이야'라는 평가를 듣는 우리가 다 되기를 바란다.

실력과 도덕성의 균형을 갖추라

그렇다면 이런 질문이 가능하다. 다니엘은 어떻게 하나님과 주변 사람들에게 '신뢰 받을 만한 인물'이 되었을까? 그 비결이 무엇인가? 그 비결은 그가 두 가지 면에서 균형을 이루었기 때문이다.

첫째로 다니엘은 '탁월한 실력'이 있었다. 3절을 보라.

다니엘은 마음이 민첩하여 총리들과 고관들 위에 뛰어나므로 단 6:3

이 부분을 새번역 성경으로 보면 이렇게 되어 있다.

그런데 다니엘이 다른 정승들이나 지방장관들보다 더 우수하였으므

로 단 6:3, 새번역

둘째로 다니엘은 탁월한 실력만 있었던 것이 아니라 '깨끗한 도덕성'도 갖추고 있었다. 4절을 보라.

이에 총리들과 고관들이 국사에 대하여 다니엘을 고발할 근거를 찾고자 하였으나 아무 근거, 아무 허물도 찾지 못하였으니 단 6:4

대적들이 다니엘을 잡으려고 이 잡듯 뒤지는데 부정한 것이 전혀 나오지 않았다. 우리나라 속담 중에 "털어서 먼지 안 나는 사람 없다"라는 게 있다. 다니엘에게는 통하지 않는 속담이다. 이것이 정말 부럽다.

많은 크리스천조차도 "털어서 먼지 안 나는 사람 없다"고 하면서 자기의 부정을 합리화한다. 이것은 자기를 합리화하는 아주 비겁한 일이다. 왜 털면 다 먼지가 나야 하는가? 우리는 그렇게 나약한 속담이나 되뇌는 크리스천이 되어서는 안 된다. '하나님, 저는 적어도 하나님 앞에서 털어서 먼지 안 나는 사람으로 살기 원합니다'라는 각오로 달려가야 하지 않겠는가?

털어서도 먼지 안 나는 사람이 되기를 구하라

본문의 다니엘의 모습을 보면서 십자가를 앞두신 예수님이 생각났다.

> 빌라도가 대답하여 이르되 너희는 내가 유대인의 왕을 너희에게 놓아주기를 원하느냐 하니 이는 그가 대제사장들이 시기로 예수를 넘겨준 줄 앎이러라 막 15:9,10

본문의 다니엘과 비슷한 상황이다. 인간의 못된 여우 중 하나인 시기, 질투로 대제사장들이 예수님을 모함하는 상황이다. 그런데 13,14절을 보라.

> 그들이 다시 소리 지르되 그를 십자가에 못 박게 하소서 빌라도가 이르되 어찜이냐 무슨 악한 일을 하였느냐 막 15:13,14

지금 대제사장들이 정치적 시기심으로 예수님을 빌라도에게 넘겼는데, 빌라도가 보니 예수님에게서 아무런 허물을 찾을 수 없었다.

우리의 모습은 어떤가? "믿음의 주요 또 온전하게 하시는 이인 예수를 바라보자"라고 자주 이야기하는 우리는 예수님의 이런 모습을 닮을 수는 없는가? 예수님을 믿는 것 때문에 회식 자리에서 술 안 마시고 담배 안 피워서 분위기를 좀 깨는 것 말고는 어떤 허물도 찾을 수 없었다는 평가를 받을 수는 없을까? 그것을 위해 더 탁월한 실력과 도덕성으로 균형을 이루겠다는 결단으로 더 치열하게 나아가면 안 되겠는가?

상상해보자. 어떤 교회가 멀찍이서 보면 너무나 깨끗하고 순결해 보이는데, 장로가 되고 권사가 되어 깊숙이 들어가 보니 뭔가를 가리는 커튼이 있는 것이 눈에 띈다. 그 커튼을 열어젖히면 그 뒤에 또 커튼이 있다. 냄새 나는 썩은 것들을 감추기 위해 이중, 삼중 커튼 치기에 급급한 교회라면 어떻게 교회라고 할 수 있겠는가? 멀리서 보나 가까이서 보나 한결같아야 하는 것이 교회 아닌가? 인간이기에 천사처럼 완전무결하게 살 수는 없다 하더라도 다니엘이나 예수님처럼 하나님 앞에 부끄러워서 숨겨놓은 구석은 없어야 하지 않겠는가?

진실성이란 칼집을 먼저 갖추라

《헨리 클라우드의 인테그리티》라는 책이 있다. '인테그리티'(Integrity)는 '진실성'이라는 뜻의 영어단어인데, 이 책을 소개하는 글 중에 이런 내용이 있었다.

신뢰를 상실한 시대에 사람들의 마음을 움직이는 힘은 무엇인가? 저자는 그 힘을 인테그리티(Integrity), 즉 '일관된 진실성'이라고 설명한다. 재능이나 지능만으로는 성공할 수 없다. 뛰어난 인재들이 실패한 사례는 수없이 많다. 정직을 바탕으로 한 일관된 진실성만이 참으로 사람의 마음을 움직일 수 있다. … 성공을 위해 기술을 연마할 것이 아니라 신뢰받을 수 있는 품성을 가지게 되면 성공은 그 부산물로 따라온다.

작년에 수능시험을 보고 여유가 있던 막내아들을 앉혀놓고 이런 이야기를 나눈 적이 있다.

"그동안 네가 좋은 대학에 가고 싶어서 밤잠을 안자고 수고하고 고생한 것을 잘 알아. 그런데 네가 좋은 대학에 가기를 갈망하는 만큼 주님 앞에서 정직과 진실함이라는 칼집을 마련해야 한다. 칼집도 없으면서 명문대학이라는 날카로운 칼만 구하면 그게 너에게는 재앙이 될 수 있어."

지금 한국 사회를 한번 보라. 도덕성, 진실성이라는 칼집 없이 명문대학 나오고 외국의 유명 대학에서 박사 학위 따온 사람들만 넘쳐나지 않는가? 칼집 없이 날카로운 칼만 손에 쥔 사람들이 사회 곳곳에서 지도자가 되면 얼마나 많은 문제가 야기되겠는가?

야곱의 장남 르우벤이 그런 경우이다. 임종을 앞둔 아버지 야곱의 유언을 들어보라.

르우벤아 너는 내 장자요 내 능력이요 내 기력의 시작이라 위풍이 월등하고 권능이 탁월하다마는 물의 끓음 같았은즉 너는 탁월하지 못

하리니 창 49:3,4

여기서 '탁월'이 두 번 나오는데, 앞에 나오는 '탁월'은 칼날이다. "위풍이 월등하고 권능이 탁월한" 기능적인 탁월을 말한다. 그리고 뒤에 나오는 '탁월'은 칼집이다. "물의 끓음 같았은즉 너는 탁월하지 못하리니"라는 것은 인격이 탁월하지 못하다는 뜻이다. 왜 그런가? 창세기 35장 22절을 보라.

이스라엘이 그 땅에 거주할 때에 르우벤이 가서 그 아버지의 첩 빌하와 동침하매 이스라엘이 이를 들었더라 창 35:22

아들로서 아버지의 첩과 동침을 하다니, 이런 패륜아가 어디 있는가? 기능적으로는 탁월함을 갖추었는지 모르지만, 자기통제가 되지 않는 미숙아였다. 다시 말해, 그는 날카로운 칼은 소유했지만 충동이 일어나면 아버지의 여자를 범할 정도로 그것을 통제할 '칼집'이 없었다.

자녀에게 "너 좋은 대학 가야 한다", "명문대학 가야 해", "좋은 회사에 취업해야 한다"라고만 강요하는 것은 칼집은 마련해주지 않고 칼만 날카로워야 한다고 가르치는 것으로, 르우벤을 키우는 것과 같다. 그러므로 우리는 칼과 칼집의 조화를 이루어야 하며, 우리 자녀들에게도 그것을 가르쳐야 한다.

이런 균형이 시편 78편의 다윗의 모습에 담겨 있다.

또 그의 종 다윗을 택하시되 양의 우리에서 취하시며 젖양을 지키는 중에서 그를 이끌어 내사 그의 백성인 야곱, 그의 소유인 이스라엘을 기르게 하셨더니 시 78:70,71

하나님은 왜 다윗을 삶의 현장에서 불러내셨는가?

이에 그가 그들을 자기 마음의 완전함으로 기르고 그의 손의 능숙함으로 그들을 지도하였도다 시 78:72

다니엘과 다윗의 공통점을 꼽는다면 두 가지 면에서 균형을 이뤘다는 것이다. 탁월한 실력과 도덕적인 깨끗함의 균형이 다니엘의 특징이라면, 다윗은 마음의 완전함과 손의 능숙함이 균형을 이루었다. 그런데 72절을 다시 보라. 우선순위가 무엇인가? 무엇이 먼저 언급되는가? '마음의 완전함'이 '손의 능숙함'보다 먼저다. 이 우선순위가 바뀌면 안 된다. '마음의 완전함'이 없다면 '손의 능숙함'도 없는 것이 낫다.

우리도 다니엘이나 다윗처럼 마음의 완전함과 손의 능숙함이 균형을 이루는 삶을 살게 되기를 바란다. 또한 손의 능숙함보다 마음의 완전함이 앞서는 삶의 질서가 바로 세워지는 우리가 되기를 바란다. 그래서 하나님과 주변 사람들에게 "저 사람은 믿을 만한 사람이다. 신뢰받을 만한 사람이다"라는 평가를 듣는 동시에 실력으로도 인정받는 주님의 자녀들이 다 되기를 바란다.

탁월한 성령님이 함께하실 때 균형을 갖출 수 있다

그런데 여기서 한 가지 짚고 갈 것이 있다. 다니엘은 어떻게 그렇게 탁월한 실력과 도덕적인 깨끗함의 균형을 이룰 수 있었을까? 어떻게 그것이 가능했을까?

다니엘은 마음이 민첩하여 총리들과 고관들 위에 뛰어나므로 단 6:3

'마음이 민첩했기' 때문이다. 그런데 이 표현은 우리말로 그리 잘 번역된 것이 아니다. 영어 성경 킹제임스 버전을 보면 이 대목을 이렇게 표현했다.

"because an excellent spirit was in him."

즉, "뛰어난 영이 그 안에 있으니"라는 의미이다. 다니엘이 뛰어났던 것이 아니라 탁월하신 성령님이 그와 함께하셨다는 뜻이다. 우리가 여기서 자꾸 헷갈리는 것 아닌가? 내가 한 번 더 노력하고, 내 힘으로 애써보는 것이 아니다.

그는 시냇가에 심은 나무가 철을 따라 열매를 맺으며 그 잎사귀가 마르지 아니함 같으니 그가 하는 모든 일이 다 형통하리로다 악인들은 그렇지 아니함이여 오직 바람에 나는 겨와 같도다 시 1:3,4

바람에 나는 겨처럼 내가 설치고 다니는 것이 아니다. 시냇가에 심은 나무처럼 탁월한 영이신 성령님을 마음에 모시고 그분을 의지하는 길로 나아가면 우리도 다니엘처럼 도덕성으로나 실력으로나 '이 사람은 믿을 만한 사람이야'라고 인정받게 되는 줄로 믿는다.

너희는 너희가 하나님의 성전인 것과 하나님의 성령이 너희 안에 계시는 것을 알지 못하느냐 고전 3:16

탁월하신 성령께서 우리와 함께하실 때 우리도 다니엘이나 다윗, 또 요셉처럼 그 탁월함을 인정받을 수 있게 될 것이다.

요셉이 위대한 것은, 그는 비록 남의 집 노예로 팔려간 비참한 상황이었지만, 그의 주인이 노예인 요셉을 알아보았다는 것이다.

여호와께서 요셉과 함께하시므로 그가 형통한 자가 되어 그의 주인 애굽 사람의 집에 있으니 그의 주인이 여호와께서 그와 함께하심을 보며 또 여호와께서 그의 범사에 형통하게 하심을 보았더라 창 39:2,3

흔히 '하나님만 아시면 되지 뭐'라는 말을 많이 하는데, 이것은 반은 맞고 반은 틀린 생각이다. 하나님이 우리의 정직을 인정하신다면 주변 사람들도 우리의 정직을 인정할 줄 믿는다. 믿는 우리에게 가장 영광스러운 평가는 "그의 주인이 여호와께서 그와 함께하심을 보며 또 여호와께서 그의 범사에 형통하게 하심을 보았더라"가 아니겠는가?

신뢰가 땅에 떨어진 한국교회의 부끄러운 현실에 대해 성령님이 우리와 함께하심으로 탁월한 실력과 도덕적인 깨끗함의 균형을 이루어 '믿을 만한 사람, 믿을 만한 교회'라는 신뢰를 회복하는 우리 모두가 되기를 축복한다.

다니엘서 6장 9,10절

———

9 이에 다리오 왕이 조서에 왕의 도장을 찍어 금령을 내니라 **10** 다니엘이 이 조서에 왕의 도장이 찍힌 것을 알고도 자기 집에 돌아가서는 윗방에 올라가 예루살렘으로 향한 창문을 열고 전에 하던 대로 하루 세 번씩 무릎을 꿇고 기도하며 그의 하나님께 감사하였더라

기도의 축적,
감사의 축적

 바로 앞 장에서 살펴보았듯이 다니엘은 새로운 통치자인 다리오 왕에 의해서 총리로 발탁된다.

다리오가 자기의 뜻대로 고관 백이십 명을 세워 전국을 통치하게 하고 또 그들 위에 총리 셋을 두었으니 다니엘이 그중의 하나이라

단 6:1,2

여기서 주목해야 할 것은 그 당시 다니엘의 나이다. 이때 다니엘의 나이는 팔십 대 초반 정도로 추정된다. 십 대에 바벨론에 포로로 끌려와 느부갓네살 왕의 인정을 받았던 소년은 어느덧 팔십 대 초반에 이르렀다.

그동안 제국도 바뀌고 왕도 여럿 바뀌었다. 그런데도 새로운 통치자 다리오 왕에게 다시 발탁될 정도로 오랜 세월 한결같이 주변 사람들의 인정을 받았다는 것은 무엇을 의미하는가?

전에 하던 대로

이런 질문을 가지고 본문을 읽다 보니 눈에 띄는 표현이 하나 있었다.

> 다니엘이 이 조서에 왕의 도장이 찍힌 것을 알고도 자기 집에 돌아가서는 윗방에 올라가 예루살렘으로 향한 창문을 열고 '전에 하던 대로' 하루 세 번씩 무릎을 꿇고 기도하며 그의 하나님께 감사하였더라 단 6:10

'전에 하던 대로'라는 표현이다. 이 짧은 표현 속에 여러 가지 함축적인 메시지가 담겨 있다.

서울대 이정동 교수가 쓴 《축적의 길》이라는 책이 있다. 언젠가 TV에서 '축적의 시간'이라는 다큐멘터리를 인상 깊게 보았는데, 그때 그 다큐멘터리를 진행한 분이어서 이 교수님을 알게 되었다.

이 책에서 저자가 주장하는 것은, "창의적인 아이디어는 도움이 안 된다"는 것이다. 모두가 창의적 인재를 필요로 한다고 강조하는 요즘 같은 시대에 이분은 왜 이런 주장을 하는가?

저자는 실제 산업현장에서 반짝이는 아이디어도 필요하지만, 그것이 실현되기 위해 오랜 시간 연구하고 실험하는 축적의 시간이 필요하다고 강조한다.

그러고 보면 혁신의 대명사로 불리는 애플의 창업자 스티브 잡스 역시 반짝 하는 아이디어 하나로 아이폰을 만든 것이 아니다. 그 아이디어가 스마트폰으로 우리 손에 들려지기까지 얼마나 많은 시행착오의 과정을 겪었겠는가? 저자는 이를 '개념설계 역량'이라는 용어로 설명한다.

'개념설계'란 남의 설계도를 가져와 베끼고 실행하는 데서 그치지 않고 스스로 그림을 그리고 계획할 줄 아는 능력을 의미한다. 수없이 반복되는 연습과 훈련과 실험 속에서 시행착오와 경험의 축적을 통해서만 달성할 수 있는 것이 바로 '개념설계 역량'이라는 것이다.

그러면서 저자는 우리나라 산업계의 치명적인 문제점이 바로 이런 수천 번의 시행착오를 통해 얻어지는 개념설계 역량이 없다는 것이라고 말한다. 70, 80년대 산업화 시기에 우리나라가 일본, 미국과 같은 선진국들의 제품을 벤치마킹하고 '빨리빨리' 문화로 속도 향상에 주력한 결과, 엄청난 열매를 맺은 건 사실이다. 그래서 우리나라가 급성장한 것 아닌가? 그런데 단기간에 성과를 냈던 속도 중심의 동력은 이제 힘을 잃어가는데, 우리는 아직도 과거에 젖어 빠른 성과만을 바란 채 우직하게 수없이 반복하는 노력을 통해 얻어지는 '개념설계 역량'이 없는 풍토, 이것이 문제라는 것이다. 그렇다 보니 앞으로 우리나라 경제에 큰 위기가 도래할 것이라는 그의 설명이 너무 와닿았다.

그래서 몇 번이나 반복해서 강연을 경청했는데, 어느 순간 이 강의가 한국교회를 질타하는 목소리로 들리기 시작했다. 지금 한국교회는 축적된 내공 없이 너무나 가벼운 종교로 전락해 있는 것은 아닌가 하는 염려가 있었기에 더 큰 부담으로 들려왔다.

밀란 쿤데라의 책 중에 《참을 수 없는 존재의 가벼움》이라는 책이 있다. 오래 전에 출간된 책인데 지금도 종종 내 머리에서 이 책 제목이 맴돈다. 부인할 수 없는 내 존재의 가벼움 때문에 마음이 아프기 때문이다.

'나는 왜 영적으로 묵직한 내공이 잘 쌓이지 않는 것일까?'

성도들이 교양 있고 점잖아서 "목사님은 어떻게 그렇게 영성이 가볍습니까?"라고 대놓고 지적하는 사람은 없지만, 나 스스로는 알고 있다. 내가 얼마나 가벼운지 말이다.

같은 맥락에서 우리 교회를 보면서도 나는 마음이 아프다. 규모가 커지고, 사람 많이 모인다고 '존재의 가벼움'으로부터 자유하게 된다고 생각하지 않는다. 그래서 늘 우리 교회도 혹시 부인할 수 없는 존재의 가벼움에 빠져 있지는 않은지 두렵다.

이런 두려움은 한국교회를 생각해도 마찬가지다. 축적되는 모습이 잘 보이지 않는다. '장로'쯤 되면 흔들림 없는 영적 내공을 축적해두었어야 하는 것 아닌가? '권사'라고 하면 우직한 신앙 내공으로 젊은 성도들에게 본이 되어야 하는 것 아닌가? 물론 절로 고개가 숙여지는, 존경스러운 분들도 많다. 하지만 많은 경우 그 직분에 대한 무게감이 느껴지지 않는다.

왜 이런 일이 일어나는가? 축적이 없기 때문이다. 반짝 벌어지는 특별새벽기도회나 부흥회가 우리의 존재를 변화시키지 못한다. 그 특별한 순간이 일상의 영성으로 연결되는 도구로 쓰임 받아야 영적인 축적으로 연결될 수 있음을 기억해야 한다.

영적 성숙을 위해 무엇을 축적하고 있는가?

그런 의미에서 정말 심각하게 질문하고 싶다. 당신은 영적 성숙을 위해 지금 어떤 연습과 훈련을 거듭하고 있는가? 예수 그리스도를 닮은 인격적인 깊이를 이루겠다고 도전하고 또 도전하는 몸부림이 있는가?

그 과정에서 '내 몸부림으로는 안 되고, 오직 은혜로만 가능함'을 조금씩 깨우쳐가는 과정을 통해 생겨나는 영적 자산이 축적되고 있는가? 신앙의 연수가 깊을수록 초신자가 흉내 낼 수 없는, 영적 내공을 축적한 사람만이 보여줄 수 있는 묵직하고 깊은 영성이 나타나야 한다. 우리에게는 그런 차별화가 일어나고 있는가?

분당우리교회를 개척하고 얼마 안 되었을 때, 옥한흠 목사님의 제자들이 모임을 가진 적이 있다. 옥한흠 목사님 밑에서 배웠던 제자들 몇 명이 오랜만에 만나 이런저런 대화를 나누는데, 옥 목사님

가까이에서 오래 함께 사역한 대선배 목사님에게 호된 꾸지람을 들었다.

"옥 목사님 제자들이라고 하는 젊은 목사들을 가만히 보니, 순 겉멋만 들어서 성도 1만 명 이상 모였던 때의 옥 목사님 흉내만 내고 있는 것 같다."

그 질책이 나에게 뼈아프게 다가왔던 기억이 새롭다.

이런 맥락에서 우리 교회의 젊은 부목사님들에게도 자주 권면한다.

"30대에는 30대에 쌓아야 할 영성이 있고, 40대에는 30대에 쌓아둔 그 영성 위에 축적되는 40대의 영성이 있고, 50대에는 30, 40대에 쌓아둔 그 영성을 바탕으로 더 깊이 있는 영성을 갖추는 목사가 되어야 하는 것 아닌가? 30대 이루어 내고 축적해야 할 영성이 무엇인지를 깊이 고민하라. 병원에 입원한 성도 찾아가 손잡아드리고, 사업에 실패하여 낙담한 성도 찾아가 눈물 닦아드려라. 그러면서 질팍한 시장 영성을 축적해라. 그렇게 30대 때 발로 뛰어다니며 목자 잃은 양과 같은 성도들의 가슴 아픈 현실을 마음으로 경험하고 체득한 것이 자신의 영적인 바탕 위에 쌓이고, 40대에는 그것을 바탕으로 인간 이해에 관한 폭이 넓어져야 하는데, 쌓아둔 것이 없으니 현실과 동떨어진 뜬구름 잡는 목회자가 되는 것이다."

사실, 이것은 나 자신을 향한 질책이다.

이십 대 후반의 교육전도사와 예순 가까이 되는 담임목사와는 존재의 깊이, 영성의 깊이가 달라야 하는 것 아닌가? 그런데 현실적으로는 이런 차별화가 별로 보이지 않는다. 이런 점에서 나는 팔십 대라는 나이에 다니엘이 보여준 "전에 하던 대로"로 드러난 축적된 영성의 모습이 정말 귀하게 느껴진다.

우리도 늦지 않았다. 오늘부터 축적하기 시작하면 된다. '축적'이라는 것이 지금부터 쌓으면 되는 것 아닌가? 오늘부터 시작하여 하나님의 은혜를 구하며 영적인 내공을 쌓아나가는 신앙생활을 영위해나갔으면 좋겠다.

우리가 쌓아 올려야 할 영적 자산들이 여러 가지로 많지만, 여기서는 본문에 제시되는 대표적인 두 가지 영적 자산을 살펴보자.

기도의 축적

첫째로, 우리가 쌓아 올려야 할 것은 '기도의 축적'이다. 10절을 다시 보라.

다니엘이 이 조서에 왕의 도장이 찍힌 것을 알고도 자기 집에 돌아가서는 윗방에 올라가 예루살렘으로 향한 창문을 열고 '전에 하던 대로' 하루 세 번씩 무릎을 꿇고 '기도하며' 그의 하나님께 감사하였더라 단 6:10

다니엘은 전에 하던 대로 기도했다. 이것이 무엇인가? 기도의 축적이다. 우리도 다니엘처럼 이제부터 기도의 축적을 쌓아가야 하는데, '기도의 축적'의 목표가 무엇인지 아는가? 다니엘처럼 사자 굴에 던져지는 인생의 위기가 찾아올 때 인간적인 방법을 떠올리지 않고, 즉각적으로 하나님 앞에 의뢰하며 기도로 나아가는 것이 몸에 익을 때까지 쌓아야 한다.

이런 맥락에서 본문에는 두 부류의 사람이 등장한다. 하나는 다니엘과 같은 부류의 사람들이고, 다른 하나는 다니엘을 제외한 나머지 부류의 사람들이다. 다니엘서 6장을 보면 고관 120명과 다리오 왕이 세운 다니엘을 제외한 총리 두 사람도 나오는데, 다니엘과 나머지 사람들의 결정적인 차이가 무엇인가? 그들의 행동 양식에 어떤 차이가 나타나는가?

3,4절을 보라.

다니엘은 마음이 민첩하여 총리들과 고관들 위에 뛰어나므로 … '이에' 총리들과 고관들이 국사에 대하여 다니엘을 고발할 근거를 찾고자 하였으나 … 단 6:3,4

여기서 발견되는 총리들과 고관들의 특징이 무엇인가? 그들은 늘 사람을 주목하고 사람을 상대한다는 것이다. 그것도 아주 저급하게 자기보다 조금만 앞서면 어떻게든 짓밟기 위해 발버둥치고, 자기보다 조금만 뒤처진다 싶으면 바로 갑질 행세를 한다. 이것이 세상에서 볼 수 있는 행동 양식이다.

반면에 다니엘이 그들과 다른 결정적인 차이는, 사람을 상대하지 않는다는 것이다. 지금 상대가 질투심에 불타 자기를 모함에 빠뜨려 죽이려고 간교한 계책을 꾸미는데, 다니엘은 그들을 상대하지 않는다. 그러면 누구를 상대하는가? "전에 하던 대로 기도하며" 하나님께로 나아간다.

내가 '참을 수 없는 내 존재의 가벼움'으로 인해 왜 그렇게 자책하는가 하면, 많이 좋아졌지만 지금도 여전히 누군가 나를 모함하거나 마음을 어렵게 하면 종종 난관에 봉착하기 때문이다. 다니엘처럼 하나님께 곧바로 나아갈 때도 있지만, 그렇지 못할 때가 더 많다.

당신은 어떤가? 정직하게 돌아보라. 당신을 못살게 구는 사람이 한 명이라면, 당신에게 너무나 고마운 사람은 열 명, 백 명, 아니 천 명에 이를 텐데 계속 부정적인 생각만 하고 있지는 않은가? 이것이 영적인 깊이가 없다는 방증이다.

'기도의 축적'의 목표가 무엇이라고 했는가? 이런 일이 일어날 때 본능적으로 사람을 상대하던 우리가 다니엘처럼 '전에 하던 대로' 그 문제를 가지고 하나님께 기도하는 자리로 나아갈 때까지 기도가 쌓여야 한다.

다윗을 보라. 시편 55편에서 다윗은 적의 압제로 너무나 힘든 상황이다. 그런 상황에서 그가 어떤 고백을 하는가?

나는 하나님께 부르짖으리니 여호와께서 나를 구원하시리로다 저녁과 아침과 정오에 내가 근심하여 탄식하리니 … 시 55:16,17

얼마나 힘이 드는지, 저녁에도 힘겹고, 아침에도 근심하고, 정오에도 탄식이 나오는 형편이다. 그런데 중요한 것은 그다음 구절이다.

… 여호와께서 내 소리를 들으시리로다 시 55:17

다윗의 이런 근심과 탄식 소리를 누가 듣는가?
"여호와께서 내 소리를 들으시리로다."
여호와 하나님이 들으신다. 다윗의 '기도의 축적'이 느껴지지 않는가?
나 스스로 내 존재의 가벼움을 느낄 때가 언제인가 하면, 내 탄식 소리를 여호와 하나님이 아닌 내 아내만 혹은 내 가까운 동료들만 들을 때이다. 이런 우리가 어떻게 바뀌어야 하는가? 우리의 탄식 소리를 하나님이 들으시도록 해야 한다. 기도의 자리로 나아가야 한다.
디모데전서 2장에서 전하는 바울의 권면을 보라.

그러므로 각처에서 남자들이 분노와 다툼이 없이 거룩한 손을 들어

기도하기를 원하노라 딤전 2:8

오늘날 교회 안에서 일어나는 수많은 분노와 다툼의 원인 중의 하나가 거룩한 손을 들어 기도하지 않기 때문이라는 것이다. 교회 안에서 분노하며 싸우는 이유는 축적된 기도의 내공이 없기 때문이다. 거룩한 손을 들고 기도하는 것이 없으니 교회가 여러 이해관계가 얽히고설켜 다투고 상처받는 것이다.

이제 꾸준히 기도를 쌓아나가야 한다. 그래서 1년이 흐른 후에 하나님 앞에서 '하나님, 제가 지난 1년 동안 그래도 이만큼 기도의 축적을 이루었습니다'라고 기쁘게 고백할 수 있는 믿음의 신앙인이 다 되기를 바란다.

감사의 축적

둘째로, 또 하나 우리가 쌓아 올려야 할 것은 '감사의 축적'이다. 10절을 다시 보자.

다니엘이 이 조서에 왕의 도장이 찍힌 것을 알고도 자기 집에 돌아가서는 윗방에 올라가 예루살렘으로 향한 창문을 열고 '전에 하던 대로' 하루 세 번씩 무릎을 꿇고 기도하며 '그의 하나님께 감사하였더라' 단 6:10

여기서 보여주는 다니엘의 감사는 본능이 아니다. 축적된 감사에서 나오는 영적 내공이다.

무슨 근거로 이런 말을 할 수 있는가? 응답받은 후에 하는 감사는 본능이다. 하나님이 위기를 모면하게 도우셨을 때 나오는 감사는 애쓰지 않아도 저절로 나오는 것이다. 그러나 다니엘의 감사는 그런 감사가 아니었다. 사자 굴에 던져질 위협에서 벗어난 상태가 아니었음에도 미리 감사하는 다니엘의 태도 속에서, 그에게 감사의 길이 잘 닦여 있었음을 알 수 있다.

언젠가 수능 시험을 치른 아들에게 이런 이야기를 한 적이 있다.

"아빠가 등산을 좋아하잖아. 산을 다니다 보면 어떻게 이런 경치 좋은 곳에 절묘한 길을 만들어놨는지 감탄할 때가 많아. 그런데 그 아름다운 길은 정부나 지자체가 만들어준 것이 아니야. 등산객들이 만든 거지. 그곳이 좋으니까 한 사람이 지나가고, 뒤이어 또 한 사람이 지나가고. 그러다 보니 그런 길이 생긴 거야. 너도 마찬가지야. 시험 치르고 시간 많다고 무절제하게 생활하면 거기서부터 네 대학 생활의 길이 나기 시작하는 거야. 모든 건 다 습관의 문제야. 그러므로 지금부터 좋은 습관의 길을 만들어야 한다."

우리에게는 어떤 길이 나 있는가? 다니엘과 같은 감사의 길은 별로 없고, 불평의 길이 너무 잘 나 있는 것 아닌가? 본능적으로 툭툭 불평이 튀어나오지 않는가? 지난 한 주간을 되돌아보라. 다섯 번 불평할 때 한 번 감사했다면 굉장히 성숙한 축에 속한다. 어지간한 사람은 불평 열 번 할 동안 감사 한 번, 조금 더 미숙한 사람은 불평 서른 번 할 동안 감사 한 번 했을까 말까이다. 감사의 길이 안 나서 그렇다.

따라서 우리는 감사가 계속 축적되도록 감사의 길을 만들어나가야 한다. 다니엘은 얼마나 감사의 길이 잘 나 있으면 문제가 해결되지도 않았는데 감사의 고백이 툭 튀어나올 수 있었겠는가? '감사의 축적'의 목표가 바로 여기이다. 문제 해결이 일어나기도 전에 미리 감사하는 데까지 이르도록 감사를 열심히 쌓아야 한다. 그렇게 살면 다른 사람이 아닌 바로 내가 행복하다.

손양원 목사님의 옥중 감사

감사의 길이 잘 나 있는 분 중에 손양원 목사님이 계시다. 손양원 목사님은 일제강점기에 신사참배를 거부하다가 체포되셨는데, 옥고를 치르는 동안 사모님이 매우 편찮으셨다고 한다. 《행복한 감사학교》라는 책에, 손양원 목사님이 아픈 아내에게 옥중에서 보낸 편지가 실려 있는데, 그 편지를 읽고 너무 울컥했다.

동인 어머니에게.

병고 중에서 얼마나 신음합니까? 이 같은 몹시 더운 날씨에 고열도 심하고, 게다가 병고까지 있으니 설상가상이겠구려. 그러나 믿음과 진리는 기호와 환경을 초월하니 안심하소서.

꽃 피고 새 우는 시절뿐만 아니라 백설이 분분한 엄동설한 중에도 하나님의 사랑은 여전하오. 금전옥루에서 잘 먹고 잘 살 때만 하나님을 찬양할 뿐 아니라, 초가삼간에서 못 먹고 병들었을 때도 하나님을 찬양해야 하오.

나는 솔로몬의 부귀보다도 욥의 고난이 더욱 귀하고, 솔로몬의 지혜보다 욥의 인내가 더욱 아름다워 보입니다. 평안과 기쁨은 만병의 보약이오니, 모든 염려는 주께 맡기고 부디 병석을 떠나소서. 항상 기뻐하고 범사에 감사하소서.

1943년 8월 18일

이 편지에서 특히 "나는 솔로몬의 부귀보다도 욥의 고난이 더욱 귀하고, 솔로몬의 지혜보다 욥의 인내가 더욱 아름다워 보입니다"라는 부분을 읽는데 정말 울컥했다.

만약 내가 서재에 앉아 이런 편지를 썼다면, 그것은 문학이다. '아이고, 우리 목사님 글 참 잘 쓰시네' 하고 넘어갈 것이다. 하지만 손양원 목사님은 감옥에서 옥고를 치르며, 그 고난 중에서 병든 아내에게 "여보, 병중에서도 항상 기뻐하시고 범사에 감사하세요"라는 요지의 편지를 써서 보낸 것이다. 손양원 목사님에게 얼마나 감사의 길이 잘 닦여 있는 것인가?

우리도 오늘부터 시작하자. 오늘부터 불평의 길은 조금씩 발길을 끊고 감사의 길을 닦아 나가자. 그러다 보면 세월이 흘러 나이가 더 들면 우리에게도 감사의 내공이 쌓이지 않겠는가?

꾸준한 감사의 훈련

세계에서 가장 영향력 있는 100인에 꼽힐 정도로 유명한 미국의 여성 방송인 오프라 윈프리는 전용기로 이동할 정도로 바쁜 삶을 사는데, 그녀가 아무리 바빠도 일과를 마무리하면서 매일 빼놓지 않는 것이 하나 있다고 한다. 잠자리에 들기 전에 감사 일기를 쓰는 것이다. 하루 동안 일어난 일 가운데 다섯 가지 감사 목록을 적는다고 한다.

그렇게 성실히 감사 제목을 적는 것도 놀랍지만, 감사 내용이 감동적이었다. 거창한 게 아니라 일상의 소소한 감사들, 예를 들면 이런 것들이다.

첫째, 오늘도 거뜬하게 잠자리에서 일어날 수 있어서 감사합니다.

둘째, 유난히 눈부시고 파란 하늘을 보게 해주셔서 감사합니다.

셋째, 점심 때 맛있는 스파게티를 먹게 해주셔서 감사합니다.

넷째, 얄미운 짓을 하는 동료에게 화내지 않았던 저의 참을성에 감사합니다.

다섯째, 좋은 책을 읽었는데 그 책을 써준 작가에게 감사합니다.

오프라 윈프리는 이런 감사 일기를 40년 넘게 지속해서 쓰고 있다고 한다.

　매일 매일 감사하는 습관이 어린 시절 성폭행을 당하고 가난에 시달리는 등 수많은 아픔과 역경을 딛고 세계 최고의 토크쇼 진행자로 성장시킨 원동력이 되었다.

　앞에서 소개한 이정동 교수의 '축적의 시간'이라는 강연을 보면, 유명 마술사 데이비드 블레인의 이야기가 나온다. 그는 2008년에 수중 숨 참기 세계 신기록을 세워 화제가 된 인물이다. 인간은 의학적으로 6분 이상 숨을 쉬지 않으면 뇌에 산소가 공급되지 않아 뇌 손상 같은 심각한 문제가 생길 수 있다고 한다. 그런데 그는 물속에서 무려 17분 4초간 숨을 참는 대기록을 세웠다.

　호흡 없이 자신이 얼마나 견딜 수 있을지 의문을 품고 수중 숨 참기에 도전한 그에게 의사 친구는 이런 아이디어를 주었다. 수중 호흡기를 만드는 것인데, 튜브에 접착테이프로 풍선을 붙인 수중 호흡기를 몸속에 집어넣고 숨을 참고 있으면 그의 몸 안에서 공기를 순환시켜 오래 버틸 수 있다는 것이었다. 내가 듣기에도 터무니없는 그 말에 속아서 그는 진짜 시도한다. 영상으로 보는데 너무 괴로워 보였다.

　"내 인생에서 가장 바보 같은 시도였다."

　결과는 역시나 실패. 그러나 그는 포기하지 않고, 진짜 오랫동안 숨을 참는 시도를 하기 시작했다. 심장 전문의, 정신과 의사, 요가 선생님 등 여러 전문가를 만나 조언을 구하고 심박동수를 낮추는 훈련을 했다. 몸속의 이산화탄소를 없애 숨 참기가 쉬워지도록 과호흡까지 배웠다고 한다. 식이조절을 하며 살을 빼는 등 2년간 혹독하게 훈련했다.

그리고 2008년 4월, 〈오프라 윈프리쇼〉에 나가서 지구 모양의 둥근 용기 속에서 17분 4초간 숨을 참는 세계 신기록을 세운다. 이후 그가 TED 강연에서 성공 비결을 밝히는데 어떻게 보면 너무 단조로운 대답이다.

"1초씩, 1초씩 숨을 참는 시간을 늘려갔습니다."

그러면서 설명하기를, 자신이 2년 동안 반복했던 것이 'Training-Practice-Experimentation' 즉 '연습 - 훈련 - 실험'이었다고 한다. 연습 - 훈련 - 실험, 연습 - 훈련 - 실험…. 그 과정이 얼마나 힘들었는지 강연 중에 울먹이기까지 했다. 세계적인 마술사가 울먹이는 모습을 보며 이런 생각이 들었다.

'영적인 신앙생활도 눈속임으로 되는 것이 아니다. 내 안에 터무니없는 것을 집어넣고 가짜로 숨 쉬는 것으로는 성장이 없다.'

하나님과 동행할 때 가능하다

그런데 우리가 오해하면 안 되는 것이 기도의 축적, 감사의 축적이 긴 시간 내가 내 힘으로 노력해서 결과를 얻어내는 것이 아니라는 것이다.

성경에 죽음을 경험하지 않고 하늘로 올려진 두 사람이 나온다.

엘리야와 에녹이다. 열왕기에 보면 엘리야가 얼마나 위대한 일을 했는지 상세히 기록되어 있다. 그런데 놀랍게도 에녹에 대해서는 기록이 거의 없다. 창세기 5장 21-23절이 전부다.

> 에녹은 육십오 세에 므두셀라를 낳았고 므두셀라를 낳은 후 삼백 년을 하나님과 동행하며 자녀들을 낳았으며 그는 삼백육십오 세를 살았더라 창 5:21-23

에녹은 아이 낳은 것밖에는 기록이 없다. 이룬 업적이 없다. 그런데 22절을 다시 보라. 눈에 띄는 구절이 있다.

"하나님과 동행하며."

일상생활 속에서 그는 하나님과 동행했다. 이 짧은 한 마디가 엘리야가 이룬 수많은 업적들을 상세히 기록한 것 이상으로 그의 삶을 압축하여 설명한다.

아무리 생각해봐도 나는 엘리야 과가 아니다. 죽었다 깨어나도 엘리야 같은 영웅의 위치에 설 수는 없을 것 같다. 그런데 우리 중에 엘리야와 같은 영웅이 몇이나 되겠는가? 엘리야처럼 엄청난 업적을 남겨서 하나님의 눈에 드는 일은 쉽지 않다.

그러나 에녹처럼 소소한 일상 속에서 하나님을 의지하고, 하나님보다 앞서지 않고, 하나님의 뜻을 구하며 그분과 동행하는 것은 할 수 있다. 이런 것들이 축적되면 하나님이 에녹을 귀하게 여기시고 사랑하셔서 놀라운 은혜를 베푸셨던 것처럼 우리에게도 그런 은혜를 베풀어주실 것이다. '축적의 시간'이라고 해서 오해하면 안 된다. 내가 하는 것이 아니다. 내가 몸부림쳐서 얻어내는 것이 아니다. 에녹처럼 '하나님과 동행하면' 하나님이 이루신다. 오늘부터 시작하자.

한국교회를 향한 비판이 넘치는 부끄러운 오늘의 자리에서부터 시작하자. 주님과 동행하며 조금씩 조금씩 영적인 내공을 쌓아, 내년 이맘때쯤에는 조금 더 축적이 있고, 후년에는 그보다 더 축적이 있는 주님의 자녀로 성장해가기를 바란다.

다니엘서 6장 16-20절

———

¹⁶ 이에 왕이 명령하매 다니엘을 끌어다가 사자 굴에 던져 넣는지라 왕이 다니엘에게 이르되 네가 항상 섬기는 너의 하나님이 너를 구원하시리라 하니라 ¹⁷ 이에 돌을 굴려다가 굴 어귀를 막으매 왕이 그의 도장과 귀족들의 도장으로 봉하였으니 이는 다니엘에 대한 조치를 고치지 못하게 하려 함이었더라 ¹⁸ 왕이 궁에 돌아가서는 밤이 새도록 금식하고 그 앞에 오락을 그치고 잠자기를 마다하니라 ¹⁹ 이튿날에 왕이 새벽에 일어나 급히 사자 굴로 가서 ²⁰ 다니엘이 든 굴에 가까이 이르러서 슬피 소리 질러 다니엘에게 묻되 살아 계시는 하나님의 종 다니엘아 네가 항상 섬기는 네 하나님이 사자들에게서 능히 너를 구원하셨느냐 하니라

기준을 세운 사람의
흔들림 없는 삶

본문의 말씀을 살펴보기에 앞서 두 인물을 소개하고 싶다. 첫 번째 인물은 SK를 2018년 한국시리즈 우승으로 이끈 트레이 힐만이라는 외국인 감독이다. 힐만 감독은 독특하게도 정규시즌 막바지에 "내년에 감독 재계약을 하지 않겠다"라고 선언했다. 그 이유가 놀라웠다. 미국에 있는 가족들을 돌보기 위해, 더 정확히는 알츠하이머에 걸린 새어머니를 돌보기 위해 본국으로 돌아가겠다는 것이다. 이런 선언을 한 후에 열린 한국시리즈에서 놀랍게도 힐만 감독은 소속 구단을 우승으로 이끌었다.

보통 우승하고 나면 그다음 해 감독 연봉이 껑충 뛰지 않는가? 그런데도 그는 흔들림 없이 한국시리즈가 종료되자 바로 고국으로 돌아갔다. 프로야구 37년 사상 우승 팀의 감독이 바뀐 것이 처음 있는 일이라고 한다.

삶의 분명한 기준이 있다 vs. 없다

그의 행보가 굉장히 인상적이어서 이런저런 기사를 찾아보았다. 힐만 감독의 이런 과감한 결단이 어디에서 나왔는가 하니, 그에게는 자기만의 뚜렷한 삶의 기준과 원칙이 있었다.

어느 인터뷰에서 그는 이런 말을 했다.

"사임 결정의 이유는 가족 때문입니다. 저는 삶의 우선순위를 첫째 하나님, 둘째 가족, 셋째 직업 순으로 두고 중요한 결정을 내립니다."

이런 뚜렷한 자기만의 우선순위가 있다 보니, 우승해서 연봉을 더 받는다든지 우승을 못 해서 연봉이 깎인다든지 하는 이유로 자신의 거취를 결정하지 않았던 것이다. 명확한 우선순위를 가지고 살아가는 그의 모습이 참 멋져 보였다.

힐만 감독을 인터뷰했던 기자는 그에 대해 이런 글을 썼다.

"독실한 기독교인인 힐만 감독과의 인터뷰는 미국에서 온 유명 목사님을 모신 자리 같았다. 그는 삶과 신앙, 말과 행동이 일치하는 사람이었다."

뚜렷한 삶의 기준과 원칙을 가지고 사는 사람의 아름다움을 이렇게 표현한 것 아니겠는가?

두 번째로 소개할 인물은 지난해 극장가를 강타한 영화 〈보헤미

안 랩소디〉의 주인공 프레디 머큐리라는 가수다. 그는 록 그룹 퀸의 보컬로 수많은 명곡을 탄생시키며 활동 당시 미국과 유럽을 뒤흔들었던 대단한 가수였는데, 불행하게도 45세의 젊은 나이에 에이즈 합병증으로 목숨을 잃었다.

이 영화를 통해 프레디 머큐리의 삶을 들여다보며 참 안타까운 것이 있었다. 그에게는 메리 오스틴이라는 여자친구가 있었는데, 결혼을 앞두고 충격적인 고백을 한다. "다른 남자와 사랑에 빠졌다"는 것이다. 어느 여자가 동성 애인이 있다는 사람과 결혼하겠는가? 당연히 결혼이 깨졌다.

그런데 참 가슴 아팠던 것이 그는 평생 오스틴을 잊지 못했다는 사실이다. 수많은 군중에 둘러싸여 열광과 환호를 받았지만 마음이 허전하고 우울할 때면 늘 그녀를 그리워했다. 'Love of My Life'라는 명곡도 그녀를 향한 헌정곡이라고 한다.

그리고 그는 세상을 떠날 때 자기 재산의 절반과 자기 소유의 저작권 수입과 런던 대저택을 메리 오스틴에게 유산으로 남겼다. 정말 의외 아닌가? 헤어진 전 여자친구에게 자기 유산의 절반 이상을 남겼다는 것이 무엇을 의미하는가? 죽기 직전, 그는 그녀에게 그 이유를 이렇게 설명했다.

"당신이 내 아내였더라면 이것은 당신 몫이었을 거예요."

마음으로는 결혼한 것과 다름없이 의지하며 살았다는 이야기다. 겉으로 보기에 수많은 사람들에게 박수와 인기를 얻어 화려한 삶을 살았던 그였지만, 그 내면에 정돈되지 못한 혼란함으로 평생을 불행하게 살아갔던 그의 모습을 보면서 앞에서 소개했던 힐만 감독이 생각났다. 뚜렷한 삶의 기준과 원칙을 가진다는 것, 그래서 첫째 하나님, 둘째 가족, 셋째 직업과 같이 분명한 우선순위를 가졌기에 흔들림 없는 삶을 살 수 있었던 힐만 감독과 프레디 머큐리의 삶이 너무나 대조적이었기 때문이었다.

오늘날 믿는 우리를 향한 사탄의 목표는 하나이다. 힐만 감독이 가지고 있는 것과 같은 삶의 우선순위를 무너뜨리는 것이다. '하나님이 첫째'라고 하는 우선순위가 무너지니 이 시대가 얼마나 혼란스럽게 흘러가고 있는지 영적인 관점으로 볼 수 있어야 한다. 복음을 이런 관점으로 바라봐야 한다.

하나님 앞에서 사는 삶

그렇다면 복음을 아는 우리는 어떻게 살아야 하는가? 에베소서 2장 1,2절을 보자.

그는 허물과 죄로 죽었던 너희를 살리셨도다 그때에 너희는 그 가운데서 행하여 이 세상 풍조를 따르고 공중의 권세 잡은 자를 따랐으니 엡 2:1,2

여기서 '그때'는 언제인가? 허물과 죄로 죽을 수밖에 없었던 때,

우리에게 예수 그리스도의 십자가가 필요했던 때이다. 그때 우리의 행동 양상은 어땠는가?

"너희는 그 가운데서 행하여 이 세상 풍조를 따르고 공중의 권세 잡은 자를 따랐으니."

십자가가 없는 상태, 복음을 모르는 사람의 특징은 이 세상 풍조에 흔들린다는 것이다. 그들은 유혹에 쉽게 흔들리고 방황한다. 중심에 하나님이 없기 때문이다. 예수 그리스도의 십자가 사건은 '하나님 앞에서'라는 삶의 기준을 잃어버려 흔들리는 인생을 건져주시기 위함이다. 따라서 예수 그리스도로 인해 변화 받았다는 확신이 있다면 우리는 더 이상 삶에 흔들림이 없어야 한다. 또한 그런 삶을 살기 위해 힐만 감독이 보여준 것처럼 뚜렷한 삶의 기준을 세워야 한다. 1순위인 하나님께 내 모든 생각이 영향을 받도록 하는 것이다.

누가 나에게 다니엘의 삶을 한마디로 정리해보라고 한다면 나는 이렇게 정리할 수 있을 것 같다.

"하나님 앞에서의 삶, 하나님 중심의 삶."

그에게는 이런 삶의 기준이 있었기에 십 대에 포로로 끌려가 팔십 대가 되기까지 요동하지 않고 사명을 다하는 삶을 살 수 있었다.

하나님의 기준을 내 기준으로

이런 맥락에서 본문인 다니엘서 6장 16-20절을 보라. 다니엘은 지금 정적들의 음모로 사자 굴에 던져지는 비극을 겪고 있다. 그런데 그 과정에서 그를 가까이에서 지켜본 다리오 왕의 평가를 들어보라.

> 이에 왕이 명령하매 다니엘을 끌어다가 사자 굴에 던져 넣는지라 왕
> 이 다니엘에게 이르되 네가 항상 섬기는 너의 하나님이 너를 구원하
> 시리라 하니라 단 6:16

> 다니엘이 든 굴에 가까이 이르러서 슬피 소리 질러 다니엘에게 묻되
> 살아 계시는 하나님의 종 다니엘아 네가 항상 섬기는 네 하나님이
> 사자들에게서 능히 너를 구원하셨느냐 하니라 단 6:20

그러자 다니엘은 이렇게 대답했다.

> 나의 하나님이 천사를 보내서서 사자들의 입을 막으셨으므로, 사자
> 들이 나를 해치지 못하였습니다. 그것은, 하나님 앞에서 나에게는 죄
> 가 없다는 사실이 드러났기 때문입니다. 단 6:22, 새번역

이것이 무슨 의미인가? "온 세상 사람들이 내게 유죄라고 해도,
'하나님 앞에서' 그분이 내게 무죄라고 하시면 나는 무죄입니다"라
는 뜻이다. 기준이 오직 '하나님 앞에서'이다. 마찬가지로 온 세상
사람들이 나를 천사 같다고 해도 하나님의 기준으로 아니면 아닌
것이다.

그런데 예수 믿고 변화된 우리의 삶은 어떤가? 에베소서 4장 14절 말씀으로 자신의 모습을 한번 조명해보기 바란다.

우리는 이 이상 더 어린아이로 있어서는 안 됩니다. 우리는 인간의 속임수나, 간교한 술수에 빠져서, 온갖 교훈의 풍조에 흔들리거나, 이리저리 밀려다니지 말아야 합니다. 엡 4:14, 새번역

그렇게 오래 예수 믿고 매 주일 예배를 드리는데 아직도 어린아이의 모습을 벗어나지 못한 사람이 왜 이렇게 많은가? 여기서 어린아이의 모습을 어떻게 묘사하고 있는가? 어린아이는 온갖 교훈의 풍조에 흔들거린다. 이 말에 흔들리고 저 말에 흔들리고, 이것도 맞는 것 같고 저것도 맞는 것 같고…. 왜 그런가? 기준이 없기 때문이다.

'지금 미국으로 돌아가야 하나? 아니면 감독을 계속 해야 하나? 연봉을 얼마 주는지 보고 결정하지 뭐.'

이것이 기준 없이 흔들리는 세상의 모습이라면, 우리에게는 무엇보다 우선시되는 삶의 기준이 있는가?

기준이 없으면 행운도 저주가 된다

얼마 전에 TV를 보다 보니 로또 1등에 당첨된 한 남자의 이야기가 나왔다. 당첨금이 무려 19억 5천만 원이었는데 세금 떼고 13억 5천만 원을 받았다고 한다. 모두가 부러워하는 꿈같은 일이 벌어진

것이다. 경치 좋은 곳에 집 한 채 짓고 살기를 소원했던 그는 남한강 옆에 땅을 사서 집을 지었다.

그런데 결론만 말하자면, 집은 지었는데 가정이 깨졌다. 내가 그 프로그램을 볼 당시 이혼 절차를 밟고 있다고 했다. 아내에게 소송을 거는 등 부부 사이가 원수도 그런 원수가 없는 관계가 됐다. 이웃들의 이야기를 들어보면 로또 당첨 전에는 부부 금실이 무척 좋았다고 한다. 로또 1등에 당첨됐을 때는 부부가 얼싸안고 함께 기쁨을 나누었는데, 그것 때문에 집 한 채 남기고 가정이 깨져버렸다.

로또 당첨된 것이 부러운가? 나는 남한강 경치 좋은 곳에 집은 짓지 못하더라도 아내와 여전히 사랑하며 살 수 있는 것이 훨씬 더 행복하다고 생각한다.

모두가 부러워하는 로또 1등도 잘못하면 재앙이 될 수 있다. 우리 삶에 뚜렷한 기준과 원칙이 없으면 맨날 로또를 사도 맨날 꽝인 것이 오히려 축복 중의 축복이다. 우리의 가정을 지키시려는 하나님의 몸부림인 줄 믿으라. 물질 안 주시는 것을 감사함으로 받으라. 우리 삶에 우선순위가 세워지기 전에 일어나는 모든 축복은 재앙이 될 수 있다. 따라서 우리는 어떤 화려한 물질, 명예를 구하기 전에 우선순위가 바르게 정립되어 있는지 먼저 돌아보아야 한다.

그렇다면 우리는 어떻게 살아야 하는가? 어떤 기준을 세우고 살아가야 하는가? 예수님이 이 땅에 오신 것은 우리에게 '임마누엘' 즉 '하나님이 우리와 함께 계시다 함이라'를 회복시켜주시기 위함이다. 우리는 하나님이 우리에게 주신 놀라운 은혜의 선물인 임마누엘을 알고, 그에 대한 반응으로 '코람데오' 즉 하나님 앞에서 늘 기쁨과 감사를 세상에 흘려보내야 한다. 그것이 구제와 이웃 사랑으로 나타나는 것이다. 임마누엘과 코람데오의 회복 없이 행해지는 모든 일은 하나님 앞에서 부질없는 짓이 되고 말 것이다.

이렇듯 우리는 임마누엘과 코람데오의 정신을 삶의 기준으로 세워야 하는데, 이런 기준과 원칙이 있는 삶은 우리에게 두 가지 회복을 가져다준다.

소신 있는 삶의 회복
첫째, 기준과 원칙이 세워질 때 '소신 있는 삶'이 회복된다.

다니엘이 이 조서에 왕의 도장이 찍힌 것을 알고도 자기 집에 돌아가서는 윗방에 올라가 예루살렘으로 향한 창문을 열고 전에 하던 대로 하루 세 번씩 무릎을 꿇고 기도하며 단 6:10

나는 이 말씀을 정말 좋아한다. 그리고 나도 이 말씀처럼 살기를 간절히 바란다. 그 이유는 온 세상 사람들이 음모를 꾸미고 나를 잡으려 해도 '하나님이 무죄라고 하시면 나는 무죄'라는 다니엘의 소신 때문이다. 감출 것 없이 창문을 열고 평소대로 하나님께 기도하는 것, 확신 있는 소신이 아니면 불가능한 모습 아닌가?

여호수아서 24장 15절 끝부분에 보면 여호수아의 놀라운 소신을 볼 수 있다.

> … 너희가 섬길 자를 오늘 택하라 오직 나와 내 집은 여호와를 섬기 겠노라 하니 수 24:15

너희가 누구를 택하여 섬기든 "오직 나와 내 집은 여호와를 섬기 겠다"라고 하는 놀라운 소신 아닌가?

나는 우리 교회 부교역자들에게 내 목회 철학을 이런 표현으로 종종 전한다.

"개가 짖어도 기차는 간다."

여기에서 '개'는 상황을 뜻한다. 예를 들어, 내가 교회를 개척했 는데 예상치 못하게 급성장을 하면 기차가 더 빨리 달려야 하는가? 반대로 교회를 개척했더니 하는 일마다 안 되고 사람들이 얼마 모 이지 않으면 기차가 천천히 가야 하는가? 그런 것이 아니라는 것이 다. 상황이 어떻든지 간에 하나님이 원하시는 발걸음으로 가는 것 이 목회라는 것이다.

기차는 개가 짖는다고 멈추고, 개가 안 짖는다고 가지 않는다. 오직 신호등만 따른다. 초록불이면 가고 빨간불이면 선다.

혹시 〈기찻길 옆〉이라는 동요를 아는가? 최근에 이 동요를 다시 접하게 되었는데, 입에 붙어서 자주 부르다 보니 어린 시절의 동심이 살아나는 것 같았다.

기찻길 옆 오막살이 아기 아기 잘도 잔다
칙폭 칙칙폭폭 칙칙폭폭 칙칙폭폭
기차 소리 요란해도 아기 아기 잘도 잔다

여기 나오는 아기가 참 훌륭하다. 상황이 어떻든지 간에, 기차가 얼마나 요란하게 지나가든지 간에 그 시간에 자야 하면 잔다. 이런 아기의 모습을 본받아야 한다. 너무 소신 있는 아기가 아닌가?
그런가 하면 2절에 나오는 옥수수는 더 존경스럽다.

기찻길 옆 옥수수밭 옥수수는 잘도 큰다
칙폭 칙칙폭폭 칙칙폭폭 칙칙폭폭
기차 소리 요란해도 옥수수는 잘도 큰다
_ 기찻길 옆, 윤석중 작사, KOMCA 승인필

기차 소리가 요란하든지 말든지 옥수수는 하나님이 주시는 햇빛 받고 토양의 영양분을 흡수하며 잘도 큰다는 것이다. 너무 존경스러운 옥수수 아닌가?
그런데 우리는 길거리에 심긴 옥수수만도 못할 때가 많다. 내 길을 가는데 누군가 집적거리면 움찔하고 위축되며 걸음을 멈추고 뒤

돌아보게 된다. 하지만 기차 소리가 얼마나 시끄럽든 아기가 자야 할 때는 자고, 옥수수는 잘 자라야 하듯이, 개가 짖든 말든 우리는 하나님의 말씀을 보면서 갈 길을 가야 하는 것 아닌가? 우리의 가정을 누가 어떻게 흔들어놓든지, 교회를 뭐라고 밀 까부르듯 하든지 상관하지 말고 그저 우리 속도대로 가면 되는 것 아닌가?

왜 이것이 안 되는가? 삶의 기준이 없어서 그렇다. 하나님이 내 삶의 기준이 되셔야 누가 뭐라고 떠들어도 '하나님이 말씀하셨으니 나는 하나님 앞에 무죄'라고 고백할 수 있는 것 아닌가? 누가 나를 무시하든, 아니면 추켜세우든 나는 내 속도대로 가야 한다. 거기에 맞장구치면 망하고 마는 것이다. 이것이 "개가 짖어도 기차는 간다"는 표현의 의미다.

영적 소신 있는 사람이 누리는 축복

그렇다면 다니엘처럼 '임마누엘' 하나님이 내 안에 계시고, '코람데오' 하나님 앞에 반응하는 자가 누리는 축복은 무엇인가? 시편 23편 4절을 보자.

내가 사망의 음침한 골짜기로 다닐지라도 해를 두려워하지 않을 것은 주께서 나와 함께하심이라 시 23:4

이 말씀에서 '사망의 음침한 골짜기'를 원어로 보면 '깊은 어두움'

이라는 뜻이다. 인생길을 가다 보면 어두움에 빠질 때가 얼마나 많은가? 터널을 지날 때가 어디 한두 번인가?

나는 20대 초반에 무려 7년간 터널을 지났다. 그 터널을 지나 보니, 그 당시 죽을 것같이 힘들었던 이유가 언제 햇빛을 보게 될지 몰랐기 때문이었다. '이제 6년 남았다, 5년 남았다' 예고가 되면 견디겠는데, 고통이 언제 끝날지 전혀 알 수 없으니 너무 힘들었다.

그런데 내가 예수 그리스도를 온전히 주님으로 영접하고, 하나님을 삶의 우선순위에 두고 나니, 가장 좋은 것이 무엇인지 아는가? 지금의 나라고 왜 인생의 어두움이 없겠는가? 우울함이 왜 안 생기겠는가? 그러나 단언컨대 어두운 터널을 지나더라도 하루를 넘길 때가 많지 않다. 하루만 지나면 회복된다. 어떻게 이것이 가능한가?

"내가 사망의 음침한 골짜기로 다닐지라도 해를 두려워하지 않을 것은 주께서 나와 함께하심이라!"

주께서 나와 함께하시기 때문이다! 이것이 바로 우선순위가 잘 세워진 사람에게 주시는 하나님의 축복이다.

작년에 제자훈련 수료예배에서 젊은 여집사님이 간증을 했는데, 그 간증을 듣고 은혜를 많이 받았다. 왜 제자훈련을 받게 되었는지 고백한 내용이었는데, 일부만 인용해보자.

작년 여름 남편과의 불화로 인해 가정에 위기가 찾아왔습니다. 그때까지만 해도 하나님과의 관계는 전혀 문제가 없다고 생각했던 저는 비로소 저의 결혼생활과 신앙생활 등 저 자신을 깊이 돌아보게 되었습니다.

이분의 위대함이 무엇인가? 인생에 문제, 즉 남편과의 관계에 문제가 생기니 바로 하나님을 찾았다. 당황하고 힘들어하다가 다른 남자를 찾고, 첫사랑을 찾아 떠나는 파멸의 길로 들어서지 않고, 바로 하나님을 찾았다. 이것이 하나님을 우선순위에 둔 사람의 행동이다. 그다음 내용을 보라. 모든 남편이 부러워할 만한 내용이다.

그렇게 사랑이 없는 제 모습을 보고서야 저는 하나님을 찾았습니다. "하나님, 하나님은 사랑의 하나님이라고 하셨잖아요. 그런데 왜 저는 그 사랑을 한 번도 누려본 적이 없는 걸까요? 이제부터는 무조건 하나님의 사랑을 누리게 해주세요. 제가 먼저 누려야 남편에게도, 자녀에게도 흘려보낼 수 있잖아요. 저부터 하나님의 사랑에 푹 잠기게 해주세요"라는 간절함을 가지고 제자훈련을 지원했고, 감사하게도 올해 훈련을 받을 수 있었습니다.

삶에 하나님이라는 우선순위가 잘 세워져 있으니, 남편과의 불화로 가정이 어려울 때 무엇을 구하는가? 기준 없는 세상 사람들이 저 남자 때문에 내 꼴이 이렇게 됐다고, 저 여자 때문에 내 인생 이렇게 됐다고 신세 한탄하는 시간에 이분은 하나님께 사랑을 구했다.

가정에 불화가 있고 부부 싸움이 잦은 것은, 양상은 다 다르지만 이유는 딱 하나다. 애정 결핍, 즉 사랑을 못 받아서 그렇다.

이분이 드린 기도는 담임목사인 내 기도제목이기도 하다.

"성령님, 저에게 사랑을 흘려주세요. 하나님의 사랑을 흠뻑 받으면 그 사랑이 우리 성도들에게도 흘러가게 될 줄 믿습니다."

이것이 하나님을 우선순위에 둔 인생이 누리는 축복이라는 것이다.

사명 앞에 흔들림 없는 삶

둘째로, 기준과 원칙이 회복되면 '사명 앞에 흔들림 없는 삶'이 회복된다.

본문에서 다니엘을 향한 다리오 왕의 평가를 보면 반복되는 표현이 하나 있다. 6장 16절과 20절을 다시 보자.

이에 왕이 명령하매 다니엘을 끌어다가 사자 굴에 던져 넣는지라 왕이 다니엘에게 이르되 '네가 항상 섬기는' 너의 하나님이 너를 구원하시리라 하니라 단 6:16

다니엘이 든 굴에 가까이 이르러서 슬피 소리 질러 다니엘에게 묻되 살아 계시는 하나님의 종 다니엘아 '네가 항상 섬기는' 네 하나님이 … 단 6:20

하나님을 알지 못했던 왕이 다니엘을 보며 어떻게 평가하는가? '네가 항상 섬기는…', 곧 다니엘의 한결같음을 강조하고 있다.

다니엘은 십 대에 이방 나라에 끌려와서 팔십 대 초반이 될 때까지 우여곡절을 겪으면서도 늘 한결같은 삶을 견지했다. 기준이 있었기에 이런 삶이 가능했던 것이다.

이런 맥락에서 나는 우리 교회 성도들이 예배 때는 울고, 은혜받고, 큰 소리로 "아멘" 외치다가 금세 냉랭해지는 것보다는, 예배 때 은혜 받아 우는 일은 없더라도 삶에 우선순위가 세워져 있어서 어떤 문제에 봉착해도 요동하지 않고 우직하게 본래의 모습을 견지해나갈 수 있다면, 그것이 더 좋다고 생각한다.

우리나라의 뚝배기 음식을 한번 떠올려보라. 사실 내용물을 보면 많이 들어간 것도 없어 보인다. 허연 국물에 고기 몇 점 나오는데 소금 맛으로 먹는 것이지만, 외국의 어떤 화려한 음식보다 나는 뚝배기 음식이 더 좋다. 오랫동안 정성 들여 푹 고운 국을 뚝배기에 담아 은근하게 먹는 맛이 얼마나 훌륭한지 모른다. 이런 의미에서 우리가 다 뚝배기 같은 신앙을 소유하게 되길 축복한다.

욥의 한결같음을 보라.

그들이 차례대로 잔치를 끝내면 욥이 그들을 불러다가 성결하게 하되 아침에 일어나서 그들의 명수대로 번제를 드렸으니 이는 욥이 말하기를 혹시 내 아들들이 죄를 범하여 마음으로 하나님을 욕되게 하

였을까 함이라 욥의 행위가 '항상' 이러하였더라 욥 1:5

진짜 좋은 자녀교육은 부모의 화려한 말솜씨가 아니다. 한결같은 모습이다.

"욥의 행위가 항상 이러하였더라."

삶의 기준이 잘 세워지면 욥과 같은 이런 평가를 받게 될 줄로 믿는다.

기준이 세워져 있으면 한결같은 삶을 살 수 있다

우리 교회 장로님 중에 외과의사가 있는데 왜 외과를 선택하셨는지 그 이유를 듣고 정말 존경하게 되었다.

이 장로님이 대학 시절에 큰 은혜를 받았다고 한다. 젊은 마음에 '이 놀라운 복음을 전하며 살아야겠다. 선교해야겠다'라는 선교의 꿈이 날로 커져갔다. 그러다가 과를 정해야 할 시기가 되었을 때 지도교수님을 찾아가 여쭈었다. 그 지도교수님도 신실한 크리스천이었다고 한다.

"교수님, 선교의 삶을 살기에 가장 좋은 과가 무엇입니까?"

"그게 외과야."

그래서 외과로 가셨다고 한다.

이분은 지금 매년 단기선교를 나가서 수술을 담당해주시는데, 장비도 몇 개 못 가져가는 열악한 상황에서도 많은 수술을 감당하신다. 제일 많이 수술했을 때는 하루에 30,40건을 한 적도 있다고 한다. 물론 간단한 수술이니까 가능했겠지만, 정말 놀라운 헌신 아닌가? 20대 초반에 선교에 대한 꿈을 가지고 외과를 택하여 지금 환갑을 바라보는 나이에도 동일한 마음으로 매년 선교에 함께하고 계시다는 사실에 큰 감동을 받았다. 이것이 삶의 기준과 우선순위가 세워져 있기에 가능한 '한결같음'이다. 확 뜨거워지는 것도 좋지만 이렇게 은근하게 평생 하나님을 따르는 것이 더 중요하다고 생각한다.

얼마 전에 우리 교회 부목사님의 아버지가 돌아가셨다. 그 아버지도 목사님이셨다. 너무 안타깝게도 너무 젊으신 연세에 돌아가셨다. 이제 은퇴하시고 좀 쉬시며 삶을 누려야 하는데, 은퇴 직후에 그만 병으로 돌아가신 것이다.

그 분이 돌아가시기 전 사무실에 앉아 있는데, 부목사님의 아버지가 곧 소천하실 것 같다고, 지금 임박한 상황이라고 연락이 왔다. 마침 가까운 병원에 계시다는 말을 듣고 병원으로 달려갔다. 이제 모든 준비가 끝나고 산소호흡기만 떼면 하늘나라로 가시는 상황이었다. 병실에 들어가니 사모님이 눈물을 펑펑 흘리시면서 말씀하셨다.

"우리 목사님이 생전에 목사님을 만나보고 대화하고 싶어 하셨는데, 이렇게 만나셨네요."

그러면서 참 많이 우셨다. 나는 목사님의 머리와 몸에 손을 얹고 눈물로 기도해드렸다. 그러고 나서 사무실로 돌아와서 한 시간 정도 지났는데, 목사님이 방금 소천하셨다는 연락을 받았다.

많은 생각이 스쳐 지나가는 가운데 가장 두드러진 생각 하나가 있었다. '부럽다'는 생각이었다. 목사님이 사명을 다 마쳤을 때, 목사인 두 아들이 모두 아버지를 존경한다고, 아버지를 닮은 목사가 되고 싶다고 하는 그 모습이 부러웠다. 불현듯 나도 사명을 마쳤을 때 우리 아이들이 내게 아버지는 진정한 목사였노라고 고백하는 모습을 떠올리며 마음이 울컥했다.

공교롭게도 그날 저녁, 우리 교회 복지재단 상임이사였던 장로님의 송별식이 열렸다. 복지재단에 어려움이 있을 때, 앞에서 소개한 그 외과의사 장로님이 상임이사로 수고해주셨는데 사임 의사를 밝히신 것이다.

"목사님, 장로가 너무 나서는 것은 옳지 않습니다. 여기까지가 제 일입니다."

그동안 아무리 부탁해도 월급 한 푼 받지 않고 상임이사로서의 역할을 최선을 다해 감당해오셨는데, 송별식에서 어느 관장님이 고마움을 표현한 편지를 눈물 흘리며 읽는 것을 보고 마음이 뭉클했다. 그리고 장로님이 수고하셨던 것을 영상에 담아 보여주는데 낮에 장례식에 다녀온 일이 생각나면서 또 '부럽다'는 생각이 들었다. 존경받으면서 끝까지 무탈하게 자기 역할을 잘 마치신 장로님이 부러웠다.

본 회퍼 목사님이 작사한 찬송 중에 〈선한 능력으로〉라는 찬송이
있다.

주 선한 능력으로 안으시네 그 크신 팔로 날 붙드시네
절망 속에도 흔들리지 않고 사랑하는 주 얼굴 구하리

이전의 괴로움 날 에워싸고 고난의 길을 걷는다 해도
주님께 모두 맡긴 우리 영혼 끝내 승리의 날을 맞으리

주님이 마신 고난의 쓴 잔을 우리도 감사하며 받으리
주님의 남은 고난 채워가며 예수와 복음 위해 살리라

선한 능력으로 일어서리 주만 의지하리 믿음으로
우리 고대하네 주 오실 그날 영광의 새날을 맞이하리

제자훈련 수료예배 때 담당 교역자들이 특송으로 이 찬송을 불
렀는데, 얼마나 감동을 받았는지 모른다. 본 회퍼 목사님은 2차 세
계대전 당시 가슴 아프게도 많은 독일 교회가 "히틀러는 독일의 경
제와 사회를 살려주려고 하나님이 보내주신 종입니다"라고 설교할
때, 그 잘못을 지적하고 히틀러와 나치 노선을 반대하다가 붙잡혀
옥살이를 하다가 교수형에 처해진 인물이다. 그리고 이 곡은 본 회

퍼 목사님이 순교하시기 전 옥중에서 쓰신 마지막 시에 곡조를 붙인 것이라고 한다.

"선한 능력으로 일어서리 주만 의지하리 믿음으로 우리 고대하네 주 오실 그날 영광의 새날을 맞이하리."

반복되는 후렴의 이 가사를 들으며 한결같음의 정신을 다시 한 번 떠올렸다.

우리는 모두 하루하루 힘들게 살아간다. 원래 삶의 기준을 세우고 사명으로 살려면 힘든 것이다. 이 땅은 누리고 즐기는 곳이 아니라 사명을 감당하는 곳이기 때문이다.

그러나 생각보다 시간은 빨리 흐른다. 고난이 찾아올 때에도 내 삶에 세워진 분명한 뜻과 기준을 붙잡고 한결같은 모습으로 우리 인생의 마지막 날 자녀들에게 부끄럽지 않은 부모가 되기를 원하고, 믿음의 동역자들 앞에 부끄럽지 않은 사람이 되기를 원하고, 무엇보다도 우리 삶의 기준이 되시는 하나님 앞에 부끄럽지 않은 삶이 되기를 원한다.

다니엘서 9장 1-10절

---

¹ 메대 족속 아하수에로의 아들 다리오가 갈대아 나라 왕으로 세움을 받던 첫 해 ² 곧 그 통치 원년에 나 다니엘이 책을 통해 여호와께서 말씀으로 선지자 예레미야에게 알려주신 그 연수를 깨달았나니 곧 예루살렘의 황폐함이 칠십 년 만에 그치리라 하신 것이니라 ³ 내가 금식하며 베옷을 입고 재를 덮어쓰고 주 하나님께 기도하며 간구하기를 결심하고 ⁴ 내 하나님 여호와께 기도하며 자복하여 이르기를 크시고 두려워할 주 하나님, 주를 사랑하고 주의 계명을 지키는 자를 위하여 언약을 지키시고 그에게 인자를 베푸시는 이시여 ⁵ 우리는 이미 범죄하여 패역하며 행악하며 반역하여 주의 법도와 규례를 떠났사오며 ⁶ 우리가 또 주의 종 선지자들이 주의 이름으로 우리의 왕들과 우리의 고관과 조상들과 온 국민에게 말씀한 것을 듣지 아니하였나이다 ⁷ 주여 공의는 주께로 돌아가고 수치는 우리 얼굴로 돌아옴이 오늘과 같아서 유다 사람들과 예루살렘 거민들과 이스라엘이 가까운 곳에 있는 자들이나 먼 곳에 있는 자들이 다 주께서 쫓아내신 각국에서 수치를 당하였사오니 이는 그들이 주께 죄를 범하였음이니이다 ⁸ 주여 수치가 우리에게 돌아오고 우리의 왕들과 우리의 고관과 조상들에게 돌아온 것은 우리가 주께 범죄하였음이니이다마는 ⁹ 주 우리 하나님께는 긍휼과 용서하심이 있사오니 이는 우리가 주께 패역하였음이오며 ¹⁰ 우리 하나님 여호와의 목소리를 듣지 아니하며 여호와께서 그의 종 선지자들에게 부탁하여 우리 앞에 세우신 율법을 행하지 아니하였음이니이다

18 CHAPTER

영적 각성과
성숙을 향해

 지금까지 살펴본 것처럼, 다니엘은 십 대 때 나라가 망하고 적국인 바벨론에 포로로 끌려가서 팔십 대가 될 때까지 한 치의 흔들림도 없는 초지일관의 삶을 살아온 참 존경스러운 인물이다. 그래서 이제 다니엘의 이야기를 마치면서, 어떻게 하면 우리도 다니엘처럼 평생 영적 각성과 성숙을 향해 나아갈 수 있는지 그 해답을 얻고자 한다.

말씀을 통한 깨달음의 삶

다니엘이 평생 초지일관의 삶을 살 수 있었던 비결은 첫째, 말씀을 통한 깨달음의 삶을 누렸기 때문이다.

곧 그 통치 원년에 나 다니엘이 책을 통해 여호와께서 말씀으로 선지

자 예레미야에게 알려주신 그 연수를 깨달았나니 … 단 9:2

이때 당시는 굉장히 혼란스러운 과도기였다. 다니엘이 처음 포로로 끌려왔던 나라인 바벨론 제국은 망하고 메대와 바사라는 새로운 강대국이 일어났으며, 다리오 왕이라는 새로운 권력자가 세워졌다. 포로로 끌려온 다니엘의 입장에서 얼마나 불안했겠는가?

'이 나라는 장차 어떻게 될 것이며, 우리 민족은 어떻게 될 것인가?'

그런데 이런 불안한 상황에서 다니엘은 말씀을 읽는다. 그리고 그 말씀을 통해 깨달음을 얻는다.

가끔 우리 교회 성도들을 보면서 안타까울 때가 있다. 평상시에는 말씀을 소중히 여기며 성경 통독도 하고, 필사도 하고, 묵상도 잘하는데, 어떤 문제나 위기에 직면할 때는 오히려 말씀의 영향을 받지 못하는 모습을 볼 때이다. 진짜 말씀의 능력을 필요로 할 때 말씀을 찾는 것이 아니라 사람을 찾아가기도 하고, 심지어 점을 보러 가는 분도 있다는 얘기가 들려온다. 그러면 안 된다.

사실 평상시에는 바빠서 성경을 좀 덜 읽을 수는 있어도, 문제나 위기에 봉착하면 그때야말로 말씀의 영향을 받아야 한다. 바로 이런 점이 우리가 다니엘에게 배워야 하는 모습이다. 다니엘은 혼란스러운 과도기 때 말씀을 붙잡았고, 그 말씀을 통해서 자기 민족과 관련한 중요한 깨달음을 얻었다.

그렇다면 그가 말씀을 통해서 얻은 깨달음은 무엇인가?

… 곧 예루살렘의 황폐함이 칠십 년 만에 그치리라 하신 것이니라

단 9:2

다니엘은 자기 민족이 왜 이렇게 비참하게 포로로 끌려왔는지 알았고, 또 이 모든 하나님의 심판이 다 끝나가고 있으며 이제 곧 해방되어 조국으로 돌아갈 수 있다는 사실을 깨달았다. 이 소식이 다니엘에게 얼마나 벅찬 감격을 가져다주었겠는가?

하나님의 말씀은 원래 그런 것이다. 불안한 과도기 속에서, 여러 근심과 염려의 골짜기로 밀려갈 수밖에 없는 상황에서 말씀을 읽으니, 하나님만이 주실 수 있는 희망이 그 말씀에 담겨 있는 것을 경험하게 되는 것이다.

이런 고백은 시편 119편에서도 볼 수 있다.

주님의 종에게 하신 말씀을 기억해주십시오. 주님께서는 말씀으로 내게 희망을 주셨습니다. 주님의 말씀이 나를 살려주었으니, 내가 고난을 받을 때에, 그 말씀이 나에게 큰 위로가 되었습니다.

시 119:49,50, 새번역

우리가 지난 삶을 돌아보며 이 시편 119편처럼 고백할 수 있으면

얼마나 좋겠는가?

"내가 고난을 받을 때에, 그 말씀이 나에게 큰 위로가 되었습니다."

다니엘처럼 말씀을 붙잡아 말씀에서 깨달음을 얻고 말씀이 주는 위로를 통해 이 시대를 극복해내는 능력을 찾아내어, 믿는 자로서 이 시대를 넉넉히 살아내는 크리스천이 다 되었으면 좋겠다.

깨달은 말씀을 기도로 연결시키는 삶

둘째, 다니엘은 말씀에서 얻은 깨달음을 기도로 연결시킴으로써 평생 초지일관의 삶을 살 수 있었다. 9장 2절을 다시 보자.

곧 그 통치 원년에 나 다니엘이 책을 통해 여호와께서 말씀으로 선지자 예레미야에게 알려주신 그 연수를 깨달았나니 … 단 9:2

그는 이 깨달음을 무엇과 연결하는가? 이어지는 3절을 보자.

내가 금식하며 베옷을 입고 재를 덮어쓰고 주 하나님께 기도하며 간구하기를 결심하고 단 9:3

이것이 바로 다니엘에게 진짜 배워야 하는 모습이다. 말씀을 가까이하여 말씀에서 깨달음을 얻는 것도 중요하지만, 그 깨달음을 기도로 연결하는 것이 더 중요하다.

요즘 한국교회의 약점이 무엇인가? 기도파, 말씀파가 분리되어 있는 것이다. 어떤 성도는 말씀을 사모하며 묵상을 잘하는데 기도는 별로 안 하고, 어떤 성도는 늘 성령님을 사모하며 주님의 은혜를 갈망하는 기도 대장인데 말씀은 잘 모른다. 그러나 말씀과 기도가 합쳐지지 않으면 온전하다고 할 수 없다. 말씀이 깨달아지면 그 깨달음을 가지고 기도하고, 기도의 능력이 나타날 때 그 능력을 말씀으로 연결하는 것이 필요하다.

이런 생각을 하는데 얼마 전에 읽었던 《오늘부터, 다시, 기도》라는 제목의 책이 떠올랐다. 저자는 그 책에서 존 파이퍼 목사님의 말을 일부 인용하는데 내용이 이렇다.

내가 무엇보다 소중하게 여기는 일은 하나님의 말씀이 내 기도를 인도하고 말씀이 내 기도를 가득 채워 지탱해 주고 통제하는 것이다.

또 이런 내용도 있다.

성경을 펼쳐 읽기 시작하라. 만나는 구절마다 멈추어 서서 그 구절을 기도로 바꿔라.

즉, 기도가 터지면 그 기도를 말씀으로 연결해야 하고, 말씀의 깨달음이 있으면 그것을 붙잡고 기도로 나가야 한다는 것이다.

그런데 지금 기도 안 하는 사람이 너무 많은 것도 마음이 아픈데, 열정적으로 기도하는 사람 중에 옆길로 새는 사람이 너무 많다. 기도가 말씀으로 연결되지 않으니 엉뚱한 데로 새는 것이다. 이단이 우리를 유혹할 때 사실 성경 안 읽고 기도 안 하는 사람은 오히려 안전하다. 말씀과 기도에 전혀 관심이 없는데 이단이 무엇으로 유혹하겠는가? 안타깝게도 이단에 넘어가는 분들을 보면 주로 열심히 말씀을 공부하고, 기도가 뜨겁고, 열정이 넘치는 분들이다.

그러므로 기도하는 것도 중요하지만, 정확한 말씀의 근거를 가지고 말씀이 가르쳐주는 것을 놓고 기도하는 것이 중요하다. 이 경고를 기억하며 말씀 묵상과 기도의 균형을 이루는 성숙한 신앙인이 다 되기를 바란다.

기쁜 소식 앞에서 회개의 자리로 나아간 다니엘

그런데 본문을 보면, 다니엘에게서 얼핏 이해가 안 되는 두 가지 모습이 보인다.

첫째로 다니엘은 말씀을 읽다가 민족이 해방될 것이라는 가슴 벅찬 깨달음을 얻었음에도 기뻐하지 않았다. 만약 우리가 다니엘 같은 깨달음을 얻었다면 어땠을까? 어수선한 시기에, 드디어 우리 민족이 해방의 기쁨을 맛보게 될 것이라는 놀라운 깨달음을 얻게 되었다면 당신이라면 어떻게 반응하겠는가?

나도 지금껏 살아오면서 이런 가슴이 터질 것 같은 감격과 기쁨을 경험한 적이 몇 번 있었다. 그중의 하나가 대학을 무사히 졸업하게 된 일이었다. 졸업 조건이 다 채워지고 드디어 "졸업하게 됐다. 축하한다"라는 소식을 듣고 집으로 가는 길에 사고가 날 뻔했다. 고속도로를 지나는 차 안에서 해냈다며 목이 쉬도록 소리 지르고, 너무 기뻐서 감정을 주체할 수 없었기 때문이다.

그런데 다니엘의 기쁨이 이 정도였겠는가? 개인의 해방은 물론 민족이 해방을 맞게 된다는 가슴 벅찬 깨달음에 보통 사람이라면 길거리로 뛰쳐나가 소리쳤을 것이다.

"여러분, 기뻐하세요. 이제 우리 민족이 해방되어 고향으로 돌아가게 됐습니다!"

기쁨으로 밤새도록 소리치며 외쳤을 것이다. 이런 흥분된 모습이 당연할 것 같은데 다니엘은 의외의 반응을 보인다. 3,4절을 보자.

내가 금식하며 베옷을 입고 재를 덮어쓰고 주 하나님께 기도하며 간구하기를 결심하고 내 하나님 여호와께 기도하며 자복하여 이르기를 … 단 9:3,4

'금식하며', '베옷을 입고', '재를 덮어쓰고', '자복하여' 등 다 슬픈 단어들 아닌가? 그는 가슴 벅찬 해방을 기뻐하고 춤을 추는 대신에 뼈아픈 회개의 자리로 나아간다.

그리고 5절을 보자. 그 기도의 내용도 슬프다.

우리가 죄를 짓고 잘못을 저질렀습니다. 악한 일을 저지르며, 반역하며, 주님의 계명과 명령을 떠나서 살았습니다. 단 9:5, 새번역

다니엘서 9장을 읽어보면 슬픈 기도로 가득한 것을 알 수 있다. 참 이상하지 않은가? 하지만 여기에 다니엘의 위대함이 있다.

다니엘은 좋은 소식에 대한 깨달음을 얻은 순간, 왜 슬픔의 자리로 나아가 주님 앞에서 그렇게 가슴 아픈 기도를 드리게 됐을까? 그는 겉으로 보이는 해방보다 이스라엘 백성의 회개와 각성이 더 중요하다는 것을 알았기 때문이다.

근본 원인을 고치지 않으면 소용없다

이 책 서두에서 밝혔듯이, 작년 특새를 앞두고 성대의 혹이 너무 커져서 수술이 필요하다는 진단을 받았었다. 수술하면 두세 달 정도 강단에 서지 못하기 때문에 당장 눈앞에 닥친 특새 인도도 할 수 없고 이어지는 새생명 전도축제에도 차질이 생기겠다는 생각에 마음이 아팠다. 하지만 나를 가장 힘들게 했던 것은, 많은 사람들이 말하기를 수술해도 소용없다는 것이었다. 주일날 오전 7시부터 오후 4시 반까지 설교하고, 거기에 찬양, 기도 인도, 축도까지, 근원적

인 문제가 해결되지 않으면 수술해봐야 조금 있으면 혹이 또 생긴 다는 것이었다. 어차피 소용없다는 생각에 마음이 힘들었다.

그래서 고뇌하다가 '죽으면 죽으리이다'라는 각오로 수술을 안 하고 버텼다. 그런데도 지금까지 전혀 문제가 없다. 오히려 목이 더 좋아져서 주일 설교 다 하고 마음대로 소리를 지르고도 목이 잠기 는 일이 드물다.

이것이 어떻게 된 일인가? 물론 하나님의 특별한 은혜도 있었지 만, 이 사건을 계기로 내가 결심한 것이 있었다. 어차피 설교를 줄일 수 없다면 성대를 강하게 해야겠다는 것이다. 그렇게 마음먹고 전 문가를 찾아갔다. 그리고 일주일에 한두 번씩 선생님을 모셔서 발 성 연습을 했다. 그리고 예배 시작 전에 전기포트에 물을 팔팔 끓여 서 수중기를 입으로 들이마시며 성대를 축촉하게 적시고, 틈만 나 면 혼자 "부르르", "부우부우" 하며 발성 연습을 거듭했다. 할 수 있 는 모든 일을 동원하여 애썼더니 성대가 정말 튼튼해졌다.

이런 맥락에서 다니엘에게는 지금 겉으로 보이는 민족 해방의 소 식이 기뻐할 수 없는 소식인 것이다. 이유가 무엇인가? 근원적인 문 제의 해결 없이 눈에 보이는 상황만 좋아지면 아무 소용 없다는 것 을 알았기 때문이다. 이스라엘 백성이 하나님 앞에 각성하고 돌아 서지 않으면 해방이 무슨 의미가 있느냐는 것이다. 9장 13절의 다 니엘의 기도를 보라.

모세의 율법에 기록된 대로 이 모든 재앙이 이미 우리에게 내렸사오나 우리는 우리의 죄악을 떠나고 주의 진리를 깨달아 우리 하나님 여호와의 얼굴을 기쁘게 하지 아니하였나이다 단 9:13

다니엘은 이렇게 기도한 것이다.

"주님, 가슴 아프게도 우리 민족이 이 무서운 하나님의 징계를 받고도 돌이키지를 않습니다. 회개하지 않는 우리 민족을 불쌍히 여겨주시옵소서."

우리 사회를 보면 가슴이 아프다. 그때그때 위기만 모면하면 된다는 생각이 뿌리 깊이 새겨져 있는 것 같아서이다. 대형 사고만 터지면 전문가들이 나서서 이건 이래야 하고, 저건 저래야 한다며 조치를 취하는데, 조금만 지나면 또 같은 일이 반복되는 것은 왜 그런가? 근원적인 문제가 해결되지 않으면 안 된다. 눈에 보이는 껍데기만 수습한다고 문제가 해결되지 않는다.

이런 점에서 우리는 다니엘에게 배워야 한다. 겉으로 보이는 해방의 기쁨에 취해 길거리를 뛰어다니기보다 그 문제가 발생하게 된 근원적인 원인, 곧 하나님과의 관계가 깨졌지만 회개하지 않는 강퍅한 심령을 깨뜨려야 한다는 것을 알았기에 가슴을 찢는 회개의 자리로 나아갔던 그를 본받아야 한다.

근원이 바뀌지 않는다면 매년 해가 바뀐다고 새로 달라지는 것이 있겠는가? 다니엘처럼 뿌리 깊은 문제의 근원을 찾아서 해결하지 않으면, 내가 성대 수술을 했어도 또다시 혹이 생겼을 것과 마찬가지로 문제는 재발될 것이다. 빨간약 발라서 임시 처방하는 것이 아니라 근원적인 문제를 하나님께 해결 받기 위하여 회개의 자리로 나아가는 우리가 되기를 바란다.

그들의 죄가 아니라 우리의 죄

그런가 하면 다니엘의 행동에 이해가 안 되는 것이 한 가지 더 있다. 나라가 망하여 다니엘이 바벨론에 포로로 끌려왔을 때는 그가 청소년이던 시기였다. 그것은 자기 세대의 범죄로 인하여 생긴 일이 아니라는 뜻이다.

예를 들어 설명하자면, 15,16세 아들이 있는 아빠의 사업이 쫄딱 망해서 가족이 단칸방으로 이사를 가게 되었다면, 그것은 청소년인 아들의 잘못이 아니라 아빠의 실수와 잘못이다. 마찬가지로 다니엘은 어릴 때 포로로 잡혀 왔기 때문에 그것은 자기 세대의 범죄함 때문이 아니란 말이다. 그런데 다니엘의 기도가 참 이상하다.

'우리는 이미 범죄하여' 패역하며 행악하며 반역하여 주의 법도와 규례를 떠났사오며 단 9:5

자기 조상의 범죄로 인해 이런 일이 발생했다는 사실을 깨달았다면, 그들의 죄를 용서해달라고 기도해야 하는 것 아닌가? 지금까지 살펴봤듯이 특하나 다니엘은 주의 법도와 규례를 떠난 적도 없었다. 그런데 왜 '그들이 범죄하여'가 아니라 '우리가 범죄하여'라고 기도하고 있는가?

6절과 9절도 마찬가지다.

'우리가 또' 주의 종 선지자들이 주의 이름으로 우리의 왕들과 우리의 고관과 조상들과 온 국민에게 말씀한 것을 듣지 아니하였나이다
단 9:6

주 우리 하나님께는 긍휼과 용서하심이 있사오니 이는 '우리가 주께 패역'하였음이오며 단 9:9

이런 다니엘의 태도가 너무나 감동적이다. 이것이 왜 귀한가 하면, 예레미야서 31장에 이런 말씀이 있다.

그때가 오면, 사람들이 더 이상 '아버지가 신 포도를 먹었기 때문에, 자식들의 이가 시게 되었다'는 말을 하지 않을 것이다. 오직 각자가 자기의 죄악 때문에 죽을 것이다. 신 포도를 먹는 그 사람의 이만 실 것이다. 렘 31:29,30, 새번역

지금 백성들이 뭐라고 항변하는가?

"아버지가 먹은 신 포도 때문에 왜 내 이가 왜 시려야 합니까?"

다시 말해, 조상들이 지은 죄 때문에 왜 죄 없는 우리가 포로로 끌려가야 되느냐는 것이다. 이런 항변이 넘치는 사회적인 분위기가 짐작되는가? 그런데 또 생각해보면 맞는 이야기다. 논리적으로 생각해보면 지극히 합당한 주장이다.

이런 항변이 난무하던 그 당시에, 다니엘은 그와 같은 논리로 다가가는 것이 아니라 모든 죄를 다 껴안고 '우리의 죄'라고 고백한 것이다. 자기만 쏙 빠지지 않고 '우리'가 범죄했다고 고백한다. 나는 다니엘의 이런 모습이 감동적이면서도 가슴이 아팠다.

신앙은 '내가 죄인이오'에서 시작된다

오늘날 대한민국을 '울분 공화국'이라고 부를 정도로 국민의 마음에 분노와 울분이 점점 쌓이는 것 같아서 걱정스럽다. 그런데 나는 여기에 한마디 덧붙이고 싶다. 요즘 대한민국은 울분 공화국일 뿐만 아니라 '남 탓 공화국'이다. 아버지가 신 포도를 먹었는데 왜 내 이가 시려야 하냐는 항변이 사방에서 들려오지 않는가? 교회도 마찬가지다. 교회를 들여다보면 여기저기 "네가 문제야"라고 하는 남 탓이 그렇게 많다. 이런 현실이 마음 아프다.

지금 우리가 영적으로 건강한지 점검하기 위해서 이 말씀의 잣대를 가지고 자기 자신을 한번 돌아보라.

그때에 내가 말하되 화로다 '나여' 망하게 되었도다 사 6:5

당신의 내면에 어떤 목소리가 울리고 있는가? '화로다 너여. 당신 때문에, 저 목사 때문에, 저 장로 때문에 망하게 되었다'라는 목소리가 늘 울리고 있지는 않은가?

이것이 왜 우리의 영적 성숙을 가늠하는 잣대가 되는지 아는가? 진정한 신앙이 여기에서 출발하기 때문이다. 누가복음 5장에서 베드로가 예수님을 만났을 때 그가 던진 첫마디가 무엇이었는가?

주여 나를 떠나소서 나는 죄인이로소이다 눅 5:8

사도행전 2장에서 이스라엘 백성에게 복음이 선포되니 그들의 강팍했던 마음이 깨지면서 그들이 어떻게 반응하는가?

형제들아 우리가 어찌할꼬 행 2:37

여기에 남 탓이 있는가? 우리가 영적으로 충만할 때는 '내 탓'이다. 그런데 믿음이 떨어지고 바리새인처럼 되어가는 첫 번째 증상이 "화로다 나여"라는 고백이 없어지고 '네가 잘못했다'는 남 탓이 난무하는 것이다. 이런 사람들의 특징은 아주 논리정연하다. 상대방이 잘못한 것이 무엇인지 숨도 못 쉬게 공격한다. 논리적으로는 다

맞는 이야기일지 모른다. 하지만 그렇게 목소리 높여 상대방을 제압하며 남 탓하는 그것이 바로 자기의 미숙함을 드러내는 가장 중요한 잣대라는 것을 알아야 한다.

너무 '논리, 논리' 따지지 말라. 주님이 그 논리의 잣대에 갖다 대시면 다 망한다. 주님이 논리적으로 따지는 분이셨다면, 지금 우리가 이렇게 살아갈 수 있었겠는가?

'야, 네가 죄를 지었는데 왜 내가 십자가를 져야 하니? 네가 논리, 논리 따지는데 이것이 논리에 맞니? 네가 십자가를 져라.'

주님이 우리를 이렇게 대하시지 않는 것은 십자가의 정신이 그런 것이 아니기 때문이다.

따라서 우리는 상대방에게 어떤 잘못이 있더라도 나도 그 죄악의 범주에서 벗어날 수 없는 죄인임을 인식하며 최대한 온유하고 겸손하게 지적해야 한다. 이것이 교회와 가정이 회복되고, 개인의 영이 살아나는 길이다. 내가 낯 뜨거운 죄인인데 무슨 용기로 그렇게 쉽게 남을 정죄하고 비방하고 비판할 수 있겠는가?

문득 예전에 칭기즈칸에 관한 이야기를 메모해둔 것이 떠올라 다시 읽어보았다.

칭기즈칸은 어려서 아버지를 잃고 고향에서 쫓겨났지만 집안 탓을 하지 않았고, 물질이 없어 들쥐를 먹으며 연명했지만 물질 탓을 하지 않았고, 자기 이름을 쓸 줄 몰랐지만 학력 탓을 하지 않았고, 그가 가진 군사는 적들의 100분의 1에 불과했지만 그는 환경 탓을 하지 않았다. 그리고 세계를 정복했다.

이것이 내게 큰 울림이 됐다. 우리도 칭기즈칸과 같은 삶의 태도를 가지면 좋겠다.

사랑하는 자야 함께 가자

심리학자가 쓴 책 중에 《서른이면 달라질 줄 알았다》라는 제목의 책이 있다. 프롤로그에서 저자가 이 책을 쓰게 된 동기를 밝히는데 다음과 같다.

"절대 다른 사람은 바꿀 수 없습니다. 내가 바꿀 수 있는 것은 오직 세상과 타인에 대한 나의 태도뿐입니다."

이것을 전하고 싶어서 책을 썼다는 것이다. 우리에게는 다른 사람을 바꿀 힘이 없다. 그것은 하나님만 하시는 일이다. 하지만 그 연약한 사람을 향한 내 태도는 달라질 수 있다. 그리고 그렇게 내 태도가 달라질 때 변화가 일어날 수 있다. 이것이 우리가 다니엘에게 배워야 하는 자세이다.

이런 의미에서 아가서 2장 10절 말씀을 보면 눈물이 울컥 맺힌다.

나의 사랑하는 자가 내게 말하여 이르기를 나의 사랑, 내 어여쁜 자야 일어나서 함께 가자 아 2:10

주님이 우리의 모습을 보시고 논리정연하게 평가하고 판단하셔서 "너는 따라와도 좋아", "너는 따라올 자격이 없어"라고 결정하셨다면 우리 중에 주님을 따를 수 있는 자가 얼마나 되겠는가? 내 부끄러운 잘못을 다 아시면서도 "나의 사랑, 내 어여쁜 자야 일어나서 함께 가자"라고 하시는, 논리를 뛰어넘는 주님의 초청이 있었기에 지금 내가 이 자리에 있을 수 있는 것이다.

우리에게 이런 태도가 있어야 한다. 품고 함께 가는 정신을 우리 삶에서 구현해야 한다.

나의 죄로 여기며 회개하는 자에게 주시는 복

하나님께서는 이런 다니엘의 모습을 기뻐하셨다. 다니엘서 9장 21, 23절을 보라.

곧 내가 기도할 때에 이전에 환상 중에 본 그 사람 가브리엘이 빨리 날아서 저녁 제사를 드릴 때 즈음에 내게 이르더니 단 9:21

곧 네가 기도를 시작할 즈음에 명령이 내렸으므로 이제 네게 알리러 왔느니라 너는 크게 은총을 입은 자라 단 9:23

나는 이 말씀에서 다니엘처럼 남 탓하지 않고 자신의 죄로 여기며 회개함으로 나아가는 기도에 부어지는 하나님의 놀라운 복 두 가지를 발견했다.

첫째, 기도의 응답이 빠르다. 23절 앞부분을 새번역 성경으로 보자.

"네가 간구하자마자, 곧 응답이 있었다."

다니엘이 기도하자마자 하나님께서는 곧 응답해주셨다.

둘째, 응답만 빨리 해주시는 것이 아니라 하나님께서는 그렇게 기도하는 그 사람을 기뻐하신다.

다니엘서 9장 23절의 '은총을 입은 자'라는 표현은 원어로 '소중한 자' 또는 '하나님께서 기뻐하시는 자'로 번역할 수 있는 단어다. 23절의 뒷부분도 새번역 성경으로 보자.

"그 응답을 이제 내가 너에게 알려주려고 왔다. 네가 크게 사랑을 받고 있기 때문이다."

하나님께서 이렇게 말씀하신 것이다.

"너는 기도도 어쩜 그렇게 예쁘게 하니? 같은 기도라도 참 예쁘게 한다. 어찌 그리 사랑스럽니?"

내가 아이를 셋이나 키워보니, 깨물어서 안 아픈 자식이 없다는 말이 실감 난다. 다 잘되기를 바란다. 한 아이라도 잘못되면 내 인생이라도 바꿔주고 싶을 만큼 셋 다 소중하다. 그런데 아이들의 행동에 따라서 예쁜 것에는 차이가 좀 있는 것도 사실이다. 하는 말마다 예쁘게 하는 아이가 사실 더 예쁘다. 하나님께서도 그러지 않으실까? 하나님은 우리를 다 사랑하시지만, 우리는 하나님과의 친밀한 관계 속에서 예쁨을 받아야 한다.

'네 탓, 내 탓' 따지지 말고 이 민족을 품고 조국을 위해 회개함으로 나아가기를 바란다. 가정의 문제 앞에서 '제가 주님께 범죄했습니다'라고 고백하며 회개함으로 나아가는 우리가 다 되기를 바란다. 그래서 다니엘처럼 기도하면 응답이 빨리빨리 이루어지는 인생, 응답만 빨리 받는 것이 아니라 하나님께 예쁨 받는 인생이 되기를 축복한다.

주님이 여기 계시기에

이제 다니엘을 살피는 여정을 마치며, 우리가 다니엘에게서 꼭 배워야 할 것을 크게 두 가지로 정리해보았다.

소망을 잃지 않는 모습

첫째로 우리는 어떤 상황에서도 소망을 잃지 않았던 다니엘의 모습을 배워야 한다. 포로로 끌려가서도, 사자 굴에 던져졌어도, 억울하게 정적들의 모함을 받아도 다니엘은 소망을 잃지 않았다.

그래서 《바벨론에서 그리스도인으로 살기》라는 책에 보면 저자 래리 오스본 목사는 다니엘의 강력한 세 가지 특징 중 하나가 소망의 사람이었다고 주장한다.

다니엘처럼 어떤 상황에서도 소망을 빼앗기지 않는 믿음의 사람이 되었으면 좋겠다.

소망을 유지하는 도구는 기도

둘째는 다니엘에게 배워야 할 더 중요한 것은, 그 소망을 유지하는 도구가 바로 기도였다는 사실이다. 기도는 고난과 환난 중에 소망을 빼앗기지 않도록 하는 능력이다.

다니엘서를 정리하며 묵상하는 가운데 요한복음 8장 12절 말씀이 내 마음에 뜨겁게 다가왔다.

예수께서 또 말씀하여 이르시되 나는 세상의 빛이니 나를 따르는 자는 어둠에 다니지 아니하고 생명의 빛을 얻으리라 요 8:12

빛 되신 주님과 가까이하며 그분과 교제하고 그분께 기도하고 그분이 기뻐하시는 일을 행하고 살아간다면, 아무리 어두움이 내 안에 있는 빛을 잡아먹으려고 해도 빛을 물러가게 할 수 없다. 어둠은 빛이 오면 물러가지만, 빛을 물러가게 할 어둠은 없다.

문득 찬양 하나가 떠올라 울컥 눈물이 났다. '주님 나를 부르시니'라는 찬양이다.

주님 나를 부르시니 두려움 없이 배에서 나아가리라

주님 보고 계시기에 의심치 않고 바다를 걸어가리라

후렴에서 반복되는 이 가사를 보라.

주님 여기 계시기에 이 깊은 바다가 반석이 되고
주님 여기 계시기에 반석 위를 내가 걸어가리라
주님 여기 계시기에 저 거친 파도가 반석이 되고
주님 여기 계시기에 반석 위를 내가 걷습니다

어떤 사람은 지나온 삶의 무게중심이 고난과 환난에 있다.
"아이고, 파도가 엄습해서 물에 빠져 죽을 뻔했습니다."
"유난히 고난과 아픔이 많았습니다. 돌부리에 차인 게 지금도 생각하면 아픕니다."
그런가 하면 어떤 사람은 그 모든 일을 아울러 이렇게 고백한다.
"주님 여기 계시기에 그 많은 어려움이 있었지만 오늘 예배자로 설 수 있었습니다. 주님 여기 계시기에."

당신의 초점은 어디에 머물러 있는가? 우리 모두 내 연약함과 아픔에 초점을 두지 말고 주님이 여기 계신다는 사실에 초점을 두고 살아가기를 바란다. 그럴 때 다니엘처럼 힘겨운 세상 속에서도 늘 소망을 잃지 않고 믿는 자로서 하나님을 향한 흔들리지 않는 마음의 중심으로 살아갈 수 있는 것이다. 늘 이 한마디가 우리 가슴 깊이 새겨져 있기를 바란다.

'주님 여기 계시기에.'

세상에서 믿는 자로 산다는 것

초판 1쇄 발행   2019년 10월 4일
초판 7쇄 발행   2025년 1월 22일

지은이   이찬수

펴낸이   여진구
책임편집   이영주
편집   박소영 최현수 구주은 안수경 김도연 김아진 정아혜
책임디자인   노지현 | 마영애 조은혜 정은혜
홍보 · 외서   진효지
마케팅   김상순 강성민   마케팅지원   최영배 정나영
제작   조영석 허병용   경영지원   김혜경 김경희

303비전성경암송학교 유니게 과정
이슬비전도학교 / 303비전성경암송학교 / 303비전꿈나무장학회

펴낸곳   규장

주소 06770 서울시 서초구 매헌로 16길 20(양재2동) 규장선교센터
전화 02)578-0003   팩스 02)578-7332
이메일 kyujang0691@gmail.com   홈페이지 www.kyujang.com
페이스북 facebook.com/kyujangbook   인스타그램 instagram.com/kyujang_com
카카오스토리 story.kakao.com/kyujangbook
등록일 1978.8.14. 제1-22

ⓒ 저자와의 협약 아래 인지는 생략되었습니다.
이 출판물은 저작권법에 의해 보호를 받는 저작물이므로 무단 전재와 무단 복제를 할 수 없습니다.

책값 뒤표지에 있습니다.
ISBN 979-11-6504-009-3 03230

규 | 장 | 수 | 칙

1. 기도로 기획하고 기도로 제작한다.
2. 오직 그리스도의 성품을 사모하는 독자가 원하고 필요로 하는 책만을 출판한다.
3. 한 활자 한 문장에 온 정성을 쏟는다.
4. 성실과 정확을 생명으로 삼고 일한다.
5. 긍정적이며 적극적인 신앙과 신행일치에의 안내자의 사명을 다한다.
6. 충고와 조언을 항상 감사로 경청한다.
7. 지상목표는 문서선교에 있다.